개정판

누리과정과 연계된

유아 다문화교육 프로그램

김 혜 숙

창지사

머리말

최근 우리나라는 국제적 인적 교류 확대, 국제결혼 증가 등에 따라 다문화사회로 도래하고 있다. 특히 농촌에는 결혼이민 여성들로 다문화가정이 늘어나고, 도시에서는 외국인 근로자들의 국내 취업률이 높아지고 있다.

이제 학교에서도 여러 나라 아이들이 함께 공부하는 모습 또한 흔한 일이 되었으며, 원어민 교사들이 가르치는 모습 또한 아주 자연스럽게 받아들여진다. 이러한 사회적 분위기 속에서 다문화교육은 중요한 이슈로 떠오르고 있다. 유아교육의 현장도 예외는 아니다. 다문화가정 아이들의 교육적 기회가 확대되어 통합교육의 요구가 꾸준히 증가함에 따라 다문화교육의 중요성과 교육적 지원의 필요성이 대두되고 있다. 그러나 교육현장에서는 아직 다문화가정 유아와 비다문화가정들 간에 서로를 이해하고 배려할 수 있는 교육적 시도는 부족한 실정이다. 무엇보다 유아교육기관에서 일찍이 다양한 문화를 편견 없이 수용할 수 있는 분위기 조성 및 프로그램이 필요하다.

특히, 유아기는 자신의 생김새, 성, 인종 등 사람과 사람 사이의 차이점에 대해서 인식하는 시기이다. 자신의 인종이나 민족에 대한 일치감을 기초로 하여 다른 집단에 대한 감정이입과 관심을 갖게 되며 더 나아가 인간의 존엄성과 정의와 같은 이상적인 균형감을 발달시킨다. 따라서 이러한 인식을 기초로 한다면 유아기는 다문화교육을 실시하는 데 적절한 시기라고 할 수 있다.

따라서 유아 발달에 맞는 다양한 프로그램이 연구, 개발되어 조속히 다문화사회를 살아갈 유아들에게 교육적 뒷받침이 준비되어야 할 것이다.

이렇게 다문화교육의 중요성에 대한 인식이 있으나 현장에서 적용할 수 있는 다문화교육의 체계적인 프로그램은 많지 않은 실정이다. 유아들은 흥미를 유발하고 발달수준 및 연령을 고려한 프로그램이 요구된다. 특히, 현장에 실시하고 있는 어린이집과 유치원의 공통 교육과정인 누리과정과 연계할 수 있는 프로그램이 필요하다.

이에 본 기관에서는 전국 최초 다문화시범 어린이집을 운영하면서 많은 연구 개발을 하고 있으며 특히, 현재 실시하고 있는 국가수준의 누리과정과 통합적으로 운영할 수 있는 프로그램을 개발하여, 효과적으로 운영하였다. 이를 바탕으로『누리과정과 연계된 유아 다문화교육 프로그램』이라는 교재를 엮게 되었다. 본 교재는 유아교육기관 교사들과 예비교사들이 현장에서 용이하게 다문화교육을 실시할 수 있도록 연간 프로그램으로 개발하여 구성하였다.

이러한 입장에서 이 책을 크게 두 부분으로 나누어 제시하였다.

제1부는 유아 다문화교육을 위한 전반적인 이론으로 다문화사회, 다문화가정, 다문화교육, 누리과정에서의 다문화교육 4장으로 구성하였다.

1장은 우리나라 다문화 사회의 도래로 결혼이민자, 외국인 근로자, 북한이탈주민, 다문화가정자녀 현황을 중심으로 쟁점을 살펴보았나.

2장은 다문화가정의 증가추세를 살펴보며 그들의 문제점과 욕구, 지원체계를 구체적으로 살펴보았다.

3장은 다문화교육에 대해서 개념, 필요성, 교육의 목표, 내용 및 교사의 역할을 살펴보았다.

4장은 누리과정에서의 다문화교육을 실시할 수 있는 교육의 방향, 목표, 내용, 편성과 운영, 교육계획안을 구체적으로 구성하였다.

제2부는 유아교육 현장에서 실시하고 있는 누리교육과정을 중심으로 다문화교육을 통합적으로 적용할 수 있도록 연간 주제와 연계하여 프로그램을 개발하여 구체적으로 제시하였다.

이 책은 2015년도에 출판되었지만, 그동안 실시한 다문화활동과 실제적인 사례를 더 반영하여 구체적인 프로그램을 제시하고 아울러 최근 통계자료도 함께 분석하여 개정한 것이다.

이를 통해 유아교육현장의 다문화교육 실천에 좀 더 앞장서고자 나름 의욕적인 집필을 하고자 하였으나 아직 여전히 부족함을 느끼며 우리 영유아들의 다문화교육이 올바른 방향으로 실천되어 우리 아이들이 서로 다름을 존중하며 인격체로 조화롭게 성장하길 소망한다.

본 저자는 2005년 외국인 여성 한글교육 봉사와 결혼 이민자 자녀교육을 계기로 다문화교육에 관심을 갖게 된 지 어느덧 십여년의 세월이 흘렀다. 그동안 많은 연구개발로 학교강의, 특강, 시도별 순회교육, 출판, 수상까지 많은 기쁨도 있었고, 최근에는 다누리 교육관을 건립하여 아이들에게 다양한 문화를 체험하는 문화공간으로, 교사들에게는 견학의 기회를 제공하여 현장중심의 문화교육으로 새로운 교육의 방향을 제시하고 있다.

이러한 기쁨은 주변에서 다문화교육에 남다른 관심을 갖고 함께해 주신 모든 분들의 격려와 응원 덕분이라고 생각하며, 깊은 감사의 마음을 다시 한번 책에 담아 보았다.

문득, 우분투(UBUNTU)라는 남아프리카 반투족의 말이 생각난다. '우리가 있기에 내가 있다'는 뜻이다. '우리가 존재해야 나도 존재한다'는 말과 같다. 쉽지만 참으로 멋진 말이다. 사람은 관계 속에서, 또한 그 관계가 만든 공동체 안에서 행복을 느끼고 살아간다. '우리'라는 공동체가 있어야 '나'도 있다. 그 첫 관계는 '나'와 '너'의 관계일 것이다. '나'가 '너'를 진정으로 존중하고 사랑하는 마음으로 대할 때 좋은 우리, 좋은 공동체를 만들 수 있을 것이다. 더불어 행복한 사회를 만들기 위해서는 아프리카의 우분투 정신이 지금 우리에게 필요하다. 아니 절실하다고 본다.

다시 개정판을 출판하기까지 인도해 주신 하나님께 먼저 감사와 영광을 돌린다. 끝으로 이 책이 나오기까지 수고를 아끼지 않은 성락어린이집 교사들과 그리고 어려운 출판환경에도 불구하고 출판을 맡아 주신 창지사의 대표님을 비롯하여 관계자 여러분들께 심심한 감사의 말씀을 드립니다.

2017년 7월

저자 김 혜 숙

차례

PART I 다문화사회에서의 교육

PART I
다문화사회에서의 교육

CHAPTER 1 다문화사회

1. 다문화사회의 도래 / 2. 다문화사회의 현황

CHAPTER 1

다문화사회

1. 다문화사회의 도래

현대사회는 정보화·세계화의 추세로 국가 간의 정보와 지식, 인적 자원의 교류가 활발하다. 그래서 이제 어느 하나의 국가 단위로만 정치적·경제적·문화적 활동을 하기 어렵게 되었다. 과학기술의 발전에 통신과 교통은 비약적으로 발전하여 전 세계를 하나의 마을인 지구촌으로 만들었다. 하나가 된 지구촌으로 말미암아 전통적인 의미의 국가와 국민의 개념은 퇴색되고, 이제까지 단일 민족국가로 여겨왔던 우리나라도 현재 다문화사회로 급격히 변해가고 있다. 외국인 노동자들의 유입과 농어촌 총각들의 국제결혼 등의 여러 가지 사회 전반적인 문제들로 인해 다문화사회로 급속히 도래하고 있다.

다문화사회란 우리 사회에 거주하고 있는 소수민족(minority)이 다양해지고, 국제결혼의 증가로 다문화가정 자녀들이 많이 출생하고, 한국에서 공부하기 위해 많은 유학생이 입국·거주하며, 다문화가정으로 인해 증가하는 사회문제를 예방하기 위해 법과 제도를 만들고 그들을 위해 서비스를 제공하는 시설이 증가하는 사회를 말한다(김범수, 2009).

또한 다문화사회를 민족, 인종, 성, 연령, 지역, 신체 등 다양한 변인이 매개가 된 문화현상이 사실로 나타나는 사회라고 정의하기도 하며(설규주, 2004), 국민으로서 누릴 수 있는 사회적·경제적·문화적 권리를 취득하고 향유하는 데 인종이나 민족이 차별의 근거가 되지 않는 사회라고 정의하기도 한다(김혜순, 2008). 이러한 다문화사회로의 전환은 세계화 시대에 들어서면서 우리 사회가 각기 다른 문화들을 융합하고 함께 살아가기 위한 자연스러운 변화이다.

이렇게 다문화사회로의 변화가 가속화되면서 우리는 이미 다문화사회의 한가운데에 와있다. 나와 다른 인종과 민족, 다른 문화권의 사람들을 받아들이고 더불어 살아가는 것은 우리의 당면과제이며, 이는 많은 국가들이 예외 없이 경험해 온 세계적인 현상이다.

또한 다인종·다문화(multi-racial & multi-cultural)사회로의 진입이 매우 빠른 속도로 진행되고 있음을 보여 주는 것이다. 최근 2017년 외국인 통계를 보면 5월말 현재 체류외국인[1]은 2,016,555명으로 외국인등록자는 1,139,916명, 외국국적동포 국내거소신고자는 386,410명, 단기체류자는 490,229명이었다. 국적별로 살펴보면 중국 48.5%(978,873명), 베트남 7.7%(156,280명), 미국 7.4% (148,418명), 태국 5.1%(103,423명), 필리핀 2.8%(56,323명) 순이었다.

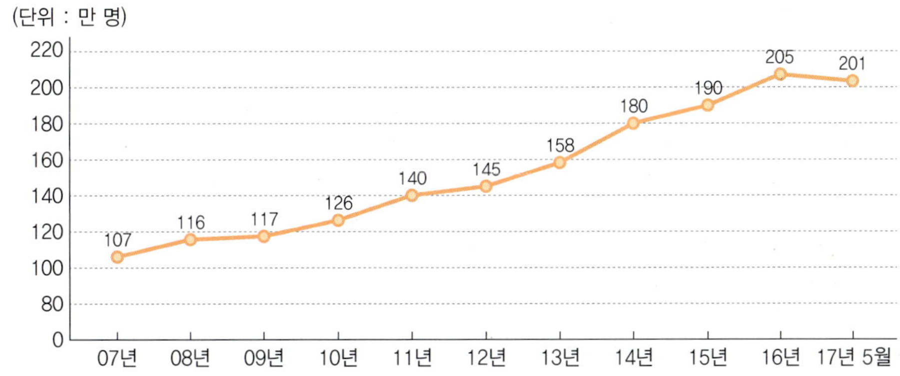

그림 1-1 국내 체류 외국인 현황

출처 : 법무부 출입국·외국인정책본부(2017년 5월 기준)

---

1 「출입국관리법」 제31조의 규정과 「재외동포의 출입국과 법적 지위에 관한 법률」 제6조의 규정에 따라 입국한 날부터 90일을 초과하여 체류할 목적으로 출입국·외국인관서의 장에게 외국인등록이나 국내거소신고를 한 자 및 90일 미만 체류할 목적의 단기체류자를 포함한 총 국내 체류 외국인을 의미함

등록 외국인의 거주 지역별 분포 현황을 보면 경기도에 364,914명으로 가장 많이 거주하고 있으며 서울에 267,562명, 경남 77,274명, 인천 58,741명, 충남 64,153명, 경북 50,664명, 부산 41,668명, 충북 35,031명 순으로 전 지역에 골고루 분포되어 있음을 알 수 있다.

체류기간을 보면 장기체류자는 1,526,326명, 전년도 대비 (3.5%)이며 단기 체류자는 490,229명 전년도 대비(3.4%)로 총 2,016,555명으로 전년도 대비 증감률이 3.5%로 늘어났으며 구성비 또한 100%로 볼 수 있다.

표 1-1 국내 체류 외국인 장 · 단기 체류기간별 현황

(2017. 05. 31. 현재, 단위 : 명)

구분	총계	장기체류			단기체류
		소계	등록	거소신고	
2016년 5월	1,949,216	1,475,071	1,136,081	338,990	474,145
2017년 5월	2,016,555	1,526,326	1,139,916	386,410	490,229
전년 대비 증감률	3.5%	3.5%	0.3%	14.0%	3.4%
구성비	100%	75.7%	56.5%	19.2%	24.3%

출처 : 법무부 출입국·외국인정책본부(2017년 5월 기준)

표 1-2 국내 체류 외국인의 국적별 현황

(2017. 05. 31. 현재, 단위 : 명)

국적별	계	중국	베트남	미국	타이	필리핀	일본	기타
인원	2,016,555	978,873	156,280	148,418	103,423	56,323	37,605	535,633
비율	100%	48.5%	7.7%	7.4%	5.1%	2.8%	1.9%	26.6%

출처 : 법무부 출입국·외국인정책본부(2017년 5월 기준)

표 1-3 등록 외국인의 연도별 증감 추이

(단위 : 명)

연도	2010년	2011년	2012년	2013년	2014년	2015년	2016년
인원	918,917	982,461	932,983	985,923	1,091,531	1,143,087	1,161,677
전년 대비 증감률	5.5%	6.9%	-5%	5.7%	10.7%	4.7%	1.6%

출처 : 법무부 출입국·외국인정책본부(2017년 5월 기준)

표 1-4 등록 외국인의 거주지역별 분포 현황

(2017. 05. 31. 현재, 단위 : 명)

계	경기도	서울	경남	인천	충남	경북	부산	충북
1,139,916	364,914	267,562	77,274	58,741	64,153	50,664	41,668	35,031
	전남	울산	대구	전북	광주	제주	대전	강원
	30,773	22,047	26,256	27,573	19,952	20,624	16,892	15,792

출처 : 법무부 출입국·외국인정책본부(2017년 5월 기준)

2. 다문화사회의 현황

국제화, 세계화의 추세와 흐름에 따른 국제이주는 다문화사회 출현을 가능하게 하였으며, 전 세계적 자본주의 체제, 국가 간의 사회와 경제적 연관성, 이주 네트워크의 발달 등에 의한 국제이주의 지속적인 증가는 초국가적 사회의 등장과 함께 사회·문화적으로 더욱 다양한 다문화사회를 구축할 가능성을 보이고 있다(박주현, 최덕경, 2011).

현재 출입국외국인정책본부의 2017년 5월 자료에 의하면 한국에 체류하는 외국인은 2,016,555명으로 전체 인구 5천만 명 중 4%를 차지하고 있다.

법무부 체류 외국인 통계(2017)에 따르면 한국에 체류 중인 전체 외국인 가운데 중국(한국계 포함)인이 48.5%로 가장 많은 비중을 차지하였고, 다음으로 베트남, 미국, 타이, 필리핀, 일본인 등의 순으로 많은 비중을 차지하는 것으로 나타난다. 이처럼 현재 한국 사회는 다양한 국적을 지닌 수많은 외국인이 유입되고 있음을 알 수 있다. 이처럼 한국 사회의 다문화사회로의 진입을 주도해 가고 있는 중심에는 결혼이민자, 외국인 근로자, 북한이탈주민과 다문화가정 자녀들이 있다. 그들의 현황과 관련 쟁점을 살펴보고자 한다.

1) 결혼이민자

(1) 결혼이민자 현황

한국 사회에서 다문화가정의 형성을 주도하고, 한국 사회가 다문화사회로 진입하는 과정에 있어 촉매제 역할을 한 것이 바로 국제결혼의 증가라고 할 수 있다. 대체적으로 국제이주는 개인 또는 가족의 사회적·경제적 욕구를 충족시키기 위해 전반적으로 생활수준이 낮은 국가에서 보다 안정된 국가로 이주하는 경향을 보인다. 국제결혼 역시 일반적으로 사회적·경제적 빈국의 여성과 사회적·경제적 부국의 가난한 남성의 만남으로 이루어지는 경향이 있으며, 대체로 여성의 입장에서는 빈곤의 탈출, 남성의 입장에서는 가족의 형성이라는 목적으로 국제결혼이 이루어진다. 1990년 중반부터 국제결혼이 크게 증가하기 시작하였고, 이때부터 주로 외국 여성과 한국 남성이 결혼하기 시작하였다.

여성의 농촌지역 남성과의 결혼 기피로 국내에서 배우자를 구하는 것이 어려워진 농촌지역 남성들이 정부의 '농촌 총각 장가보내기' 사업의 추진으로 영향을 받아 외국에서 신붓감을 구하면서 국제결혼이 급속히 증가하기 시작, 결혼 후 정착지가 한국이라는 점은 우리 사회의 다문화가정 형성에 결정적인 역할을 하였다(백승대 외, 2014).

즉, 현재 가족을 형성하고자 하는 한국 남성과 보다 안정적인 삶을 살고자 하는 외국 여성 간의 국제결혼이 주축이며 이것이 다문화가정의 핵심이다.

표 1-5 결혼이민자 현황

(단위 : 명)

연도	2012년	2013년	2014년	2015년	2016년	'16년 5월	'17년 5월
인원	148,498	150,865	150,994	151,608	152,374	151,843	153,818
전년 대비 증감률	2.6%	1.6%	0.1%	0.2%	0.5%	-	1.3%

출처 : 법무부(2017)

표 1-6 국적별·성별 결혼이민자 현황

(2017. 05. 31. 현재, 단위 : 명)

구분 \ 국적	계	중국	한국계	베트남	일본	필리핀	캄보디아	타이	몽골	기타
전체	153,818	57,280	21,410	42,059	13,254	11,703	4,496	3,362	2,375	19,289
	(100%)	(37.2%)		(27.3%)	(8.6%)	(7.6%)	(2.9%)	(2.2%)	(1.5%)	(12.5%)
남자	24,458 (15.9%)	11,842	7,003	1,505	1,227	339	81	79	121	9,264
여자	129,360 (84.1%)	45,438	14,407	40,554	12,027	11,364	4,415	3,283	2,254	10,025

출처 : 법무부(2017)

표 1-7 거주지역별 결혼이민자 분포 현황[2]

계	경기	서울	경남	인천	충남	경북	부산	전남
151,951	42,450	27,596	10,052	9,439	8,639	7,720	7,112	6,777
	전북	대구	충북	강원	대전	광주	울산	제주
	5,981	5,100	4,877	3,597	3,418	3,393	3,393	2,407

출처 : 법무부(2017)

표 1-8 혼인귀화자(누계)

(단위 : 명)

연도	2011년	2012년	2013년	2014년	2015년	2016년	'17년 5월
혼인귀화자 (전체 누계)	77,203	84,933	93,953	101,560	108,526	114,901	117,115

출처 : 법무부(2017)

(2) 결혼이민자의 쟁점

국제결혼의 증가로 결혼이민자들에게 많은 문제점이 드러나고 있다. 문화가 전혀 다른 나라의 사람들이 서로 만나서 살아가는 데는 적응의 어려움이 많다. 이러한 어려움은 부

2 국민의 배우자 중 등록외국인의 지역별 현황임(미등록자 제외).

적절한 결혼경로, 불안정한 법적 지위와 사회제도권의 배제와 소외, 한국 사회 적응과정에서 나타나는 자녀교육 등 여러 가지 문제를 안고 있다.

첫째, 결혼 절차상 나타나는 문제이다. 이주여성이 배우자를 만난 경로를 살펴보면 '결혼중개업체'에 의한 경우가 27.0%로 가장 많았고, 그 다음이 가족, 친척의 소개(24.1%) 순이었다(보건복지가족부, 2009). 혼인이 주로 개인 간의 자유로운 만남이 아닌, 국제결혼 중개업체의 알선 및 종교단체의 중개로 이루어지기 때문에 혼인 전 서로에 대해 충분한 정보를 제공받지 못하며, 만남의 기간도 짧은데다가 배우자의 정보나 환경 등이 실제와 달라 갈등을 겪고 한국 사회에 적응하지 못하여 가족의 해체를 경험하는 것으로 보인다(박지영, 2007).

국제결혼이 상업적 이윤추구의 수단으로 악용되어 결혼 당사자의 인권 침해, 결혼 후 갈등, 국가 이미지 실추 등 다양한 사회문제를 발생시키고 있는 것이 현실이다.

무엇보다 배우자를 만난 경로로서 가장 높은 비율을 차지하는 결혼중개업체에 대한 관리와 교육이 철저히 이루어져야 하겠다. 불법 결혼중개를 차단하고, 결혼중개 시 당사자에 대한 신뢰할 수 있는 정보의 사전 제공 등 결혼중개과정과 비용 지출에 대한 투명성이 확보되어야 한다.

둘째, 불안정한 법적 지위와 사회제도권의 배제와 소외되는 것이 문제이다.

국제결혼을 통해 입국한 결혼이민자의 경우 혼인 2년 후 영주자격 또는 한국 국적 신청자격이 부여된다. 이 과정에서 한국인 배우자의 도움이 필수적이며, 재정 능력을 입증하는 서류가 요구된다. 즉, 결혼이민자는 결혼 후 최소 2년 동안은 매우 불안정한 신분으로 결혼생활을 이어나가야 하며, 이후에도 결혼이민자의 국적 취득 문제는 부부 사이의 관계를 위계적으로 이끌어 결혼이민자의 인권을 유린하는 상황을 야기하거나 불안정한 생활로 인한 갈등을 초래하기도 한다(김유경 외, 2008).

또한 결혼이민자의 경우 한국 국적을 취득한 경우에만 내국인과 동일하게 사회보장에 관한 권리가 발생하며, 그렇지 않은 결혼이민자의 경우 외국인으로서 모국과 한국 간의 사회보장에 관한 협정이나 협약에 따라 사회보장에 관한 권리가 부여된다. 뿐만 아니라 사회보장에 관한 기본적인 정보 또는 인식의 부족과 현실적으로 빈곤한 상황 때문에 사회보장에 관한 권리를 제대로 행사하지 못하는 경우도 많이 나타난다. 이처럼 결혼이민자의 법적 지위에 따른 사회보장에 관한 배제와 소외는 사회·경제적으로 불안정한 국제결혼가정의 최저생활이 보장되지 않으며, 결혼이민자의 한국 사회에 대한 적응에 부정적으로 작용한다(문순영, 2007).

셋째, 다문화가정의 형성 및 정착의 어려움이 있다.

국제결혼의 경우 이혼률이 급격히 증가하고 있으며, 최근 다문가족 실태조사에 따르면 이혼·별거 이전의 혼인지속 기간은 7.9년이다. 이들 가운데 5~10년 미만의 기간 혼인을 지속한 경우가 41.5%로 가장 많은 비중을 차지하였으며, 10~15년 미만이 17.6%를 차지하였다(여성가족부, 2015).

2013년 전국다문화가족 실태조사에서 이혼 또는 별거 중인 국제결혼가정의 평균지속 기간이 7.1이었던 것에 비해 최근 들어 결혼생활을 더 지속한 후에 이혼이나 별거를 결정하는 것으로 보인다. 이러한 특성은 신부 송출국에서의 국제결혼제도 강화와 국내의 국제결혼 건전화를 위한 노력 등에 기인한 것으로 볼 수 있다.

그럼에도 불구하고 한국 사회에서 국제결혼이 증가한 시점을 고려해 보았을 때 국제결혼가정이 형성된 기간에 비해 이혼율이 급격하게 증가하고 있는 것은 사실이며, 이는 국제결혼가정의 형성과 결혼생활의 적응과정에서 심각한 갈등이 초래되고 있음을 방증한다고 하겠다.

이처럼 다문화가정의 가족해체가 나타나게 된 원인으로 부부 간의 연령차, 교육 수준, 언어 능력, 문화적 차이 등에 따른 갈등, 입국 목적이 상이한 결혼이민자, 결혼이민자를 하나의 상품으로 인식하는 한국가족의 태도 등을 들 수 있다(조원탁 외, 2012). 결혼이민자의 경우 특히나 한국어 연수의 기회가 충분하지 못하여 의사소통의 어려움이 상대적으로 큰 편이며, 여기에 결혼이민자에 대한 왜곡된 인식과 편견으로 인권 침해가 가해지고 있다.

즉, 결혼이민자들은 의사소통의 곤란과 차별 속에서 낯선 문화에 적응해야 한다. 낯선 생활과 사고방식의 차이, 그리고 의사소통의 곤란은 가족 간의 관계에서 갈등을 초래하기도 하며, 더 나아가 사회생활의 장애물로 작용하여 결혼이민자의 인간관계 위축, 고립된 생활의 지속 등을 야기하기도 한다(장인실 외, 2012).

넷째, 다문화가정 자녀의 문제이다.

국제결혼이 증가함에 따라 학교에 재학 중인 다문화가정 자녀의 수도 급증하고 있으며, 2002년 이후 국제결혼이 폭발적으로 증가하였다는 점을 고려할 때 향후 다문화가정 자녀의 급증 추세 또한 지속될 것으로 예상된다. 하지만 다문화가정 자녀의 경우 언어문제, 정체성의 혼란, 집단 따돌림, 학업 포기 등 다양한 어려움을 경험하고 있다.

다문화가정 역시 한국 사회의 일반적인 가정과 마찬가지로 주된 양육자가 어머니인 경우가 대부분이다. 따라서 다문화가정 자녀들은 언어 습득의 가장 중요한 시기인 유아기에 한국말이 서툰 어머니의 양육을 통해 성장하고, 상대적으로 언어발달이 지연되거나 학습활동에 제약을 받게 된다. 또한 다문화가정 자녀들의 언어 능력 부족은 일상적 의사소통에는 큰 문제가 없더라도 학령기에 접어들면 학습부진을 초래한다. 한편, 다문화가정 자녀에게는 어머니의 모국어를 한국어와 마찬가지로 학습할 수 있는 기회가 자연스럽게 주어진다.

이중언어를 구사할 수 있다는 것은 다문화가정 자녀에게 있어 큰 강점으로 작용할 수 있지만, 대부분의 다문화가정에서는 자녀가 어머니의 모국어를 사용하는 것에 대해 부정적으로 인식하는 경향이 있어 실제로 다문화가정 자녀가 이중언어를 구사하는 경우는 많지 않다(이성미, 2012).

한편, 다문화가정 자녀의 경우 상대적으로 또래와 다른 외모로 인하여 한국인으로서의 자기정체성에 혼란을 경험하며, 특히나 현재 자신이 속해 있는 한국 문화와 이주부모의 문화 간의 차이로 인하여 문화적 정체성에 대해 상당한 혼란을 겪게 된다. 뿐만 아니라 또래친구들의 다문화가정 자녀에 대한 차별과 편견으로 인하여 다문화가정 자녀는 개인의 의사와는 무관하게 피부색과 생김새만으로도 차별을 경험하며, 심한 경우 따돌림과 학교 폭력에 노출되기도 한다(박주현, 최덕경, 2011).

이상에서 살펴본 바와 같이 다문화가정의 자녀들은 언어소통에서 오는 부적응, 행동과 가치관의 차이에서 오는 부적응, 외모 및 혼혈인에 대한 사회적 편견으로 인한 부적응, 학습결손과 편견, 차별로 인한 학교 부적응 등 다양한 부적응을 경험하고 있다. 다문화가정 자녀가 경험하고 있는 이러한 문제들은 앞으로의 사회생활에서 기회의 불평등이나 소외 등으로 이어질 가능성이 높으며, 결국 사회갈등을 유발하는 요인으로 작용할 것이다.

2) 외국인 근로자

(1) 외국인 근로자 현황

한국의 외국인 근로자 현황을 제대로 이해하기 위해서는 실제로 한국에 외국인 근로자가 들어오기 시작한 1987년의 상황을 살펴보아야 한다. 이 시기에 외국인근로자에 대한 별다른 정책도 없었고, 소수의 미등록 이주자들이 정착하는 것에 대하여 사회적으로 관심을 두지 않고 방관한 상태였다.

그러나 정부의 방관은 곧 끝났으며 1991년 산업연수제도를 통해 공식적으로 이주노동자에 대한 외국 인력 정책을 내놓은 후 15년간 외국인 노동자에 대하여 이주노동을 '불허'라는 정책을 고수하였으며 2004년에 고용허가제를 통해 제한적인 방문노동을 허가하는 외국 인력 정책을 수용하였다(오경석, 2007).

이렇게 제도가 달라지는 과정에서 이주노동자뿐만 아니라 불법체류자도 늘어가고 있다. 법무부(2017)에 따르면 외국인 근로자 현황을 보면 570천여 명이 들어왔으며, 국적별로 보면 중국(우리가 흔히 일컫는 구소련 동포분이나 조선족)이 23만여 명으로 40%에 가깝게 입국이 되는 것으로 나타났다.

또한 외국인 근로자 자격별 현황을 살펴보면 전문인력은 48,908명이며, 단순기능인력은 521,625명을 차지하고 있다. 전문인력은 단기취업(C-4), 교수(E-1), 회화지도(E-2), 연구(E-3), 기술지도(E-5), 전문직업(E-5), 예술흥행(E-6), 특정활동(E-7) 등으로 구분되며 이 중 특정활동(E-7) 자격 소지자는 21,405명으로 전문인력에서 가장 많은 비중을 차지하고 있다.

단순기능인력은 비전문직(E-9), 선원취업(E-10), 방문취업(H-2)으로 구분되며, 이 중 비전문직 취업(E-9)과 방문취업(H-2) 자격 소지자가 단순기능인력에서 가장 많은 비중을 차지하고 있다. 즉, 한국은 외국인 전문인력이 점점 증가하고 있으나 여전히 선진국에 비해 전문인력의 숫자는 상대적으로 적은 편이며 비전문취업(E-9)과 방문취업(H-2) 자격 소지자가 외국인 근로자의 대부분을 차지하고 있음을 알 수 있다.

표 1-9 국내 외국인 근로자의 국적별 현황

(2017. 5. 31. 현재, 단위 : 명)

계	중국	베트남	캄보디아	인도네시아	우즈베키스탄	필리핀	네팔
570,533	233,851	47,240	36,570	34,615	32,703	29,384	29,183
	타이	스리랑카	미얀마	미국	방글라데시	몽골	파키스탄
	25,556	24,055	19,896	10,279	10,194	6,781	3,875
	캐나다	키르기스스탄	영국	티모르 민주공화국	일본	러시아 (연방)	기타
	2,735	2,389	2,265	1,757	1,186	664	15,355

출처 : 출입국 외국인정책 통계월보(2017. 5.)

표 1-10 국내 체류 외국인의 자격별 현황

(2017. 5. 31. 현재, 단위 : 명)

전문인력									단순기능인력			
단기취업(C-4)	교수(E-1)	회화지도(E-2)	연구(E-3)	기술지도(E-4)	전문직업(E-5)	예술흥행(E-6)	특정활동(E-7)	계	비전문취업(E-9)	선원취업(E-10)	방문취업(H-2)	계
1,865	2,546	15,179	3,105	187	612	4,009	21,405	48,908	269,168	15,825	236,632	521,625

출처 : 출입국 외국인정책 통계월보(2017. 5.)

(2) 외국인 근로자의 쟁점

외국인 노동력이 한국사회로 유입된 배경에는 3D업종의 심각한 인력난, 농어촌의 고령화, 외국인 근로자 활용정책의 도입 등을 들 수 있다. 1987년 노동자 대투쟁 이후 국내의 노동자 입금이 상승함과 동시에 저임금 노동력에 의존한 3D업종은 인력난이 심각해지게 되고, 내국인들이 기피하는 저임금 산업의 부족한 인력을 외국인 근로자가 대체하게 되었다.

또한 농어촌의 젊은이들이 도시로 떠나고, 농어촌은 고령화로 인해 일손이 부족화 되어 3D업종뿐만 아니라 농어촌도 외국인 근로자 없이 정상적으로 일을 하기 어려운 실정에 이르게 되면서 외국인 근로자의 한국 사회로의 유입은 더욱 증가하게 되었다. 여기에 산업연수생제도, 고용허가제 등 외국인 근로자를 합법적으로 우리 산업에 활용하는 정책이 도입됨으로써 제조업, 농축산업, 어업 등에 원활한 인력수급과 동시에 외국인 근로자의 유입이 활발히 진행되고 있다. 외국인 근로자들은 국내 노동력의 부족 문제를 해소하기 위해 일정기간 동안에만 한국에 체류하고, 그 이후에는 본국으로 돌아가야 한다는 기본 전제로 하고 있으나 합법적인 체류기간을 넘기고 불법체류자로 전락하는 경우도 많다. 이들은 법적 보호 대상에서 제외되어 인권의 사각지대에 놓이게 되면서 급여와 복지, 의료, 자녀교육 등 많은 문제를 안고 있다. 그들의 문제를 구체적으로 살펴보면 다음과 같다.

첫째, 외국인 근로자에 대한 부정적 인식에 그들의 국적, 인종 등에 따른 차별적인 인식이 더해져 외국인 근로자의 인권을 침해하는 행동으로 이어지고 있다. 대부분 체류 중인 외국인 근로자들은 단순기능 인력의 근로자로 내국인들이 꺼려하는 직종에 주로 종사하고 있다. 따라서 한국사회의 외국인 근로자에 대한 차별적인 인식과 태도는 상당히 이중적인 모습을 보이고 있다.

상대적으로 전문 인력에 속하는 외국인 근로자나 선진국 출신의 외국인 근로자에 대해서는 오히려 호의적인 반면, 단순 기능 인력에 속하는 외국인 근로자나 저개발국 출신의 외국인 근로자에 대해서는 배타적인 태도를 보이거나 조롱이나 욕설, 더 나아가 폭력을 가하기도 한다. 즉 사회경제적 수준에 따라 외국인 근로자를 구분지어 대하고, 단순히 경제적 수준이 낮은 국가에서 온 외국인 근로자라는 이유로 편견과 차별적인 시선을 가지고 일상생활 속에서 인권침해가 자행되는 것이다(이종복 외, 2012).

둘째, 노동인권 침해는 직장 내에서도 마찬가지로 나타나고 있다. 현재 외국인근로자의 고용 등에 관한 법률에 따르면 고용허가제 대상 국가가 정해져 있는데, 기본적으로 필리핀, 몽골, 스리랑카, 베트남, 태국, 인도네시아, 우즈베키스탄, 파키스탄, 중국, 캄보디아, 방글라데시, 키르기스스탄, 네팔, 미얀마 등이다(조영달, 2009 재인용).

한편 전문직종의 외국인 근로자의 대부분은 상대적으로 전문적인 기술을 가지고 있거나 선진국 출신이고, 반면에 3D업종의 제조업, 건설업, 농업, 어업 등 생산직종에 종사하고 있는 외국인 근로자의 대부분은 개발도상국 출신이다. 앞서 언급한 고용허가제가 전자는 제외하고 후자에 대해서만 적용된다는 것은 선진국 출신의 외국인 근로자를 제외한 개발도상국 출신 외국인 근로자에게만 고용허가를 적용시키고 있다는 의미로 해석되기도 한다. 즉, 한국 사회는 외국인에게 국내에 체류하면서 취업활동을 할 수 있는 체류자격을 부여할 때 국적이나 인력의 특성, 사회활동의 범위나 신분 등에 따라 차별적으로 체류자격을 부여하고 있다. 외국인 근로자의 체류자격에 따라 제도를 달리하는 것이 필요할 수도 있으나, 특히 비전문취업자들에 한하여 사업장 이동의 제한, 가족 동반 불허 등의 상당한 제약이 따르는 고용허가제를 적용시키는 것에는 경제 수준이 낮은 국가에서 온 외국인 근로자에 대한 편견과 차별적 시각에서 오는 이중적 태도로 여겨진다.

외국인 근로자가 근로계약이 체결된 이후 계약을 이행과정에서 나타나는 문제들도 있다. 대표적으로 산업재해문제와 임금문제 등을 들 수 있다. 외국인 근로자들의 경우 직업의 특성상 대체로 산업재해가 발생할 가능성이 높은 열악한 근로환경에 노출되기 쉽다. 하지만 이러한 근로환경에 대해 안전교육이니 주의사항 등이 외국인 근로자에게 제대로 전달되지 않아 실제로 사고로 이어지는 경우도 많다.

그리고 더 큰 문제는 외국인 근로자에게 산업재해보상보험이 당연히 적용됨에도 불구하고 제대로 보상을 받지 못하는 경우가 많다는 것이다(이종복 외, 2012). 뿐만 아니라 외국인 근로자는 내국인 근로자에 비해 보다 위험한 환경에서 더 오랜 시간 근무를 하는 등 차별적 근로환경에서도 정상적으로 근로하였음에도 불구하고 내국인 근로자에 비해 낮은 임금을 지급받거나 임금체불을 경험하는 경우가 많은 것으로 확인되었다.

끝으로 외국인 근로자는 근로계약을 해지하고 새로운 직장으로 이동하는 것도 쉽지 않다. 현행 고용허가제에 의하면 원칙적으로 외국인 근로자의 사업장 이동은 금지되어 있으며, 외국인 근로자가 사업장을 이동할 수 있는 법적 요건이 까다로운 편이다. 또한 근로계약을 해지하고 사업장을 이동하는 과정에서 불법 체류자로 전락할 가능성이 높기 때문에 대부분의 외국인 근로자들은 사업장이나 근로환경 등에 문제가 있어도 근로계약의 해지나 사업장 이동 없이 근로계약기간을 충실히 이행해야 한다(고용노동부, 2014).

특히나 이러한 노동인권의 침해는 불법 체류자의 경우 더욱 심각하다. 이들은 언제든 단속에서 발견되면 법에 따라 본국으로 추방될 수 있는 가능성에 노출되어 있기 때문에 고용주가 불법 체류 외국인 근로자들의 신분상 약점을 악용하는 경우가 빈번히 발생한다. 불법 체류자들의 경우 지위의 불안정으로 인하여 기본권조차 보장되지 않으며, 「근로기준법」이나 사회보장과 관련한 법적 지위를 보장받을 수 없다. 또한 출입국사무소에 의해 수시로 단속이 이루어지고, 이러한 단속과정에서 공권력에 의한 인권 침해가 나타나기도 한다(이성미, 2012).

셋째, 외국인 근로자의 자녀들은 부모의 낮은 경제·사회적 지위·언어·문화·교육방식의 차이 등으로 인해 자녀양육 및 교육에 어려움이 있다. 외국인 근로자 자녀 가운데 체류자격이 있는 경우는 가족 동반이 가능한 전문직종 근로자의 자녀이며, 체류자격이 없는 경우는 불법 체류 중인 외국인 근로자나 고용허가제를 통해 입국한 근로자 자녀로서 밀입국한 경우와 불법 체류 외국인 근로자에게서 태어난 자녀의 경우라고 할 수 있다(이종복 외, 2012).

특히 이 가운데 불법 체류 중인 외국인 근로자의 경우 자녀의 양육과 교육문제 등에 마주하게 된다.

첫째, 부모가 외국인이라는 점에서 한국 정부에서 지원해 주는 양육 지원이 제한적으로 이루어져 지원체계를 제대로 활용하기가 어렵다는 것이다. 특히 부모가 불법 체류자인 경우에는 그 자녀 또한 불법 체류자가 되어 정부의 양육 지원을 받지 못한 채 의료 지원에 있어서도 사각지대로 밀려나게 된다.

둘째, 외국인 근로자 자녀의 경우 상당수가 취학연령임에도 불구하고 학교를 다니지 못하는 아이가 많다는 것이다. 불법 체류 아동의 경우에 교육을 받을 권리가 있으며 이를 「아동복지법」, 「초·중등교육법」시행령을 통해 보호하고 있으나, 언어문제와 따돌림, 불법 체류 아동 등의 사유로 학교를 다니지 못하고 있거나, 학교장의 부정적 태도로 곤란을 겪는다(장인실 외, 2012).

3) 북한 이탈주민

(1) 북한 이탈주민 현황

북한 이탈주민이란 북한을 탈출하여 북한 이외의 지역에 체류하고 있는 북한주민을 일컫는다. 한국전쟁 이후 매년 10명 내외였으나, 1990년대 중반 이후 규모가 급격하게 증가하였다. 이때부터 탈북의 성격도 정치적 망명에서 경제난민의 성격으로 점차 바뀌어가는 양상을 보이고 있다.

대한민국 정부는 북한 이탈주민들이 우리 사회 일원으로 자립·자활 의지를 갖고 안정적으로 정착하도록 「북한 이탈주민의 보호 및 정착지원에 관한 법률」(1997.1.14 제정)에 따라 다양한 정책적 지원을 하고 있다.

북한 이탈주민의 현황을 살펴보면 국내 입국은 2005년 이후 지속적으로 증가 추세를 유지하다가 2010년 2,400여 명으로 다소 감소하고, 2012년 이후부터는 연간 1,500여 명이 입국하고 있다. 성별 입국비율을 살펴보면 여성의 입국비율은 2002년을 기점으로 남성을 추월하여 현재 전체 71%를 차지하고 있으며, 연령별 유형을 살펴보면 다음과 같다.

표 1-11 북한 이탈주민 입국인원 현황(~'17. 3월 말 입국자 기준)

(단위 : 명)

구분	~'98	~'01	'02	'03	'04	'05	'06	'07	'08	'09	'10	'11	'12	'13	'14	'15	'16	'17.3 (잠정)	합계
남(명)	831	565	510	474	626	424	515	573	608	662	591	795	404	369	305	251	299	46	8,848
여(명)	116	478	632	811	1,272	960	1,513	1,981	2,195	2,252	1,811	1,911	1,098	1,145	1,092	1,024	1,119	232	21,642
합계(명)	947	1,043	1,142	1,285	1,898	1,384	2,028	2,554	2,803	2,914	2,402	2,706	1,502	1,514	1,397	1,275	1,418	278	30,490
여성 비율	12%	46%	55%	63%	67%	69%	75%	78%	78%	77%	75%	71%	73%	76%	78%	80%	79%	83%	71%

※ 북한 이탈주민 입국 인원은 보호 결정을 기준으로 집계

출처: 통일부

표 1-12 북한 이탈주민 연령별 유형(2017. 3월말 입국자 기준, 입국당시 연령)

(단위 : 명)

구 분	0~9세	10~19세	20~29세	30~39세	40~49세	50~59세	60세 이상	계
남	629	1,582	2,426	2,042	1,306	497	326	8,808
여	622	1,935	6,161	6,731	3,858	1,173	927	21,407
합계	1,251	3,517	8,587	8,773	5,164	1,670	1,253	30,215

출처 : 통계청

(2) 북한 이탈주민의 쟁점

북한 이탈주민들의 안정적인 정착과 자립을 위해서는 정착과정에서 겪는 장애요인을 면밀히 분석하고 배려하고 기다려주는 지원이 필요하다. 북한 이탈주민들은 경제적 어려움을 극복하고 자립기반 구축을 위한 취업문제, 북한 거주 및 탈북과정에서 얻은 건강상의 문제, 낯선 환경에서 북한에 두고 온 가족들과의 이별에 따른 심리적 고통, 경제적 문제, 자녀교육 등 여러 가지 어려움을 겪고 있다.

첫째, 북한 이탈주민의 경우 북한에서 기아, 정치적 사건으로 인한 가족의 사망, 공개처형의 목격 등 경제적·정치적 고통을 경험하거나 이탈과정에서 가족과의 원치 않는 이별을 통해 북한에 남은 가족에 대한 죄책감, 걱정 등의 심리적 고통을 경험하게 된다. 특히 탈북 이후에도 발각과 체포의 두려움, 강제송환에 대한 두려움과 공포, 인권 유린의 경험 등을 통해 불안과 공포 속에서 장기간 생활하여 심리적인 고통이 지속된다(조영아, 전우택, 2005).

뿐만 아니라 북한 이탈주민의 경우 체제 부적응 또는 정체성의 혼란을 경험하기도 한다. 남·북한은 오랜 기간 분단된 상태에서 서로 다른 사회·문화적 배경을 형성해오면서, 한 민족임에도 불구하고 언어와 생활방식 등에 있어 많은 차이를 보이고 있다(장인실 외, 2012). 북한 이탈주민의 경우 북한 체제에 의구심을 갖고 자발적으로 탈출한 것이라고는 하지만, 이러한 남·북한의 차이로 인하여 자신이 살아온 삶 자체를 부정하고 북한 체제와는 상이한 남한의 체제에 적응해야 하는 것에서 체제 부적응 또는 정체성의 혼란을 겪기도 한다.

둘째, 북한 이탈주민은 입국 초기에 정부로부터 정착 지원을 받고 있지만 안정적인 생활을 하기에는 경제적인 어려움이 있다. 한국 사회의 경우 직업시장에서 대부분 대학 졸업 이상의 학력을 요구하고, 업무 수행에 있어 영어, 컴퓨터 등의 사용은 거의 필수적이다. 하지만 북한 이탈주민의 대부분은 한국 사회에서 인정받을 수 있는 학력을 지니지 못하며, 설령 동일한 학력수준을 갖추고 있어도 한국 사회에서는 동등한 대우를 하지 않는 경향이 있다. 또한 각기 다른 사회문화적 배경으로 인하여 북한 이탈주민의 경우 영어나 컴퓨터 등에 대한 학습이 쉽지 않다.

이러한 특성 때문에 북한 이탈주민의 경우 한국 사회에서 안정적인 직업을 구하는 것이 힘들 뿐만 아니라 일상생활에 대한 적응에까지 어려움을 겪게 된다.

셋째, 북한 이탈주민 역시, 다른 사회적·문화적 배경에 대한 적응에 어려움을 경험하고 있다. 특히 북한과는 다른 교육환경에 적응하는 것이 무엇보다 시급함에도 불구하고 언어적인 문제를 비롯하여 학업성취, 학교생활 등에 있어 다양한 어려움을 겪고 있다. 북한 이탈주민의 자녀들은 탈북과정에서의 정신적 충격이 채 가시기도 전에 북한과 다른 체제와 학교생활에 적응하여 학업성취를 이어 나가야 한다.

이 과정에서 북한 이탈주민의 자녀들은 보통 자신이 나이보다 낮은 학년으로 배정되거나 남·북한의 사상과 문화의 차이 등으로 인하여 학교생활에 적응하는 것이 쉽지 않다. 또한 남·북한의 교육과정과 학력 수준의 차이로 인해 학습내용에 대한 이해가 부족하거나 학력 저하 문제가 나타나기도 한다. 북한 이탈주민 자녀의 학교 부적응과 학력 저하 등은 학교에서의 중도 탈락으로 이어지기도 하며, 더 큰 문제는 이러한 자녀교육에 대한 든든한 조력자인 부모 역시 한국 사회에 적응을 하는 과정에 있어 부모의 역할을 제대로 수행하지 못한다는 점이다.

4) 다문화가정 자녀

(1) 다문화가정 자녀 현황

한국 사회는 국제결혼의 증가로 다문화가정 자녀 수 또한 기하급수적으로 늘어나고 있다.

표 1-13 다문화가정 자녀 연령별 현황

(단위 : 명)

연도	연령별 현황				
	계	만 6세 이하	만 7~12세	만 13~15세	만 16~18세
2015. 11월	197,550	116,068	61,625	12,567	7,290
2015. 1월	207,693	117,877	56,108	18,827	14,881
2014	204,204	121,310	49,929	19,499	13,466
2013	191,328	116,696	45,156	18,395	11,081
2012	168,583	104,694	40,235	15,038	8,616
2011	151,154	93,537	37,590	12,392	7,635
2010	121,935	75,776	30,587	8,688	6,884
2009	107,689	64,040	28,922	8,082	6,645
2008	58,007	33,140	18,691	3,672	2,504
2007	44,258	26,445	14,392	2,080	1,341

출처 : 안전행정부(2015)

표 1-14 시·도별 다문화가정 자녀 수

(단위 : 명)

시·도별	2007년	2008년	2009년	2010년	2011년	2012년	2013년	2014년	2015년 (1월)	2015년 (11월)
합계	44,258	58,007	107,689	121,935	151,154	168,583	191,328	204,204	207,693	197,550
서울	5,305	7,500	16,772	19,014	24,084	26,008	29,285	30,226	29,790	30,447
부산	2,269	3,057	5,091	5,698	6,837	7,375	8,311	9,022	9,142	9,157
대구	2,019	2,254	3,656	3,904	4,475	5,125	5,829	6,305	6,369	6,423
인천	2,313	3,054	6,662	7,805	8,868	9,552	11,082	11,964	12,334	11,845
광주	1,231	1,608	2,420	2,752	3,403	3,926	4,519	4,997	5,067	5,090

시·도별	2007년	2008년	2009년	2010년	2011년	2012년	2013년	2014년	2015년 (1월)	2015년 (11월)
대전	824	985	2,441	2,881	3,439	3,847	4,365	4,666	4,734	4,561
울산	884	1,068	2,489	2,798	3,233	3,582	4,092	4,437	4,559	4,376
세종	-	-	-	-	-	-	563	660	726	729
경기	6,617	11,131	25,648	29,953	37,519	42,365	48,138	51,960	52,815	50,313
강원	2,366	2,590	4,017	3,900	5,161	5,780	6,498	6,917	7,015	6,042
충북	2,288	2,584	3,748	4,710	5,675	6,445	7,272	7,718	7,868	7,089
충남	3,432	3,421	6,399	6,953	9,119	10,023	11,010	11,863	12,341	10,908
전북	3,275	4,283	5,474	5,849	7,755	8,766	9,989	10,316	10,820	9,744
전남	4,153	4,902	7,279	7,453	9,764	10,763	12,149	12,832	13,086	11,524
경북	3,289	4,235	6,353	7,715	9,246	10,251	11,574	12,578	12,712	11,775
경남	3,599	4,601	8,060	9,260	10,996	12,762	14,294	15,143	15,498	14,476
제주	394	734	1,180	1,290	1,580	2,013	2,358	2,600	2,817	3,051

출처 : 안전행정부(2015)

우리나라에 다문화가정이 점점 늘어나고 있다. 2015년 교육부 통계자료에 의하면 다문화가정 학생이 전체 초, 중, 고등학교 학생의 1%가 넘으며, 다문화가정 출생자 수 또한 4%가 넘는다. 부모 국적별 다문화가정 학생현황을 살펴보면 베트남 29%, 중국이 20%, 중국(한국계)가 18%, 필리핀 10%, 일본과 캄보디아 각각 4%, 미국 3%, 대만 2%, 몽골, 태국, 러시아가 각각 1%, 기타 7%로 다양하며, 그림 1-2와 같다.

(2) 다문화가정 자녀의 쟁점

다문화가정 자녀의 현황을 살펴보는 것도 중요하지만, 그들에 대한 관심도 중요하다. 다문화가정, 특히 언어와 문화의 차이를 미처 덜 극복한 결혼이민자 어머니들이 자녀교육의 상당 부분을 담당하고 있음은 시사하는 바가 크다. 이에 몇 기지 문제점을 살펴보고자 한다.

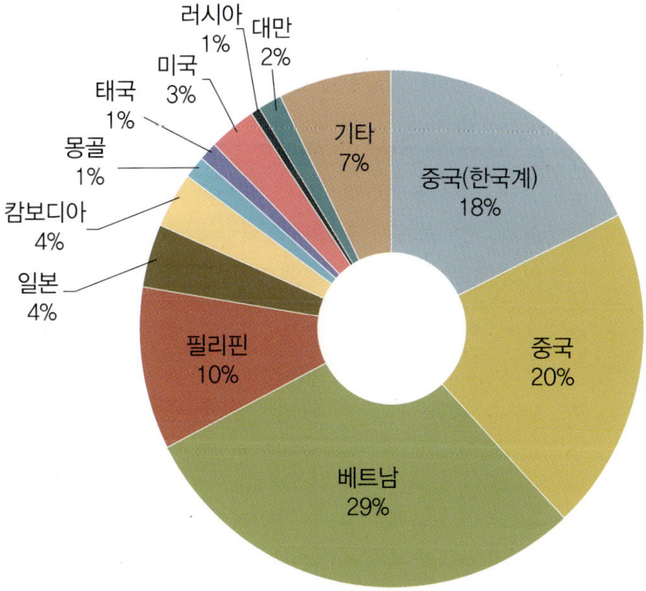

그림 1-2 부모 국적별 다문화가정 학생 현황

출처 : 교육부(2015)

첫째, 다문화가정 자녀들은 기초학습 능력이 낮은 경향이 있다. 이들은 한국인 일반가정의 자녀에 비하여 학업 면에서 다소 뒤처지는데, 이는 그들의 부모가 대부분 사회적·경제적 기반이 취약하여 소득이 낮고 학습환경이 열악하기 때문이다.

둘째, 언어발달지체 현상과 문화 부적응으로 인해 야기되는 문제들이다. 국제결혼가정 자녀의 경우 어머니의 모국어 사용이 금기시되는 분위기에서 자라는 경우가 많아 한국어와 어머니의 모국어 모두가 미숙한 경우가 많다는 것이다.

셋째, 다문화가정 자녀는 일반가정 자녀에 비해 정체성 혼란을 더 많이 경험한다. 부모가 외국인이므로 한국과 다른 문화를 접하고, 문화적·언어적인 차이와 자신이 혼혈이라는 사실은 다문화가정 자녀의 정체성 형성에 부정적인 영향을 미친다.

끝으로, 사회적 편견으로 인해 다문화가정의 자녀는 집단 따돌림을 당할 우려가 있다. 법률적·경제적·사회적 기반이 취약한 국제결혼가정의 자녀 상당수가 집단 따돌림에 쉽게 노출되어 있으며, 이로 인해 건강하지 못한 정서적 충격을 경험한다. 이는 정서적으로 민감한 학생들이 편견과 차별을 견디지 못하고 학업을 중도에 포기하는 사례는 사회 문제로 발전할 우려가 있다(교육인적자원부, 2006).

이처럼 다문화가정 자녀들은 교육받을 기회와 적응과정에서 많은 문제점을 가지고 있다. 이러한 문제들은 표면화되어 나타나고 있는 현실의 문제보다 더 큰 문제로 우리 사회에 등장할 가능성이 있으며, 향후 잠재된 이러한 문제들이 이들의 사회적응과 사회적 관계 형성, 학습에 직접적으로 영향을 미치는 요인으로 작용할 수 있을 것이다.

CHAPTER 2 다문화가정

1. 다문화가정의 현황 / 2. 다문화가정의 문제점 / 3. 다문화가정의 욕구 / 4. 다문화가정의 지원

CHAPTER 2

다문화가정

1. 다문화가정의 현황

다문화가정이란 국제결혼을 통해 형성된 가정을 일컫는다. 여기서 국제결혼을 국어사전에서 살펴보면 "국적을 달리하는 남녀가 결혼하는 일"이라고 정의하고 있다. 한국 내에서의 국제결혼가정은 국제결혼을 통해서 한국인과 외국인으로 구성된 부부와 그들의 자녀를 포함하는 가족들로 이루어진 공동체라고 정의할 수 있다. 즉, 서로 다른 민족 간에 이루어진 가족 공동체를 의미하며, 다른 말로는 '이중문화 가정'이라고 한다. 우리와 다른 민족·문화적 배경을 가진 사람들로 구성된 가정(건강가정시민연대, 2006)을 통칭하는 용어이다(서혁, 2006). 따라서 다문화가정은 한국인과 여성 결혼이민자를 포함한 외국인과의 국제결혼으로 부부와 그들의 자녀로 구성된 가정을 의미한다고 할 수 있다.

넓은 의미에서 다문화가정은 한국인을 배우자로 둔 국제결혼 가정, 한국에 온 외국인 근로자뿐만 아니라 북한 이탈주민(새터민)까지 포함하고 있다.

2008년 3월에 제정된 「다문화가족지원법」에서는 다문화가정을 국제결혼으로 구성된 가족, 특히 결혼이주여성으로 구성된 가족으로 한정하였으나, 2011년 4월 개정 후에는 다문화가정의 범위가 '출생 시부터 한국인'인 자, '외국인 또는 귀화자'에서 '인지 또는 귀화로 인한 한국인'과 '외국인 또는 귀화자'로 확대되었다.

국제결혼은 역사적으로 보면 가야국의 김수로왕과 인도 아유타국의 공주 허황옥의 결혼이 시초라 할 수 있다. 1653년 제주도 근해에서 좌초되었다가 생존한 네덜란드인 36명이 우리나라 여성과 결혼하여 살게 되었다는 기록도 있다. 한국전쟁 이후 이루어진 대부분의 국제결혼은 미군과 한국여성 또는 경제적으로 여유가 있는 일본과 서구 남성이 한국인 여성과 결혼하는 것이 일반적 유형으로, 1990년대 이후 국제결혼의 양상과는 상이하다고 할 수 있다.

1990년대 초 국내에서 '농촌 총각 장가 보내기' 사업의 일환으로 국제결혼을 추진하면서 한국인 남성과 외국인 여성의 국제결혼이 증가하였다.

또 왜곡된 성비로 결혼하지 못하는 남성이 급증하며 경제 수준, 문화적 여건으로 한국인 여성과 결혼을 못하고 신부 부족 해결을 위해 이주여성을 유입하여 영리를 추구하는 국제결혼 중개업체 등의 활동 및 위장결혼을 용인하는 사회적 분위기와 저임금 외국인 노동자의 유입정책 등이 그 원인이 될 수 있다.

표 2-1 연도별 다문화가정 통계

(단위: 명)

연도	계			결혼이민자			혼인귀화자			기타 사유 국적 취득자		
	계	남	여	계	남	여	계	남	여	계	남	여
2015년	305,446	51,655	253,791	147,382	22,309	125,073	92,316	4,563	87,753	65,748	24,783	40,965
2014년	295,842	48,787	247,055	149,764	21,953	127,811	90,439	4,261	86,178	55,639	22,573	33,066
2013년	281,295	45,348	235,947	147,591	20,887	126,704	83,929	4,264	79,665	49,775	20,197	29,578
2012년	267,727	42,459	225,268	144,214	19,630	124,584	76,473	4,268	72,205	47,040	18,561	28,479
2011년	252,764	22,878	188,580	141,654	18,561	123,093	69,804	4,317	65,487	41,306	16,947	24,359
2010년	221,548	34,144	187,404	125,087	15,876	109,211	56,584	3,796	52,788	39,877	14,472	25,405
2009년	199,398	30,988	168,410	125,673	15,190	110,488	41,417	2,047	39,370	32,308	13,751	18,557
2008년	168,224	26,339	141,885	102,713	13,711	89,002	41,672	2,991	38,681	23,839	9,637	14,202
2007년	142,015	21,905	120,110	87,964	12,497	75,467	38,991	2,624	36,367	15,060	6,784	8,276

출처 : 여성가족부(2015)

표 2-2 국적별 외국인과의 혼인 통계

(단위: 건)

외국인 남편의 국적별	2008년	2009년	2010년	2011년	2012년	2013년	2014년	2015년	2016년
계	8,041	8,158	7,961	7,497	7,688	7,656	7,164	6,597	5,769
베트남	61	49	67	93	180	279	283	432	565
중국	2,101	2,617	2,293	1,869	1,997	1,727	1,579	1,434	1,463
일본	2,743	2,422	2,090	1,709	1,582	1,366	1,176	808	381
캐나다	371	332	403	448	505	475	481	465	398
미국	1,347	1,312	1,516	1,632	1,593	1,755	1,748	1,612	1,377
호주	164	159	194	216	220	308	249	254	197
기타	345	342	431	458	493	572	559	571	555
외국인 아내의 국적별	2008년	2009년	2010년	2011년	2012년	2013년	2014년	2015년	2016년
계	28,163	25,142	26,274	22,265	20,637	18,307	16,152	14,677	14,822
베트남	8,282	7,249	9,623	7,636	6,586	5,770	4,743	4,651	5,377
중국	13,203	11,364	9,623	7,549	7,036	6,058	5,485	4,545	4,198
일본	1,162	1,140	1,193	1,124	1,309	1,218	1,345	1,030	838
캐나다	117	134	144	169	185	177	204	188	201
미국	344	416	428	507	526	637	636	577	570
호주	61	65	74	73	87	97	95	96	76
기타	205	223	219	277	297	328	365	425	410

출처 : 통계청(2016)

2. 다문화가정의 문제점

다문화가정은 문화의 다양성 증대, 글로벌 사회로의 발전과 결혼 상대자 부족 해소 등의 긍정적인 면도 있지만, 상이한 문화적 배경과 의식의 차이로 여러 가지 문제가 발생하고 있다.

첫째, 다문화가정은 언어의 차이로 의사소통의 어려움을 겪고 있다. 의사소통은 가족관계뿐만 아니라 인간관계의 기본요소이다. 가정 내에서 사용하는 언어는 대부분 한국어로, 한국인 남편이 아내의 모국어를 배우는 경우는 극히 드물다. 그래서 상대방의 의견을 알아들을 수 없고, 자신의 의견을 전달할 수 없었기 때문에 고립감과 갈등으로 어려움을 겪고 있다.

둘째, 가족구성원들은 문화적 차이로 인해 갈등에 어려움을 겪고 있다. 의식주에서부터 자녀양육과 교육방식, 친족과의 관계 등 일상생활뿐만 아니라 생각과 태도, 더 나아가 그 사회에서 추구하는 가치까지 여러 면에서 차이를 경험하고 있다.

셋째, 2015년 전국 다문화가정 1만 7849가구를 대상으로 벌인 실태조사에 의하면 다문화가정 중 월 소득이 100~150만 원 미만인 경우가 30.8%로 가장 많고, 150~200만 원 미만 19.2%, 50~100만 원 미만 18.8%의 순이며 임금이 없거나(5.9%), 50만 원 미만(5.8%)인 경우가 11.7%인 것으로 보아 경제적 어려움을 겪고 있다.

넷째, 다문화가정에서는 대체로 전통적 자녀양육관을 가지고 있어 어머니가 외국인임에도 불구하고 자녀양육이나 교육을 전적으로 어머니가 담당하고 있다. 외국 출신 어머니는 교육에 대한 관심과 열의는 높지만, 언어 능력의 부족 때문에 자녀양육과 교육에 어려움이 있다.

다섯째, 사회적 편견으로 인해 외국인 아내들은 자신이 한국 국적을 취득하고, 주민등록증을 발급받으면 곧 '한국인'이 되는 것이라고 인식하지만, 한국 사회는 국적 여부와 상관없이 '한국인'의 범주에 자신들을 포함시키고 있지 않는 것을 많이 경험하고 있다고 한다.

또한 결혼이주여성의 경우 무조건 돈을 위해 한국에 온 사람이라거나 도망을 갈 것이라고 생각하여 일방적으로 불쌍한 사람들이라는 인식을 하고 이들의 행동을 해석하기도 한다.

마지막으로 다문화가정은 결혼과정의 문제, 외국인 혐오성, 여성인권침해성 폭력, 체류자격을 둘러싼 갈등, 결혼이민자의 사회적 관계를 둘러싼 갈등, 경제적 갈등, 의사소통의 어려움과 생활양식의 차이 등 많은 어려움이 있다. 이에 부부 및 가족 간의 부적응으로 인한 갈등이 심화되어 결국 이혼에 이르는 가족해체의 문제까지 나타나고 있다.

3. 다문화가정의 욕구

다문화가정은 낮은 경제·사회적 지위, 언어, 문화·교육방식 차이 등으로 인한 열악한 환경으로 여러 면에서 욕구가 나타난다.

첫째, 다문화가정은 사회적응 프로그램에 대한 욕구가 가장 높다.

한국어교실을 가장 원하며 직업 및 기술교육, 한국요리교실 순으로 프로그램이 필요하다고 인식하고 있었고, 실제 참여율 또한 한국어교실이 가장 높게 나타났다(박진옥, 2012). 다문화가정이 적응하기 위해서는 일방적으로 한국 사회에 동화되기를 요구하기보다는 결혼이주여성의 문화도 받아들이려는 상호 문화 이해교육 또한 필요하다. 다문화가정의 구성원들은 교육의 필요성은 인식하고 있지만, 지역의 특성상 교통이 불편하여 교육기관의 접근성 문제, 교육 프로그램에 대한 정보 및 홍보 부족, 한국어 능력 부족, 직업 및 육아 등의 이유로 프로그램에 참여하지 못하는 경우가 많았다. 따라서 수요자의 시·공간적 다양한 상황과 욕구에 맞는 다문화가정 프로그램의 개발과 운영 및 통·번역 서비스의 제공이 요구된다.

둘째, 다문화가정의 경우 경제적인 어려움이 있는 경우가 많아 취업에 대한 욕구가 높다. 결혼이주여성은 대부분 경제활동 참여의 의지가 높고 취업과 관련된 프로그램의 개설을 희망하고 있다. 특히 본인의 학력이나 경력과 연관된 프로그램에 참여하여 일정기간 교육 후 취업을 연결해 주기를 희망하고 있다.

농촌지역 외국인 아내는 취업을 원하지만, 취업하지 못하는 이유로 언어소통의 문제와 자녀 양육문제, 남편이나 시댁식구의 반대, 마땅한 일자리를 찾지 못해서 등을 이유로 들고 있다. 취업과 관련해서 컴퓨터 관련 자격증, 조리사 자격증, 미용사 자격증, 운전면허증, 제과제빵 관련 자격증에 많은 관심을 보이고 있다(박진옥 외, 2012).

결혼이주여성의 취업에 대한 욕구를 살펴보면, 미취업자의 82%가 향후 취업할 의향이 있다고 보고하고 있다. 도시에는 85%가, 농촌에는 73%가 취업에 대한 의향을 밝히고 있어 취업에 대한 욕구가 농촌보다 도시에서 더 높다는 것을 알 수 있다(설동훈, 2006).

결혼이주여성의 취업하고자 하는 이유로는 가족의 생계 유지와 자녀 교육비 충당, 자기 발전 그리고 본국의 가족에게 경제적인 도움을 주기 위한 것으로 나타났다.

보건복지부의 결혼이주여성의 실태조사에서 도시 농촌 모두 여성 결혼이민자의 63.9%가 취업을 하고 있으며, 이는 2015년 기준 내국인 여성의 경제활동 참가율이 60.3%와 비교해 볼 때 여성결혼이주자의 취업률이 3%정도 높은 수치이다. 하지만 이들이 종사하고 있는 직업유형의 절반 이상이 단순노무직과 음식점 종업원이나 주방장 등 서비스직 등에서 일하고 있는 것으로 나타났다. 그 원인은 언어구사가 어렵고, 학력 등 전문지식 및 기술이 부족하기 때문이다.

셋째, 다문화가정은 교육열이 높은 한국 사회에서 그들의 자녀들에게도 양질의 교육을 받고자 하는 욕구가 무엇보다 높다. 또한 자녀의 학습지도와 생활지도를 제대로 할 수 있도록 자녀의 학교생활과정 그리고 내용에 대한 정보와 교육을 원하고 있었다. 따라서 다문화가정을 대상으로 부모교실을 운영하여 자녀들의 학습훈련과 학교생활에 관해 체계적이고 구체적인 정보 제공이 필요하다.

4. 다문화가정의 지원

최근 우리 사회는 다문화가정이 증가하면서 다문화가정에 대한 관심이 고조되고 있다. 특히 중앙행정기관에서는 여러 가지 지원을 하여 외국인의 한국 생활을 돕기 위한 서비스를 제공하고 있다. 의사소통이 어렵고, 한국 문화가 낯설어 한국 사람들과의 관계가 어려운 입국 초기에 외국인 지원기관을 통해 각종 서비스를 이용하는 것은 매우 유용하다. 이에 중앙행정기관에서는 여러 가지 지원으로 다문화가정을 돕기 위한 서비스를 제공하고 있다. 여성가족부 2013년 자료를 보면 중앙행정기관인 보건복지부, 여성가족부, 안전행정부 3부처에서 여러 가지 사업을 지원대상별로 다양하게 서비스를 지원하고 있다.

1) 중앙행정기관의 지원 서비스

(1) 보건복지부

사업명	지원 대상	지원 내용	신청방법	문의처
국내거주 외국의료인 진료 코디네이터 양성 사업	국내 거주 외국인 의료관련 인력으로 한국어 구사가 가능한 자(중국·몽골·베트남 등)	외국인 환자 유치 및 응대에 필요한 진료코디네이터 양성 교육(중국·몽골·베트남 등)	한국보건복지인력개발원 -교육참가신청서, 외국인등록증 사본, 해당 국가 의료인 면허증 사본 등 제출	한국보건복지 인력개발원 043-710-9275
긴급지원 사업	본인의 귀책사유 없는 화재, 범죄, 천재지변의 피해자로 국내에 체류하고 있는 외국인 중 -대한민국 국민과 혼인 중인 사람 -대한민국 국민인 배우자와 이혼하거나 그 배우자가 사망한 사람으로서 대한민국 국적의 직계존비속을 돌보고 있는 사람 - 난민의 인정을 받은 사람	생계지원, 의료지원, 주거지원, 사회복지시설이용지원, 교육지원, 동절기 연료비 지원, 해산·장제 연료비 지원	지원 요청 -신청장소 : 시·군·구청, 129 콜센터(위기 사유 발생 시 연중 수시)	보건복지 콜센터 129
다문화 아동 보육료 지원	만 0세~만 5세 다문화가정 자녀	어린이집을 이용하는 다문화아동 보육료 정부 지원	읍·면·동 주민센터(연중 수시), 복지로 홈페이지(http://www.bokjiro.go.kr)를 통한 온라인 신청	
아동 인지 능력 향상 서비스	만 2세~만 6세 일반 자녀 및 다문화가정 자녀 (월평균 가구 소득 100% 이하)	주 1회 독서도우미 방문, 책읽기 서비스 제공	전국 읍·면·동 사무소 -사회복지 서비스 및 급여제공 신청서, 사회복지 서비스 이용권 제공 신청서, 바우처카드 발급 신청 및 개인 신용정보 조회 제공 동의서 등(연중 수시)	보건복지 콜센터 129

사업명	지원 대상	지원 내용	신청방법	문의처
외국인 근로자 등 소외계층 의료 서비스 지원 사업	각종 의료보장제도에 의해서 의료혜택을 받을 수 없는 외국인 근로자 및 그 자녀, 국적 취득 전 결혼이주여성 및 그 자녀, 난민 및 그 자녀 *건강보험 등에 가입가능한 경우 지원 불가	입원 및 외래 수술 총 진료비(1회 500만 원 한도), 임산부 산전 진찰비, 아동 외래 진료비 등	사업시행 의료기관 담당직원과의 상담을 거쳐 지원 여부 결정 *시행기관 목록은 보건복지부 홈페이지(정보-주요정책) 참고	보건복지 콜센터 129
정신보건센터 운영	결혼이민자와 자녀	무료 정신건강 상담 서비스 제공	별도 신청 절차 없음(연중 이용가능)	정신건강위기 상담전화 1577-0199

(2) 여성가족부

사업명	지원 대상	지원 내용	신청방법	문의처
다문화가정 지원센터 기본 사업	다문화가정(결혼이민자, 배우자, 자녀, 중도입국 자녀 등)	가족생활지원, 한국어교육, 가족교육, 다문화이해교육, 상담, 취업기초 소양교육, 취업처 연계 등	인근 다문화가정지원센터로 신청(연중 수시)	다문화가족 지원센터 02-3140-2281
방문교육서비스 / 한국어교육서비스	결혼이민자(입국 5년 이하), 중도입국자녀(만 18세 이하)	한국어교육, 가족상담 및 정서 지원, 한국생활 정보 제공	-	다문화가족 지원센터 02-3140-2290
방문교육서비스 / 부모교육서비스	만 3세~만 12세 이하의 자녀를 양육하는 결혼이민자	부모성장, 부모자녀 관계 형성, 영양 및 건강관리, 학교·가정생활지도 생애주기별 3회 서비스 지원(임신·신생아기, 유아기, 아동기)	-	다문화가족 지원센터 02-3140-2291
방문교육서비스 / 자녀생활서비스	다문화가정 자녀(만 3세~만 12세)	독서 코칭, 발표토론, 숙제지도, 기본 생활습관, 건강 및 안전, 가정생활, 진로지도 등	-	다문화가족 지원센터 02-3140-2292
언어발달 지원 사업	다문화가정 자녀(만 12세 이하)	언어평가(초기) 및 언어교육(개별교육/모둠교육)	-	다문화가족 지원센터 02-3140-2283

사업명	지원 대상	지원 내용	신청빙법	문의처
언어영재 교실	다문화가정 자녀(만 3세~초등학교 재학생), 非 다문화가정 자녀, 다문화가정(배우자, 시부모 등)도 참여 가능	결혼이민자 주요 출신국 언어 및 문화 수업 ※중국어, 베트남어, 일본어, 러시아어, 몽골어, 캄보디아어	-	다문화가족 지원센터 02-2173-2588
결혼이민자 통·번역 서비스	다문화가정 및 관련 공공기관	행정 및 사법기관, 병원, 경찰서 등 공공기관 이용 시 통·번역 국적 및 체류 관련 정보 제공, 임신 및 출산과 양육 등 생활정보 안내 및 상담 등	-	다문화가족 지원센터 02-2173-2586
찾아가는 가족사랑 치과 진료소	다문화가정, 여성결혼이민자와 자녀, 한부모가족, 조손가족 등 취약가족의 자녀와 그 보호자	무료 구강검진, 불소도포, 치과질환에 대한 (2차) 심화진료	해당 다문화가정(건강가정)지원센터, 해당 시·군·구로 신청	다누리 콜센터 1577-5432
결혼이민여성 인턴 운영	여성새로일하기센터에 등록된 구직희망 여성결혼이민자	여성결혼이민자 채용기관에 3~6개월간 지원금 지원	해당 여성새로일하기센터로 신청	여성새로 일하기센터 1544-1199
결혼이민여성 직업교육 훈련	여성새로일하기센터에 등록된 구직희망 여성결혼이민자	여성새로일하기센터에서 운영 중인 직업훈련과정(25개, 507명 예정) 제공	여성새로일하기센터 신청	
중도입국 청소년 지원 Rainbow School 운영	중도입국청소년(9~24세)	멘토링, 기초생활한국어, 교우관계 및 정체성, 진로, 학과 지도 등	전화신청 (연중 수시)	무지개 청소년센터 02-733-7587
다문화가정을 위한 정보 제공 다누리 콜센터	결혼이민자, 다문화가정 등	다문화가정 관련 정보제공, 기관 안내 및 연계, 생활 통역서비스(10개국어)	전화 상담(월~금, 9시~18시. 야간, 주말 및 공휴일에는 이주여성긴급지원센터 1577-1366으로 자동 연결됨)	다누리 콜센터 1577-5432
이주여성 긴급지원센터	가정폭력, 성폭력, 성매매 등 피해 여성결혼이민자	긴급지원 및 보호시설, 경찰, 병원 등 유관기관 연계	전화상담 (365일 24시간)	이주여성 긴급전화 1577-1366

사업명	지원 대상	지원 내용	신청방법	문의처
이주여성 보호시설	가정폭력, 성폭력, 성매매 등 피해 이주여성 및 동반 아동	일시 보호, 상담, 의료, 법률, 출국 지원	전화 상담(수시)	이주여성 긴급전화 1577-1366
여성새로 일하기센터 (새일센터) 결혼이민여성 인턴 운영	취업을 희망하는 여성결혼이민자 중 여성새로일하기센터에 구직등록한 자	여성새로일하기센터(100개소)를 통하여 여성결혼이민자 인턴으로 사업장(채용기관)에 연계된 경우 해당 사업장(채용기관)에 최대 6개월간 지원금 지원(2012년도 583명 인턴 운영 예정)	여성새로일하기 센터 구직등록 및 결혼이민여성 인턴 접수	
여성새로 일하기센터 (새일센터) 직업교육훈련 운영	취업을 희망하는 여성결혼이민자 중 여성새로일하기센터에 구직등록한 자	여성새로일하기센터(100개소)에서 운영 중인 경력단절 여성 대상 직업교육훈련 과정 운영(2012년도 400개 과정 운영 예정) -출산, 육아 등 경력이 단절된 여성을 대상으로 운영 하는 직업교육훈련 과정이나 여성결혼이민자 등 취업 취약계층에게 직업교육훈련생 선발 시 우선권을 부여함	여성새로일하기 센터 구직등록 및 직업교육훈련 훈련생 접수 (해당, 여성새로 일하기 센터로 과정 모집일정이 상이하여 여성가족부 홈페이지에 참고)	여성새로 일하기센터 1544-1199

(3) 안전행정부

사업명	지원 대상	지원 내용	신청방법	문의처
여성결혼 이민자 지도자 양성교육	여성결혼이민자 및 다문화가정	여성결혼이민자와 새마을부녀회원 간의 멘토 결연 추진 및 지도자 양성 교육	지역 새마을부녀회 (교육 실시 : 4~11월, 멘토 추진 : 연중)	다문화가족 지역센터
다문화 IT 방문 지도	여성결혼이민자 및 다문화가정 *8개권역(서울, 경기, 인천, 부산, 경북, 경남, 충남, 전남)	한국어와 IT능력을 갖춘 결혼이민자를 다문화 IT방문지도사로 양성, 동일 출신 국가 다문화가정에 방문하여 IT교육 및 국내 조기 정착 노하우 등 전수	한국정보화진흥원에 E-mail 또는 FAX 신청(전화도 가능)	한국정보화 진흥원 02-3660-2567 02-3660-2506

2) 외국인 지원 서비스

외국인과 그 가족의 한국생활을 지원하기 위한 목적으로 설립한 기관으로 다누리콜센터, 다문화가정지원센터, 외국인근로자지원센터, 이주여성 긴급지원센터 등이 정부의 지원과 기업의 후원을 받아 운영되고 있다. 그 밖에 글로벌센터 등 지역 또는 민간 차원에서 운영되는 외국인 지원기관이 있다. 외국인이 많이 살고 있는 경기도 안산시에는 외국인 주민센터가 설치되어 외국인 주민을 위한 다양한 행정 서비스를 제공하고 있다. 또한 주민센터, 지방문화원 등 일반 한국인을 대상으로 서비스를 제공하는 기관에서도 외국인을 위한 서비스를 제공하기도 한다(여성가족부, 2013)[1].

(1) 다누리콜센터 (1577-1366)

이주여성의 정착단계 및 다문화가족의 생애주기에 따른 맞춤형 종합서비스를 제공하고, 폭력피해 이주여성에 대한 상담·긴급지원 등의 인권보호를 지원하는 다문화가족 종합정보 전화서비스를 13개 언어로 제공하고 있다.

서비스 시간 : 365일 24시간이며, 전화, 면접, 방문, 온라인 등으로 서비스를 제공하고 있다.

표 2-3 다누리콜센터 서비스 제공 내용

구분	내용
폭력피해 긴급지원 및 사후관리	•긴급피난시설 운영(아동 동반 가능) •가정폭력·성폭력·성매매 피해여성 보호시설 연계 •의료·법률·검찰·경찰 서비스 등 연계
종합생활정보 제공	•다문화가족지원 사업 안내 •한국어 교육, 자녀 지원 안내 •체류·국적·법률·노동·취업 정보 제공
생활통역 및 3자 통화 서비스	•가족 내 의사소통 지원 •언어 소통이 어려운 경우 3자 통역(경찰,응급,병원,주민센터,교육기관,은행 등)
가족상담 및 부부상담	•가족갈등 해소를 위한 상담, 심리정서, 통역 지원

1 여성가족부(2013). 외국인을 위한 한국생활가이드북.

구분	내용
변호사 상담	• 대한변호사협회 연계 법률상담 진행 • 매주 화요일 14:00~16:00(주 1회), 사전예약

(2) 다문화가정지원센터

다문화가정을 위한 가족교육·상담·문화 프로그램 등 서비스 제공을 통해 결혼이민자의 한국 사회 조기 적응 및 다문화가정의 안정적인 가족생활 지원을 기본 방향으로 한다.

사업목적은 지역사회 다문화가정을 대상으로 한국어교육·가족통합교육, 자조모임 육성 등 종합 서비스를 제공하여 다문화가정의 조기 적응 및 사회·경제적 자립 지원을 도모할 수 있는 서비스 전달체계 운영을 지원한다.

센터의 주요 서비스 내용으로는 한국어교육, 통역·번역, 상담 및 사례관리, 취업교육지원, 가족교육, 언어발달지원, 방문교육, 다문화가족 이중언어 환경조성 서비스를 제공한다. 서비스 종류와 대상, 내용을 살펴보면 다음과 같다.

표 2-4 다문화가정지원센터 주요 서비스

서비스	대상	서비스 내용
한국어교육	결혼이민자, 중도입국자녀	수준별 정규 한국어교육(1~4단계, 각 100시간) 및 진학반, 취업 대비반 등 지역별 특성에 따른 심화과정(특별반) 운영
통역·번역	다문화가정을 직·간접적으로 지원하는 개인 또는 기관	베트남어, 중국어,영어, 타갈로그어, 몽골어, 태국어, 러시아어, 인도네시아어, 캄보디아어, 일본어, 네팔어 등 센터별 1~4개 언어로 통역·번역서비스 지원
상담 및 사례관리	다문화가정지원센터 이용자	심리검사, 법률상담, 위기가족 긴급지원, 외부상담기관 연계 등 다문화가정 구성원 간 관계 증진을 위한 상담 및 사례관리 서비스 제공
결혼이민자 대상 사회적응교육, 취업교육 지원	다문화가정지원센터 이용자	취업기초 소양교육, 취업훈련전문기관(새일터센터,워크넷 등)연계, 소비자·경제교육, 다문화이해교육, 자조모임 등
가족교육	다문화가정지원센터 이용자	부모교육, 가족관계 향상 프로그램, 부모역할교육, 부부갈등해결 프로그램 등 교육프로그램 운영

서비스	대상	서비스 내용
다문화가정 자녀 언어발달 지원	만 12세 이하 다문화가정 자녀	다문화가정 자녀의 언어발달을 위한 언어발달정도 평가, 언어교육, 부모 상담 및 교육방법 안내 등 서비스
방문교육	만 3세~만 12세 이하 다문화가정 자녀, 중도입국자녀	독서코칭, 숙제지도 등 자녀생활서비스 제공
다문화가정 이중언어 환경조성	영유아 자녀를 둔 다문화가정	가정 내 이중언어 사용을 위한 인식개선 교육 및 부모-자녀 상호작용(놀이, 동화·동요 등의 활용방법) 코칭 서비스 등 제공

결혼이민자 통·번역 서비스 사업은 결혼이민자를 통·번역 전문인력으로 채용하여 의사소통이 어려운 결혼이민자에게 통·번역 서비스 제공하여 가족생활 및 국가 간 문화차이 등 입국 초기 상담, 결혼이민자 정착 지원 및 국적·체류 관련 정보 제공과 사업 안내, 임신·출산·양육 등 생활정보 안내·상담 및 교육과정 통역, 가족 간 의사소통 통역, 행정·사법기관, 병원, 학교 등 기관 이용 시 통·번역, 위기상황 시 긴급지원, 전화 및 이메일 통·번역 업무를 처리하고 있다.

다문화가정 자녀 언어발달 지원 사업은 다문화가정의 자녀에 대한 체계적이고 전문적인 언어발달 지원을 통해 이들이 건강한 사회 구성원, 나아가 글로벌 인재로 성장할 수 있도록 지원할 수 있는 사업으로 다문화가정의 만 12세 이하 자녀에 대한 언어발달 진단 및 교육에 필요한 언어발달지도사를 배치하고, 센터 내 자체프로그램 운영 및 인근 보육시설(어린이집, 유치원 등)에 파견해 건강한 성장을 지원하고 있다.

이중언어가족 환경조성사업은 가정 내에서 영 유아기부터 자연스럽게 이중언어로 소통할 수 있는 환경을 조성하여 다문화가정 자녀(영·유아기)의 정체성 확립 및 글로벌 인재로의 성장을 지원한다.

사업내용으로 부모-자녀 이중언어 상호작용 교육, 부모교육 및 사례 관리, 자조모임 지원 등 여러 가지 프로그램을 운영하고 있다.

표 2-5 다문화가족지원센터 지원 사업 추진체계

한국건강가정진흥원 ↔ **여성가족부**

한국건강가정진흥원
- 프로그램 및 업무매뉴얼 개발·보급
- 직원·사업별 전문인력 양성
- 실적관리 및 홍보
- 현장 및 평가 지원

여성가족부 →
- 사업방향 설정 등 사업총괄
- 사업 안내(지침)마련 및 보급
- 예산 지원 및 사업 평가
- 한국건강가정진흥원 관리 등

거점센터 ↔ **시·도**

거점센터
- 관할지역 센터 지원
- 네트워크 구축
- 지역 특성화 사업 개발

시·도 →
- 광역 단위 지역 협의체 구성·운영
- 센터 지정 및 예산 지원
- 관할시 시·군·구 사업수요 파악·배분
- 지역특성화사업 개발·지원

시·군·구 →
- 기초단위 지역협의체 구·운영
- 센터 지정·관리 및 지도·감독
- 예산 지원 및 집행 감독
- 사업수요 파악 및 지원

위탁 ↕ 감독

다문화가족지원센터 →
- 다문화가족지원 서비스 제공
- 다문화가족 자조집단 육성 지원
- 멘토링 등 자원봉사 연계
- 지역사회 협력 네트워크 구축

- **기본프로그램**
  1. 가족: 다문화가족 이중언어환경조성 사업, 가족관계향상 프로그램 등
  2. 성평등: 배우자부부교육 등
  3. 인권: 다문화이해교육 등
  4. 사회통합: 취업지원, 자조모임 등
  5. 상담: 가족상담, 사례관리 등
  6. 홍보 및 자원연계
- **별도 지원 사업**
  1. 다문화가족 방문교육
  2. 언어발달지원 사업
  3. 통번역 서비스 사업
  4. 다문화가족사례관리 사업
  5. 다문화가족 생활지도사 사업
  6. 결혼이민자 멘토링사업
  7. 다문화가족 자녀 성장지원 사업

다문화가족 ↔ 연계

- 다문화가족 종합정보 전화센터 1577-1366
- 보건소
- 출입국관리사무소
- 고용센터
- 어린이집·학교 교육청

(3) 외국인인력지원센터

외국인근로자들에게 꼭 필요한 교육을 실시하고, 한국전통문화를 알리며 그들이 겪는 어려운 문제들을 상담하고, 나아가 최소한의 복지시설을 통해 외국인노동자들에게 만족과 행복뿐만 아니라 인권신장과 복지향상을 주요 기능으로 한다.

표 2-6 외국인인력지원센터 프로그램 내용

구분	프로그램 내용
상담	•임금 체불 •산업 재해 •의료/복지 •가정/국제결혼 •사기/폭행 •여성 문제 •사업장 변경/구직 •인권/인종차별 •강제노동/착취 •최저임금/퇴직금 •근무시간/휴일 •근로조건/계약 •노동조합
교육	•한국어 교육 •컴퓨터 교육 •특별교육(태권도, 귀국지원, 법률)
행사	•공동체 행사 •교육 행사 •문화행사
진료	•의사소통의 어려움으로 인해, 작은 병원에도 쉽게 갈 수 없는 외국인 근로자들에게 작은 질병과 상해의 기본적 진료 및 치료를 하고, 외국인 근로자들의 건강한 삶을 위한 의료복지 공간

(4) 외국인인력상담센터

외국인 근로자와 고용사업주가 시간과 장소의 구애 없이 전화 상담을 통해 신속하게 고충을 해결할 수 있도록 콜센터 운영을 주요 기능으로 한다.

표 2-7 외국인 인력 상담센터 안내

명칭	•외국인력상담센터(1577-0071)
주소	•경기도 안산시 단원구 고잔2길 16 에메랄드빌딩 3층 •(구주소:경기도 안산시 단원구 고잔동 531-2번지 에메랄드빌딩 3층)
운영시간	•365일 상시 운영(09:00~18:00)
인원	•센터장(1명), 교육팀(2팀), 상담팀(12명), 운영팀(3명)
사업개시일	•2011. 7. 1.
상담언어	•한국어, 중국어, 베트남어, 타갈로그어, 영어, 태국어, 인도네시아어, 싱할라어, 몽골어, 우즈벡어, 크메르(캄보디아)어, 벵골어, 우르드어(파키스탄), 네팔어, 미얀마어, 키르기스스탄어, 동티모르어 등 총 17개 언어로 구성
상담내용	•외국인 근로자 및 사업주의 고충 등 국내 생활 및 사업장 적응에 필요한 생활정보 상담

(5) 출입국관리사무소

출입국관리사무소는 내·외국인의 출·입국 심사, 사증발급인정서 발급, 외국인 등록, 체류기간 연장·체류자격 변경 등 각종 체류 허가, 위반 조사, 국적, 난민 업무 등 외국인의 국내 지위와 관련된 전반적인 업무를 수행하고 있다. 또한 이민자의 정착지원과 사회통합을 위하여 사회통합 프로그램, 해피스타트 프로그램, 국제결혼안내 프로그램 등 각종 교육·정보 제공 프로그램을 운영하고 있다.

자세한 내용은 출입국·외국인정책본부 홈페이지(http://www.immigration.go.kr)를 통해 지역별 출입국관리사무소 주소 및 연락처를 알 수 있다.

출입국 관련 민원처리는 관할구역 출입국관리사무소에서만 가능하니 착오가 없어야 한다.

※문의 전화: 국번 없이 1345(인터넷 전화 연결 시 국내: 02-6908-1345~6, 해외: +82-2-9608-1345~6)

(6) 다국어지원 웹 사이트

정보통신이 발달한 한국에서는 웹사이트를 통해서 한국 생활에 대한 정보를 얻거나 한국어교육, 한국 사회 이해교육 등을 웹으로 수강할 수 있다. 특히 외국인 지원기관 등에서 운영하는 웹 사이트는 여러 국가의 언어로 이용할 수 있어 매우 유용하다.

표 2-8 다국어지원 웹 사이트 안내

웹 사이트명	주소	운영기관	제공서비스
korea.net	http://korea.net	해외문화정보원	대한민국의 공식 웹사이트
KBS 월드 뉴스	http://world.kbs.co.kr	KBS World	다국어 뉴스, 시사교양,연예 오락 프로그램 소개 등
이주민 방송	http://www.mntv.net	한국외국인 근로자지원센터	다국어 뉴스, 생활한국어
다문화가정 e-배움	http://ecamp.kdu.edu	한국디지털대학교	한국어 교육
한국외국인 근로자지원센터	http://www.migrantok.org	한국외국인 근로자지원센터	상담 및 교육 안내 등
하이코리아	http://www.hikorea.go.kr	법무부	방문예약, 재입국허가, 체류, 기간연장 허가 등 법무부 민원을 온라인으로 신청
망고넷	http://www.mangonet.kr	이주민센터 아시아의 창	결혼이민자 커뮤니티, 교육,건강,직장생활정보 등 제공
샐러드TV	http://www.saladtv.kr	샐러드TV 다문화방송국	외국인, 다문화가정,해외거주자 등을 위한 인터넷 방송국
korea sparkling	http://www.visitkorea.or.kr	한국관광공사	한국의 여행 및 축제 정보

3) 외국인 지원서비스 내용

결혼이민자, 외국인 근로자 등 한국에 거주하는 외국인이 증가하고 있다. 이에 외국인들을 위한 지원서비스 기관에서는 한국어교육, 한국문화·생활교육, 정보화교육, 상담 등을 지원하고 있다.

(1) 한국어교육

한국 생활을 원활하게 하고 한국 문화를 이해하기 위해서는 한국어를 배우는 것이 필수적이다. 이에 우리나라에는 외국인들이 한국어를 무료로 배울 수 있는 기관이 많이 있다.

다문화가정지원센터, 외국인근로자지원센터, 한국어학당 등에서 외국인을 대상으로 한국어교육을 실시하고 있다.

(2) 한국문화 · 생활교육

문화와 생활양식의 차이에서 비롯되는 한국 생활의 어려움을 돕기 위해 한국의 생활과 문화를 배울 수 있는 프로그램이 운영되고 있다. 다문화 이해교육, 법률 및 인권교육, 결혼과 가족의 이해, 한국 사회 적응교육 등이 강의와 체험방식을 병행하여 진행된다.

(3) 정보화교육

한국은 대부분의 가정에서 개인 컴퓨터를 사용하고 있으며, 인터넷이 매우 발달되어 있는 나라이다. 인터넷을 이용하면 많은 정보를 얻을 수 있으며, 인터넷뱅킹, 행정업무 등을 편리하게 처리할 수 있다. 이에 다문화가정지원센터, 외국인근로자지원센터 등 많은 기관에서 인터넷 검색 활용 및 각종 프로그램 사용방법을 교육하는 정보화교육 프로그램을 운영한다.

(4) 상담

한국에 체류하는 외국인들의 고충을 상담하고, 문제해결 방법을 지원하는 상담 서비스를 제공한다(가족상담, 노동상담, 체류상담, 법률상담 등).

(5) 외국인 지원서비스의 이용

그 밖에 취업 및 창업교육, 통·번역 서비스 등이 제공되므로, 외국인 지원기관의 지원 프로그램을 통해 원하는 기관에 방문·문의하면 손쉽게 이용할 수 있다.

CHAPTER 3 다문화교육

1. 다문화교육의 개념과 필요성 / 2. 다문화교육의 목표와 내용 / 3. 다문화교육을 위한 교사의 자세

CHAPTER 3
다문화교육

1. 다문화교육의 개념과 필요성

다문화교육에 대한 개념을 알아보기 전에 우선 '다문화교육'의 핵심 용어인 '문화'라는 개념부터 먼저 살펴보고자 한다. '문화'는 1871년 영국 인류학자인 타일러(Edward Burnett Tylor)에 의해 처음으로 정의되었는데, 그는 문화를 사회의 구성원으로서 한 인간이 획득한 지식, 믿음, 예술, 도덕, 사랑, 규범, 그리고 습관들을 포함한 복합체로 보았다. 특히, 하나의 문화를 공유하고 있는 사람들의 공통된 양식으로 나타나며, 이러한 문화는 한 사회에 전통적으로 전해 내려오면서 사회 전반에 영향을 미치고, 사회에 속한 사람들의 사고방식까지도 좌우하게 된다는 것이다(Derman-Sparks, 1992). 따라서 문화는 인간의 삶을 결정짓는 중요한 요소로 작용하면서, 각 집단이나 사회 그리고 민족이나 인종에 따라 각기 고유한 형태로 나타나는데 이렇게 각기 독특하면서 분절된 문화의 형태들이 하나의 조합을 이룬 상태를 '다문화'라고 볼 수 있다(장영희, 1997).

오늘날 '문화'의 개념은 다양하게 변화되고 있다. 브루너(Bruner, 1996)에 의하면, 문화는 항상 변화의 과정에 있고 인간이 상호작용하는 양식이며 이를 통해 인간은 세계에 대해 이해하고 적응해 가며 문제를 해결해 나간다고 하였다. 권숙인(1998)도 현대에서 문화는 생산 주체가 특정 집단이나 세력에 의해 주도, 독점되는 것이 아니라 문화의 이해와 인식을 달리하는 다양한 세력들이 '따로 또 같이' 존재하는 것이라고 하였다. 따라서 21세기의 '문화'는 그 개념이 고정적인 것이 아니고 구성원들의 상호 과정 속에서 끊임없이 변화되는 것이라고 할 수 있다. 이러한 인간의 삶을 나타내 주는 문화가 '다문화'이다. 초기에는 '다수민족'과 '소수민족'의 개념으로 사용되었으나, 오늘날은 지배와 피지배, 중심과 주변이라는 모든 개념을 포함한 문화에 사용되고 있다. 이러한 다문화의 개념을 인식하여 교육적으로 접근한 것이 다문화교육이다. 즉, 교육도 단순히 지식을 구성하고 양적으로 확장시키는 것이 아니라 변화하는 문화의 요구에 맞추어 가는 맥락지향적인 교육이어야 함을 설명하고 있는 것이다.

이처럼 다양하게 변화하는 문화와 교육에 대한 관심은 유아교육 분야에서 다문화교육의 시도를 낳았다. 다문화교육의 시작은 1920년대 미국을 중심으로 민족이나 인종, 다양한 문화적 특징으로 인한 교육적 불평등을 새롭게 인식하는 데서 출발하였다. 1930년대에 등장하여 1970년대부터 주의를 끌기 시작했던 포스터모더니즘의 특징은 다문화교육에 대한 관심을 더욱 증대시켰는데, 포스터모더니즘의 특징은 단일성과 통일성을 거부하고 상이성, 양면성, 다양성을 중시하는 것이다(Derman-Sparks, 1992).

또한 1960년대부터 사회적으로 활발히 전개된 인권옹호운동, 여성해방운동의 영향으로 다문화교육이 더욱 강화되었다. 이러한 운동은 인간의 권리 찾기, 문화의 특성 인정하기와 같은 태도에 영향을 미쳤기 때문이다. 이 당시 미국의 경우 소수민족집단의 관계 개선, 인종의 평등, 사회적 약자에 대한 보건 및 영양의 공급 등을 위한 정책이 교육에 반영되었다(유혜령, 1999). 1980년대부터는 유아 간의 관계 형성을 중심으로 다문화교육이 행해졌으며, 근래에 들어 유아의 성장환경에 생태학적 접근으로 다문화교육 방안이 시도되고 있다(Wardle, 1996).

최근 교육인적자원부(2007)에서 개편된 유아교육과정의 내용에 다문화 지향적 내용이 포함되었다. 이처럼 다문화교육은 점차적으로 교육내용과 과정에 문화적 다양성을 포함시키기 위한 목적으로 변하면서 전 세계적으로 발전되었다.

다문화교육의 개념은 문화적으로 다원적인 사회를 준비시키고 자신의 문화에 대한 정체성을 가지며, 타문화와 인종에 대해 개방적이고 이해적인 대도를 가져 그 문화를 공유할 수 있도록 하는 데 목적을 둔다고 할 수 있다.

일부 학자들의 다문화교육의 개념을 정리하면 다음 표 3-1과 같다.

표 3-1 다문화교육의 개념

학자	다문화교육의 개념
Banks(1999)	다양한 인종, 민족, 계급 출신들이 교육적 평등을 경험하도록 하는 교육기관의 변화로 개혁운동이며 과정
Bennett(1995)	교수학습의 접근방법으로 문화적으로 다양한 사회 내에서 민주적 가치와 신념에 기초하여 다문화주의를 촉진하는 일련의 교육활동
Nieto(2000)	모든 학생을 위한 기본교육과 종합적인 학교 개혁과정
Ramsey(1998)	성·인종·문화·계층·계급·개인의 정체성을 발달시키며, 다양한 집단 내에서 구성원을 서로 인식하고 수용하며 협력적 사회적 관계를 형성하는 데 목적
김영옥(2008)	다양한 인종, 성, 언어, 계층 등을 이해하고 존중하여 삶을 긍정적으로 변화시켜 다양한 문화의 세계에서 공동의 목표를 지향하며 의사소통할 수 있는 지식, 태도, 기술을 준비하는 교육
양옥승(2008)	인종, 민족, 지역, 계층 간의 불평등 문제를 해소하고 공동체로서 국가의 응집력과 결속력을 도모하며 공동선에 대한 가치관과 다문화시대에 적응할 수 있는 능력을 배양하고 다양성의 가치를 존중하는 편견없는 시민의식을 형성하기 위한 교육
장인실(2006)	다양한 문화집단에 속해 있는 서로 다른 사람들의 상호 이해와 평등관계를 중시하며 민족, 사회적 지위, 성별, 종교, 이념 등이 동등하게 가치 있는 것으로 인식하고 타문화에 대한 편견을 줄이고 올바른 이해를 돕는 지식, 태도, 가치교육 제공

우리 유아교육 현장에서도 다문화교육에 대한 관심이 1990년대 후반부터 나타나기 시작하였다(김영옥, 2002). 유아교육에서 다문화교육의 필요성은 문화의 유사성과 차이점에 대한 인식이 만 2세부터 나타나기 시작한다는 많은 연구결과가 보고되고 있다(Seefeldt, 2005).

즉, 유아는 이미 24개월 이전에 타인과 구별되는 자아에 대한 인식을 하며, 만 2세가 되면 인종적 차이를 구분, 신체적 특징, 의상, 언어 정치적 성향에 기초해 사람들 간의 유사성과 차이점을 지각한다. 이 시기에 유아는 다른 사람과 연관짓거나 분리해서 자아개념을 구성하고, 자율성을 시험해 보며 의사소통을 하고, 감정이입과 우정을 나누는 경험을 하면서 다른 사람을 이해하기 시작한다. 그러므로 유아기는 다문화교육이 시작될 중요한 시점으로 제시된다(이현숙, 2000).

따라서 유아교육 현장에서도 다문화교육이 현재 실시하고 있는 교육과정과 통합적으로 이루어져야 한다. 결국 교육과정 안에 교육목표, 교육내용, 교수방법, 교육평가와 교사연수까지 철저한 다문화교육의 내용을 실천할 수 있는 준비가 되어야 한다. 결국 다문화교육이란 고정관념을 깨고 편견에 비판적인 사고를 하며 다양한 문화를 이해할 수 있는 폭넓은 사고력을 함량할 능력을 갖추도록 하는 교육으로 정의할 수 있다. 특히 다문화교육은 다문화사회에 필요한 문화와 국가, 집단, 개인 간의 친밀한 관계와 상호 이해를 증진시키고, 서로 다른 문화 간의 이해 및 공존 능력을 위한, 지식, 기술, 태도를 갖출 수 있다는 점에서 의의를 갖는다고 할 수 있다.

2. 다문화교육의 목표와 내용

다문화교육은 문화의 다양성을 수용하며 다름에 대한 긍정적인 태도를 갖는 것이다. 유아들을 위한 다문화교육의 내용으로는 인종, 민족, 문화, 언어, 장애, 계층, 종교, 성별에 관한 내용으로 편견을 가질 수 있는 영역을 중심으로 다룬다. 즉, 유아의 인종, 민족, 문화, 언어, 장애, 계층, 종교, 성별로 인해서 발생한 편견을 제거하고 다양성에 대한 긍정적인 태도, 인식, 행동을 갖출 수 있도록 교육환경을 제공하는 것은 유아다문화교육에 있어서 중요하며, 유아의 일상생활에서 자연스럽게 행동의 한 부분으로 다루어져야 한다.

채정란(1999)은 다문화교육의 내용을 문화, 협력, 편견, 정체성 형성, 평등성, 다양성의 6가지로 요약하고 있다. 각 내용의 개념을 보면 표 3-2와 같다.

표 3-2 다문화교육의 목표와 내용

요소	구체화	영역
문화	•각 문화 간의 유사점과 차이점의 특성 알기 •각 문화에 대한 이해 및 존중심 기르기 •문화 간 긍정적 태도 발달시키기	지식·이해·가치·태도
협력	•다양한 사람들과의 상호작용 및 협동 능력 증진하기	기능
반편견	•선입견, 편견, 고정관념에 대해 비판적으로 사고하기 •문제 상황에 대한 대처 능력	지식·이해·가치·태도·기능
정체성	•긍정적 개념 기르기 •정체감 및 집단 정체감 형성	가치·태도
평등성	•다양한 국가, 민족, 성, 능력, 계층 등에 긍정적 태도 갖기 •인간이 평등하다는 신념 형성하기	지식·이해·가치·태도
다양성	•다양한 개인과 집단의 존재 인정 •다양성을 존중하는 마음 갖기	지식·가치·태도

그리고 정정희(2006)는 문화, 협력, 반편견, 정체성, 평등성, 다양성으로 구분하여 설명하였다.

첫째, 문화 부분에서는 문화적 차이에 대한 이해와 지식으로 존중할 수 있는 태도를 함양하도록 강조하고 있나. 문화의 특성과 속성을 학습하는 과정에서 자연스럽게 문화적 차이에 대한 이해와 존중 태도가 도출될 수 있다. 또한 현재 한국 사회가 다양한 문화를 형성하게 된 배경과 맥락에 대해서도 인지적으로 접근할 필요가 있을 것이다.

둘째, 협력 부분에서는 의사소통과 대인 기능과 관계가 깊다. 동질적인 집단에서는 의사소통이 큰 문제없이 이루어질 수 있지만, 다문화사회는 이질적인 집단으로 구성되어 있기 때문에 이러한 기능은 필수적으로 요청된다. 여기서는 한국어는 물론 이민자 집단의 모국어에 대한 이해가 모두 필요하다. 더 나아가 이 부분은 공존과 조화로 이어질 수 있다는 점에서도 의미가 있다.

셋째, 반편견 부분에서는 고정관념에 대한 비판적 접근, 존중의 태도, 문제해결 능력 등을 강조하고 있나. 고정관념이 어떻게 형성되었는지, 과연 그것이 근거가 있는지 등에 대한 사실 탐구와 함께 사람들의 가치관이 거기에 미친 영향을 파악해 보는 가치 탐구의 과정이 활용될 수 있다.

넷째, 정체성 부분에서는 자아개념 형성, 집단에 대한 소속감과 자부심을 강조하고 있다. 자기 자신에 대해 건강한 정체감을 형성하고 있는 사람들은 다른 사람의 정체성에 대해서도 기꺼이 존중할 수 있다. 여기서는 특히 배타적이고 유일한 정체성이 아니라 소속집단과 향유하는 문화의 다양함에 따른 다중 정체성으로 연결짓는 노력이 중요하다.

다섯째, 평등성 부분에서는 민주적 가치로서의 평등에 대한 이해와 신념을 강조하고 있다. 여기서는 인간이 평등하다는 사실의 근거가 되는 역사적 맥락과 법적·제도적 장치들을 함께 살펴볼 수 있다. 궁극적으로는 외모, 국적, 종교, 언어 등과 같은 요인이 아니라 모두 '인간'이라는 사실에서 평등함의 원천적 근거가 도출된다는 것을 이해하고 지지하도록 해야 한다.

여섯째, 다양성 부분에서는 차이 자체를 현상으로 인정하고 존중하는 태도를 강조하고 있다. 여기서는 단지 문화적 차이와 다양성으로만 국한하는 것이 아니라 자연적 요인, 개인적 요인 등으로 인해 다른 사람들과 구별되는 특성을 가진 사람과 집단의 다양성을 모두 존중하는 것을 강조한다. 이것은 다문화의 범주를 보다 넓힐 수 있도록 하는 내용요소로 가늠할 수 있다.

다문화교육의 내용 범주와 요소를 지식, 기능, 가치·태도 영역으로 나누어 표 3-3~3-5와 같이 제시할 수 있다. 내용 범주 및 요소는 어떤 것을 전제로 한 것이 아니라 실제 활동하고 있는 교육과정의 주제에 맞게 재구성될 필요도 있다. 또한 필요에 따라 일부 내용이 추가되거나 수정되는 것도 얼마든지 가능하다.

한편 지식, 기능, 가치·태도 영역의 다문화교육 내용이 각각 순서대로 학습되어야 하는 것은 아니며, 각 영역의 내부에서도 반드시 여기 제시된 것과 같은 범주 및 하위요소의 순서를 따라야 하는 것도 아니다. 여기서는 영역별로 구분했을 뿐, 실제 활동에서는 영역간, 그리고 영역 내의 범주와 하위 요소들이 서로 통합하는 것이 자연스럽다.

지식 영역은 표 3-3과 같다.

표 3-3 지식 영역

범주	하위 요소	해설
문화 일반 이해	문화의 의미와 의의	•공통적인 생활양식으로서의 문화 •문화의 기능과 의의
	문화의 특징과 속성	•문화의 보편성, 다양성, 상대성 등 •학습성, 축적성, 공유성, 총체성, 변동성 등
다양한 문화 이해	세계화, 다원화	•세계화, 다원화가 다문화 현상에 끼친 영향
	세계 공동체	•협력과 공존이 요청되는 상호 의존적인 세계
	세계의 다양한 문화	•세계 여러 문화의 공통점과 차이점 •문화 상대주의적 인식
한국의 문화적·사회적 상황 이해	한국 문화의 특징	•고유한 한국 문화의 구성요소와 그 특징
	한국 사회의 변화	•한국 사회의 다문화적 특징과 양상 •다양한 유입 집단과 그 특징 •다문화 사회로의 변화 원인 및 전망

지식 영역에서는 문화 일반, 다문화 현상, 한국의 상황 등을 이해하는 것이 중요하다. 먼저, 다문화 현상 그 자체에 바로 접근하기보다는 '문화'와 '다(多)'를 나누어 접근할 필요가 있다. 즉, 문화 일반에 대한 이해를 명확히 해야 한다는 것이다. 유아들이 문화를 공연, 전시 등과 같은 좁은 의미로만 이해하거나, 타문화를 대할 때 단순한 호기심 거리로만 여기지 않도록 생활에서의 문화를 강조하는 것이 다문화교육의 시작이 된다고 할 수 있다.

기능 영역은 표 3-4와 같다.

표 3-4 기능 영역

범주	하위 요소	해설
의사소통 기능	한국어와 글	•한국어 습득 및 표현 능력
	모국어와 글	•모국어 습득 및 표현 능력
	의사소통	•언어와 상징을 통한 의사소통 능력

범주	하위 요소	해설
다문화 현상 조사 및 해석 기능	다문화 현상 조사	•다문화 현상 이해를 위해 필요한 자료 수집 •문화적 요인에 의한 고정관념이나 편견에 대한 사실 확인
	다문화 현상 해석	•다양한 관점에서 다문화 현상 분석 및 해석
대인 및 집단 기능	민주적 절차 준수	•자유롭고 평등한 대화, 타협, 다수결과 소수의견 존중 등의 원칙 준수
	의사결정	•다문화 사회에서 문제해결을 위한 개인 의사결정 및 집단 의사결정
	갈등 해결	•문화적·사회적 갈등의 합리적·평화적 해결
	협력	•공동의 문제해결을 위한 상호작용 및 협동

기능 영역에서는 의사소통 능력, 다문화 현상 분석 능력, 대인 및 집단 기능 등을 제시할 수 있다. 의사소통 능력은 다문화가정 자녀들에게 가장 시급하게 요청되는 것 중 하나이다. 언어는 그 자체로도 중요하지만, 다른 한편으로 학습과 소통을 위한 기본적이고 필수적인 수단이 되기도 한다. 그런데 여기서 주의할 것은 다문화가정 자녀들에게 한국어를 일방적으로 강요하기보다는 한국어를 기본으로 하되, 한국어를 포함한 다양한 언어를 존중하며 의사소통 능력을 점진적으로 제고하는 과정을 거쳐야 할 것이다.

가치·태도 영역은 표 3-5와 같다.

표 3-5 가치 · 태도 영역

범주	하위요소	해설
정체성 확립 및 상호 존중	자아정체성	•자신에 대한 긍정적·다중적 자아상 확립 •타인의 정체성 존중
	자문화 의식	•자국 문화에 대한 자부심 확립
다름에 대한 인정과 존중	이질적 외모 존중	•이질적 외모에 대한 거부감 및 편견 해소 •타문화에 대한 편견 해소 및 존중
	타문화 인정 및 존중	문화적 차이에 대한 상대주의적 태도

범주	하위요소	해설
다름에 대한 인정과 존중	사회적 소수자 인식 및 존중	•인종, 민족, 문화, 계층, 성, 장애 등으로 인한 사회적 소수자 존중
민주적 공동체 지향	민주적 가치 존중	•다문화사회 속에서의 인간의 존엄함, 자유와 평등의 가치 지향
	참여의식 제고	•다양한 집단들의 합리적이고 능동적인 참여
	다양성과 통합 사이의 균형	•다양성 존중과 사회 통합 사이의 균형 추구

가치·태도 영역에서는 다문화 학급 구성원들의 정체성 확립과 '다름'을 인정하고 포용하는 태도, 민주적 공동체를 지향하는 태도 등을 포함하고 있다. 특히 유아들은 자아개념이 형성되는 매우 중요한 시기이므로, 이 시기에 자신에 대한 긍정적인 정체성 및 자아존중감을 갖고 서로 협력하고 배려할 수 있는 가치 함양이 필요할 것이다. 특히 다문화가정 유아들에게 단기간에 한국인으로서의 정체성을 강요하는 방식을 지양하는 것이 바람직하다.

이러한 노력은 곧 다름에 대한 인정과 포용으로 이어진다. 특히 지식 영역에서 문화상대주의적 인식을 학습하는 것은 다문화교육의 핵심적인 내용이라고 할 수 있다. 그리고 인정, 존중, 포용은 다인종, 다문화에 대해서만이 아니라, 오래전부터 있어 왔던 계층, 성, 장애 등의 문제로도 확대해 보는 것도 의미가 있을 것이다.

이러한 내용은 궁극적으로 공동체 사회를 만들어가는 과정이다. 이에 개인은 물론 집단도 자유와 평등을 누리며 그들이 추구하는 다양성을 존중받아야 함을 강조할 필요가 있다. 따라서 다양성에 대한 존중과 동등함이 다문화교육의 기본 내용이 되어야 한다.

또 할과 롬스버스(Hall & Rhomberg, 1995)는 다문화와 관련된 편견의 영역을 10가지로 정의하면서 다문화적 반편견 교육과정의 내용 영역에 포함시켜야 한다고 제안하고 있으며, 이들이 제시한 다문화와 관련된 편견의 영역을 구체적으로 정의해 보면 다음과 같다.

첫째, 능력(ability)은 신체적·정신적·정서적 능력과 그 능력의 범위를 뜻하며, 영유아에게 가장 공통적으로 인식되는 것은 신체적 능력이라고 할 수 있다.

둘째, 연령(age)은 늙음, 젊음 등 실제 나이가 많고 적은 것에 관련된 것이다.

셋째, 외모(appearance)는 크고 작은 키, 살찌고 마른 체형, 흉터나 화상 같은 보기 흉한 상태와 관련된 것이다.

넷째, 신념(belief)은 어떤 것에 대해 믿거나 믿지 않는 것을 포함하며, 다양한 종교, 무신론, 자연의 힘에 대한 믿음, 정치적 신념 등을 포함한다.

다섯째, 계층(class)은 사회·경제적 지위, 개인의 생활양식을 반영하는 사회·경제적 가치를 의미한다. 계층을 결정하는 일반적 요소들은 개인의 직업, 주거 형태, 복장, 교통수단과 교육배경에 관련된 것이다.

여섯째, 문화(culture)는 기념일, 습관들을 포함하며, 타인에 대한 행위의 통합적 관점을 반영한다. 우리들 각 개인은 가족, 인종, 사회의 각기 다른 문화에 소속되어 있다.

일곱째, 가족구성(family)은 가족구조(편부, 편모, 입양부모, 새엄마, 새아빠, 조부모) 및 가족 구성원의 역할에 관한 것이다.

여덟째, 성(gender)은 남자·여자로서의 신체적 차이와 남성성, 여성성 및 이에 부여된 성역할에 대한 구분을 포함한다.

아홉째, 인종(race)은 각 인종은 여러 종족집단을 통합한 것으로 피부색, 머리카락, 얼굴 및 신체모습 등과 같은 유전적으로 결정된 일련의 신체적 특징 및 공통의 뿌리에 연결된 집단에 대한 편견을 포함한다.

열째, 성애(sexuality)는 성적 근원과 취향을 나타내며 때로는 게이(gay)나 레즈비언(lesbian) 부부 같은 가족구성이나 동성애(homosexuality) 등을 포함한다.

3. 다문화교육을 위한 교사의 역할

다문화교육을 위해서는 교육의 주체인 교사의 역할과 인식이 무엇보다 중요하다(김영옥, 2002; 김혜숙, 2011; 최현정 외, 2012; Melendez & Beck, 2007). 교사의 이해와 인식 없이는 다문화교육은 실천하기 어렵다. 즉, 교사가 다문화적 인식이 없다면 다문화교육은 성공

할 수 없다. 그러므로 교사의 다문화교육에 대한 의식변화가 필요할 것이다. 외국 인구 유입추세를 볼 때, 앞으로 유아들의 문화적 배경이 더욱 다양해질 것이다. 다문화가정 자녀들의 취원율이 높아짐에 따라 다문화적 역량과 다문화적 이해 지식이 시급히 준비되어야 한다.

따라서 다문화교육을 실시할 때 교사가 먼저 다른 문화를 가진 유아 개개인을 이해하는 것이 중요하며, 유아 스스로가 자신과 타인에 대해 어떠한 인식을 하고 있는가를 파악하고 또래 집단 속에서 서로 다른 문화의 가치를 인식할 수 있도록 교육의 내용과 방법을 모색할 필요가 있다.

교사는 유아가 자기 자신과 다른 문화에 대해서 수용적인 자세를 갖추고, 바람직한 행동을 습득할 수 있도록 안내하고 도와주는 역할을 수행하여야 한다. 유아들이 경험하는 가족문화나 사회문화로 인해 자신과 다른 유아들에 대해 편견을 가지고 있더라도 교사의 능동적이고 적절한 개입에 의해 수정될 수 있다.

이와 관련하여 유아교육 현장에서 다문화교육을 실시하기 위한 교사들의 역할을 몇 가지 정리하면 다음과 같다.

첫째, 연령과 발달 수준에 맞는 다양한 유형으로 문화를 반영하여 균형 있게 활동을 전개한다. 교사가 담당하고 있는 다문화가정 자녀 및 비다문화가정 자녀들이 함께 통합할 수 있는 활동을 계획하되, 유아들의 연령과 발달수준을 고려하는 것이 기본이다. 특히 다문화가정의 유아들이 환경적인 어려움을 감안하여 교실 내에도 수준별 놀잇감 제공이 필요할 것이다. 또한 자유선택활동 및 대·소집단 활동에서도 문화를 반영하여 균형 있게 활동을 전개해야 한다.

둘째, 교사는 다문화교육의 통합적용자로서의 역할을 해야 한다. 무엇보다 다양함에 대한 수용과 긍정적인 자세로 서로 다른 문화에 대한 이해와 존중이 우선시되어야 할 것이다. 즉, 다문화교육의 목적이 다양함에 대한 수용과 긍정적인 태도, 행동, 인식을 갖도록 하는 것이 기본이므로 모두가 다름을 이해하고 존중받을 수 있도록 교육하는 것이 중요하다.

셋째, 편견에 대해 비판적인 사고를 할 수 있는 역할을 수행해야 한다. 유아기는 어떤 편견이나 선입견이 없는 시기이지만 교사가 갖고 있는 편견이나 선입견으로 은연중에 아이들도 교사가 갖고 있는 편견이나 선입견을 가질 수 있다. 이에 교사는 반드시 본인의 편견의 영역을 살펴본 후 다문화교육을 실시해야 한다. 특히 유아가 신체나 생활의 차이에 대한 편견을 갖지 않도록 지도해야 한다.

넷째, 언어발달을 촉진할 수 있는 적극적인 상호작용의 역할이 필요하다.

자유선택놀이나 개별 활동을 통해 다문화가정 유아들의 미숙한 언어발달을 촉진할 수 있는 기회로 적극적인 상호작용의 역할이 중요하다. 특히, 역할놀이나 쌓기 놀이를 통해 언어적인 강화로 언어발달을 촉진할 수 있다. 따라서 보다 다양하고 창의적인 방법으로 서로 협력하여 놀이를 진행할 수 있도록 교사가 적절히 개입하는 것도 좋은 방법이다.

다섯째, 유아와 부모에 대한 다문화 통합교육을 증진시키는 역할이 필요하다.

교사는 유아와 그 부모들의 다문화적 인식 개선을 위해 노력해야 한다. 우리나라의 경우, 오랫동안 단일민족이라는 이념으로 살아왔기 때문에 다름에 대한 이해가 낮은 수준이다. 비다문화가정 유아가 다문화에 대한 편견을 갖고 있다면, 다문화가정 유아의 원 생활의 적응은 쉽지 않다. 비다문화가정의 부모와 유아에 대해 다문화통합 교육에 대한 이해를 높임으로써 다문화에 대한 인식이 전환될 것이다.

여섯째, 다양한 문화를 이해하고 체험할 수 있는 환경을 제공하여야 한다.

교실 내에 유아가 보는 환경은 유아들에게 주제에 대한 좋은 인상을 전달해 주는 역할을 하므로 모든 유아, 가족 및 지역사회의 가치가 포함되고 존중받고 있음을 보여 주어야 한다.

다문화가정 유아는 자신의 문화에 대해 자부심을 가지며 다른 문화를 이해하고 존중할 수 있는 기회가 마련될 것이다.

따라서 교실 내 흥미영역에도 다문화 교육활동을 위한 교구들이 일반 교구들과 마찬가지로 안전하고, 발달에 적합하며 유아들의 놀이를 지원할 수 있을 뿐 아니라 다양한 문화를 이해할 수 있는 교재 및 교구를 포함해야 한다.

일곱째, 서로 다른 문화를 상호 존중하는 자세가 필요하다.

교사는 하루 일과 속에서 가정과 어린이집, 아이들과의 문화가 서로 다를 수 있으므로 다문화에 대한 상호 존중하는 방법으로 문화적 갈등을 해결해 주는 것이 중요하다. 특히 교사는 서로 다른 문화를 배우고, 존중하는 태도를 가지고 가정과 연계하여 개방적인 소통을 통해 문화적 갈등을 해소해 나갈 수 있다. 그리고 교사는 다문화 통합교육을 통해 다문화가정 부모들의 출신국 문화를 이해할 수 있도록 유아들에게 친숙한 활동을 제공해야 한다.

여덟째, 지역사회와 연계하여 지원 서비스를 받을 수 있도록 안내한다. 다문화가정에 필요한 다양한 정보를 확보하고, 지역 내 기관(예 : 다문화가족센터)과의 협력 및 네트워크 관계를 구축하여 적재적소에 대상자를 연계할 수 있도록 한다. 부모님들의 어려움을 사회복지적 차원이나 법률적 지원 등 위기를 극복할 수 있도록 다양한 실제적 지원을 연계하는 사회적 연결망을 구축할 수 있는 역할을 한다.

CHAPTER 4 누리과정에서의 다문화교육

1. 다문화교육의 방향 / 2. 다문화교육의 목표 / 3. 다문화교육의 내용 /
4. 다문화교육의 편성과 운영 / 5. 다문화교육의 계획

CHAPTER 4

누리과정에서의 다문화교육

1. 다문화교육의 방향

다문화교육은 소수민족이나 인종을 위한 문화집단과의 평등과 정체성 유지를 위한 교육이 아니라, 미래를 살아갈 모든 영유아가 서로의 다름을 인정하고 더불어 살아갈 수 있는 성공적인 삶을 살 수 있도록 하는 필수적인 교육이다.

최근 유치원과 어린이집으로 이원화되어 있는 교육과 보육과정을 통합한 누리교육과정이 현재 교육과정으로 만 3~5세 유아들에게 공통 교육과정으로 적용되고 있다. 유아기 단계에서 교육의 질을 재고하고, 생애 초기 출발점 평등을 보장하는 데 큰 의의를 두며, 특히 유아기 때부터 타인을 배려하고 존중하고 공감하는 역량을 기르기 위한 교육이 대폭 강화되어 누리교육과정에도 다문화교육이 필수적이다.

이에 누리과정 관련 요소 안에서 다문화교육의 내용을 반영하여 자연스럽게 연계될 수 있도록 프로그램을 개발하여 방향을 제시하였다.

첫째, 누리과정의 구성방향에 근거하여 질서, 배려, 협력 등 유아의 기본생활습관과 바른 인성을 기르는 데 중점을 두어 공동체 사회에서 조화롭게 성장할 수 있도록 구성하였다.

둘째, 자율적이고 창의성을 기르는 데 중점을 두고, 문화적 역량을 갖추어 전인발달을 이루도록 구성하였다.

셋째, 사람과 자연을 존중하고 다양한 문화를 이해하는 데 중점을 두어 긍정적인 세계관을 기를 수 있도록 구성하였다.

넷째, 만 3~5세 유아의 발달 특성과 연령별 생활주제와 연계할 수 있도록 구성하였다.

다섯째, 다문화가정 및 비다문화가정 모든 유아가 원내 활동하고 있는 다양한 활동유형(이야기 나누기, 동화, 동시, 게임, 수·조작, 미술, 음률, 신체, 언어, 요리, 쌓기, 역할)으로 제공하고, 신체운동·건강, 의사소통, 사회관계, 예술경험, 자연탐구의 5개 영역을 중심으로 구성하여 다문화 내용인 문화, 다양성, 정체성, 협력, 평등, 편견을 반영하여 구성하였다.

여섯째, 누리교육과정과 연계되도록 기본체계를 갖추어 활동을 구성하였다(김혜숙, 2015).

2. 다문화교육의 목표

누리과정에서 추구하는 목적은 유아의 심신의 건강과 조화로운 발달을 도와 민주시민의 기초를 형성하는 것을 목적으로 하고 있다. 이러한 누리과정의 목적을 달성하기 위한 목표는 다음과 같다.

첫째, 유아 자신의 정체성을 확립하여 긍정적인 자아개념이 형성되도록 한다.

둘째, 자신과 타인을 존중하고 더불어 생활할 수 있는 능력과 태도를 기른다.

셋째, 나와 다른 문화에 대해 긍정적인 태도, 인식, 행동을 갖추도록 한다.

넷째, 다양한 놀이와 사회적 상호작용을 통해 친사회적 행동을 증진시킨다.

다섯째, 주변 세계를 탐구하며 다양한 경험을 통해 창의적인 능력과 반편견적 태도를 기른다.

이러한 목표로 유아들이 자신과 타인에 대한 존중과 평등, 문화적 다양성에 대한 긍정적인 태도를 길러, 더불어 살아가는 것을 다문화교육의 목표로 두고 있다.

3. 다문화교육의 내용

1) 신체운동·건강 영역

신체운동·건강 영역은 '신체 인식하기', '신체 조절과 기본운동하기', '신체활동에 참여하기', '건강하게 생활하기', '안전하게 생활하기'의 다섯 가지 내용범주로 구성되어 있다. '신체 인식하기', '신체 조절과 기본운동하기', '신체활동에 참여하기'는 주로 기본운동 능력과 신체활동의 내용이며, '건강하게 생활하기', '안전하게 생활하기'는 건강하고 안전한 일상생활을 위한 기본생활습관에 관한 내용을 포함하여 연령별 세부내용을 전체적으로 제시하면 표 4-1과 같다.

표 4-1 신체운동 · 건강 영역

내용범주	내용	누리과정			다문화교육 내용	다문화교육 요소
		3세	4세	5세		
신체 인식하기	감각 능력 기르고 활용하기				감각적 차이가 다양함을 안다.	다양성
		감각적 차이를 경험한다.	감각적 차이를 구분한다.	감각으로 대상이나 사물의 특성과 차이를 구분한다.	감각기관마다 특성이 다름을 안다.	정체성
		감각기관을 인식하고 활용해 본다.	여러 감각기관을 협응하여 활용한다.	여러 감각기관을 협응하여 활용한다.	감각으로 대상이나 사물의 특성과 차이를 인식한다.	다양성
	신체를 인식하고 움직이기	신체 각 부분의 명칭을 알고, 움직임에 관심을 갖는다.	신체 각 부분의 특성을 이해하고 활용하여 움직인다.	신체 각 부분의 특성을 이해하고 활용하여 움직인다.	신체 각 부분의 특성을 이해하고 활용하여 움직인다.	정체성
		자신의 신체를 긍정적으로 인식하고 움직인다.	자신의 신체를 긍정적으로 인식하고 움직인다.	자신의 신체를 긍정적으로 인식하고 움직인다.	자신의 신체를 긍정적으로 인식하고 움직인다.	정체성

내용범주	내용	누리과정			다문화교육 내용	다문화교육 요소
		3세	4세	5세		
신체 조절과 기본운동 하기	신체 조절하기	신체 균형을 유지해 본다.	다양한 자세와 움직임에서 신체균형을 유지한다.	다양한 자세와 움직임에서 신체균형을 유지한다.	신체균형을 유지하면서 다양한 자세를 취한다.	다양성
		공간, 힘, 시간 등의 움직임 요소를 경험한다.	공간, 힘, 시간 등의 움직임 요소를 활용하여 움직인다.	공간, 힘, 시간 등의 움직임 요소를 활용하여 움직인다.	신체 각 부분의 움직임을 조절한다.	정체성
		신체 각 부분의 움직임을 조절해 본다.	신체 각 부분을 협응하여 움직임을 조절한다.	신체 각 부분을 협응하여 움직임을 조절한다.	공간, 힘, 시간 등의 움직임 요소를 다양하게 활용한다.	다양성
		눈과 손을 협응하여 소근육을 조절해 본다.	눈과 손을 협응하여 소근육을 조절해 본다.	눈과 손을 협응하여 소근육을 조절해 본다.	도구를 활용하여 여러 가지 조작 운동을 한다.	문화
	기본운동하기	걷기, 달리기 등 이동 운동을 한다.	걷기, 달리기 뛰기 등 다양한 이동 운동을 한다.	걷기, 달리기 뛰기 등 다양한 이동 운동을 한다.	걷기, 달리기 뛰기 등 다양한 이동 운동을 한다.	다양성
		제자리에서 몸을 움직여 본다.	제자리에서 몸을 다양하게 움직인다.	제자리에서 몸을 다양하게 움직인다.	다양하게 몸을 움직인다.	다양성
신체 활동에 참여하기	자발적으로 신체활동에 참여하기	신체 활동에 자발적으로 참여한다.	신체활동에 자발적이고 지속적으로 참여한다.	신체활동에 자발적이고 지속적으로 참여한다.	신체활동에 적극적으로 참여한다.	정체성
		다른 사람과 함께하는 신체 활동에 참여한다.	다른 사람과 함께하는 신체 활동에 참여한다.	다른 사람과 함께하는 신체 활동에 참여한다.	서로 도우며 신체 활동에 참여한다.	협력
			자신과 다른 사람의 운동 능력의 차이에 관심을 갖는다.	자신과 다른 사람의 운동 능력의 차이를 이해한다.	자신과 타인의 운동 능력의 차이를 존중한다.	편견
	바깥에서 신체 활동하기	규칙적으로 바깥에서 신체활동을 한다.	규칙적으로 바깥에서 신체활동을 한다.	규칙적으로 바깥에서 신체활동을 한다.	규칙적인 신체 활동을 한다.	문화

내용범주	내용	누리과정			다문화교육 내용	다문화교육 요소
		3세	4세	5세		
신체 활동에 참여하기	기구를 이용하여 신체 활동하기	여러 가지 기구를 이용하여 신체활동을 한다.	여러 가지 기구를 이용하여 신체활동을 한다.	여러 가지 기구를 이용하여 신체활동을 한다.	여러 가지 기구를 이용하여 신체활동을 한다.	다양성
건강하게 생활하기	몸과 주변을 깨끗이 하기	손과 이를 깨끗이 하는 방법을 알고 실천한다.	손과 이를 깨끗이 하는 방법을 알고 실천한다.	스스로 몸을 깨끗이 하는 습관을 가진다.	올바른 기본생활 습관을 갖는다.	정체성
		주변을 깨끗이 한다.	주변을 깨끗이 하는 습관을 기른다.	주변을 깨끗이 하는 습관을 기른다.	주변을 깨끗이 하는 습관을 기른다.	문화
	바른 식생활하기	음식을 골고루 먹는다.	음식을 골고루 먹는다.	적당량의 음식을 골고루 먹는다.	여러가지 음식을 골고루 먹는다.	다양성
		몸에 좋은 음식에 관심을 갖는다.	몸에 좋은 음식을 알아본다.	몸에 좋은 음식을 선택할 수 있다.	몸에 좋은 음식을 선택할 수 있다.	편견
		바른 태도로 식사한다.	음식을 소중히 여기고 식사예절을 지킨다.	음식을 소중히 여기고 식사예절을 지킨다.	감사하는 마음으로 음식을 소중히 여긴다.	문화
	건강한 일상생활하기	규칙적으로 잠을 자고 적당한 휴식을 취한다.	규칙적으로 잠을 자고 적당한 휴식을 취한다.	규칙적으로 잠을 자고 적당한 휴식을 취한다.	규칙적으로 잠을 자고 적당한 휴식을 취한다.	문화
		하루 일과에 즐겁게 참여한다.	하루 일과에 즐겁게 참여한다.	하루 일과에 즐겁게 참여한다.	하루 일과에 즐겁게 참여한다.	문화
		스스로 화장실에서 배변한다.	바른 배변습관을 가진다.	규칙적인 배변습관을 가진다.	바른 배변습관을 가진다.	문화
				건강의 중요성을 알고 실천한다.	건강의 중요성을 알고 실천한다.	문화
	질병 예방하기	질병의 위험을 알고 주의한다.	질병을 예방하는 방법을 알고 실천한다.	질병을 예방하는 방법을 알고 실천한다.	질병을 예방하는 다양한 방법을 안다.	다양성
	질병 예방하기	날씨에 맞게 옷을 입는다.	날씨와 상황에 알맞게 옷을 입는다.	날씨와 상황에 알맞게 옷을 입는다.	날씨와 상황에 알맞게 옷을 입는다.	문화

내용범주	내용	누리과정			다문화교육 내용	다문화교육 요소
		3세	4세	5세		
안전하게 생활하기	안전하게 놀이하기	놀이기구나 놀잇감, 도구를 안전하게 사용한다.	놀이기구나 놀잇감, 도구를 안전하게 사용한다.	도구의 바른 사용법을 알고 안전하게 사용한다.	다양한 놀잇감을 안전하게 사용한다.	다양성
		안전한 놀이장소를 안다.	안전한 장소를 알고 안전하게 놀이한다.	안전한 장소를 알고 안전하게 놀이한다.	안전한 장소를 알고 안전하게 놀이한다.	문화
		TV, 인터넷 통신기기 등을 바르게 사용한다.	TV, 인터넷 통신기기 등의 위해성을 알고 바르게 사용한다.	TV, 인터넷 통신기기 등의 위해성을 알고 바르게 사용한다.	대중매체를 올바르게 사용한다.	문화
	교통안전 규칙 지키기	교통안전 규칙을 안다.	교통안전 규칙을 알고 지킨다.	교통안전 규칙을 알고 지킨다.	교통규칙을 지켜서 안전하게 다닌다.	문화
		교통수단을 안전하게 이용한다.	교통수단을 안전하게 이용한다.	교통수단을 안전하게 이용한다.	교통수단을 안전하게 이용한다.	문화
	비상시 적절히 대처하기	학대, 성폭력, 실종, 유괴상황을 알고 도움을 요청한다.	학대, 성폭력, 실종, 유괴상황을 알고 도움을 요청하는 방법을 알고 행동한다.	학대, 성폭력, 실종, 유괴상황을 알고 도움을 요청하는 방법을 알고 행동한다.	재난 및 사고 등 비상시 적절하게 대처하는 방법을 안다.	문화
		재난 및 사고 등 비상시 적절하게 대처하는 방법을 안다.	재난 및 사고 등 비상시 적절하게 대처하는 방법을 알고 행동한다.	재난 및 사고 등 비상시 적절하게 대처하는 방법을 알고 행동한다.	학대 성폭력, 유괴 상황을 알고 도움을 요청하는 방법을 안다.	편견

(1) 구성

신체운동·건강 영역은 유아들의 감각 능력을 기르고 신체를 조절하고 기본적인 운동을 익혀 자발적으로 신체활동에 참여할 수 있는 영역이며, 또한 유아들이 몸과 주변을 깨끗하게 정리정돈하여 바른 식생활을 익혀 건강하고 안전한 생활을 할 수 있는 영역을 말한다. 이 영역에서는 유아가 신체운동 능력을 가지고 건강한 신체 및 정신을 유지할 수 있도록 긍정적인 인식을 형성하는 것과 또래 관계에서도 자신감을 가질 수 있도록 한다. 이에 유아들의 발달 수준과 흥미에 적절한 신체운동 활동을 제공해 줄 수 있는 여러 가지 놀잇감 및 자료들이 필요할 것이다. 무엇보다 유아들의 신체치수에 적합해야 하며, 모서리, 마무리 처리, 칠 등 안전하게 처리되어야 한다. 그리고 다문화교육을 통합적으로 하려면 여러 나라의 문화를 알 수 있는 전통놀이로 공굴리기, 사방치기, 제기차기, 줄넘기, 비석치기, 고무줄 뛰기, 널뛰기, 네이샵, 타코, 하네츠키 등 다양한 놀이를 할 수 있는 흙바닥이 있으면 더욱 좋다. 큰 기구나 작은 도구를 이용하는 운동놀이는 흙바닥이 인접해 있는 것이 좋다. 또한 유아에게 건강한 생활을 하기 위해 음식 레시피 등 다양한 종류의 음식사진이나 실물자료를 통해 직접 경험을 할 수 있도록 원내 환경구성 하는 것이 좋다.

(2) 놀잇감 및 자료

- 여러 가지 운동 놀이시설(미끄럼틀, 그물망, 그네, 시소, 모래밭 등)
- 여러 가지 작은 놀이 도구(공, 줄넘기, 훌라후프, 굴렁쇠, 고무줄, 제기, 널뛰기, 투호, 딱지 등)
- 여러 나라의 운동기구와 사진
- 여러 나라의 운동선수 사진 및 경기 동영상
- 여러 나라의 국가를 녹음한 CD
- 여러 가지 경기 유니폼
- 여러 나라의 국기 플래시 카드
- 여러 나라의 전통음식 사진

• 여러 가지 음식 모형 및 사진자료
• 여러 나라의 식생활 예절 사진 및 동영상
• 여러 가지 요리활동에 필요한 자료
• 여러 종류의 과일 및 야채 모형이나 실물자료

(3) 유의점

• 유아의 감각활동을 단순히 감각으로만 이해하기보다는 몸으로 인식하며 여러 감각 기관을 통합적으로 활용하는 것을 전제해야 한다.
• 오감을 사용해 보도록 권장하며 다양한 경험의 기회를 제공해 준다.
• 다양한 신체와 능력을 가진 사람들을 편견없이 배려하고 존중할 수 있도록 지도한다.
• 여러 가지 문화를 체험할 수 있도록 다양한 환경구성과 자료도 준비한다.
• 유아들의 신체 균형과 조절에 어려움이 없도록 다양한 움직임을 경험하고 활동에 참여할 수 있도록 돕는다.
• 유아의 주변에 흔히 볼 수 있는 사물의 움직임을 관찰하고 자발적으로 표현할 수 있도록 한다.
• 유아들이 서로 다른 차이를 인정할 수 있도록 한다.
• 교사는 다른 유아와 비교하지 않고 유아 스스로 자발적이고 적극적으로 활동에 참여하도록 칭찬과 격려를 구체적으로 한다.
• 유아의 발달 및 각 영역의 특성을 고려하여 정리 표시를 다양한 표현으로 해둔다.
• 유아들이 스스로 건강하고 안전한 규칙을 만들어 보도록 한다.

2) 의사소통 영역

의사소통 영역은 '듣기', '말하기', '읽기', '쓰기'의 네 가지 내용범주로 구성되어 있다. 이들 네 가지는 말과 글의 사용에 중점을 두고 서로 연관지어서 경험하도록 한다. 의사소통 영역은 '듣고 말하며, 읽고 쓰기'라는 방법을 통해서 유아가 전달하고자 하는 의미를 구성하고, 상황에 맞게 표현하며, 타인이 보낸 의미를 잘 해석하여 이해하는 능력을 기르는 내용이 포함하여 연령별 세부내용을 전체적으로 제시하면 표 4-2와 같다.

표 4-2 의사소통 영역

내용범주	내용	누리과정			다문화교육 내용	다문화교육 요소
		3세	4세	5세		
듣기	낱말과 문장 듣고 이해하기	낱말의 발음에 관심을 가지고 듣는다.	낱말의 발음에 관심을 가지고 듣는다.	낱말의 발음에 관심을 가지고 비슷한 발음을 듣고 구별한다.	낱말의 발음에 관심을 갖고 특성을 이해한다.	정체성
		일상생활과 관련된 낱말과 문장을 듣고 뜻을 이해한다.	일상생활과 관련된 낱말과 문장을 듣고 뜻을 이해한다.	다양한 낱말과 문장을 듣고 뜻을 이해한다.	낱말과 문장을 듣고 뜻을 이해한다.	정체성
	이야기 듣고 이해하기	다른 사람의 이야기를 관심 있게 듣는다.	다른 사람의 이야기를 듣고 이해한다.	다른 사람의 이야기를 듣고 이해한다.	다른 사람의 이야기를 듣고 이해한다.	문화
		이야기를 듣고 궁금한 것에 대해 질문한다.	이야기를 듣고 궁금한 것에 대해 질문한다.	이야기를 듣고 궁금한 것에 대해 질문한다.	이야기를 듣고 궁금한 것에 대해 질문한다.	협력
	동요, 동시, 동화 듣고 이해하기	동요, 동시, 동화를 다양한 방법으로 듣고 즐긴다.	동요, 동시, 동화를 다양한 방법으로 듣고 즐긴다.	동요, 동시, 동화를 다양한 방법으로 듣고 이해한다.	동요, 동시, 동화를 다양한 방법으로 듣고 즐긴다.	다양성
			전래동요, 동시, 동화를 듣고 우리말의 재미를 느낀다.	전래동요, 동시, 동화를 듣고 우리말의 재미를 느낀다.	전래동요, 동시, 동화를 듣고 말에 대한 재미를 느낀다.	정체성
	바른 태도로 듣기	말하는 사람을 바라보며 듣는다.	다른 사람의 이야기를 주의 깊게 듣는다.	다른 사람의 이야기를 끝까지 주의 깊게 듣는다.	다른 사람의 이야기를 끝까지 주의 깊게 듣는다.	문화

내용범주	내용	누리과정			다문화교육 내용	다문화교육 요소
		3세	4세	5세		
말하기	낱말과 문장으로 말하기	친숙한 낱말을 발음해본다.	친숙한 낱말을 정확하게 발음해본다.	정확한 발음으로 말한다.	정확한 발음으로 말한다.	정체성
		새로운 낱말에 관심을 가진다.	다양한 낱말을 사용하여 말한다.	다양한 낱말을 사용하여 상황에 맞게 말한다.	다양한 단어를 사용하여 상황에 맞게 말한다.	다양성
		일상생활에서 일어나는 일들을 간단한 문장으로 말한다.	일상생활에서 일어나는 일들을 간단한 문장으로 말한다.	일상생활에서 일어나는 일들을 다양한 문장으로 말한다.	다양한 형태의 문장으로 말한다.	다양성
	느낌 생각 경험 말하기	자신의 느낌, 생각, 경험을 말해본다.	자신의 느낌, 생각, 경험을 말한다.	자신의 느낌, 생각, 경험을 적절한 낱말과 문장으로 말한다.	자신의 느낌, 생각, 경험을 적절한 단어와 문장으로 말한다.	정체성
			주제를 정하여 함께 이야기를 나눈다.	주제를 정하여 함께 이야기를 나눈다.	주제를 정하여 함께 이야기를 나눈다.	협력
			이야기를 지어 말한다.	이야기 지어 말하기를 즐긴다.	이야기 지어 말하기를 즐긴다.	문화
	상황에 맞게 바른 태도로 말하기		듣는 사람의 생각과 느낌을 고려하여 말한다.	듣는 사람의 생각과 느낌을 고려하여 말한다.	듣는 사람의 생각과 느낌을 고려하여 말한다.	편견
		상대방을 바라보며 말한다.	차례를 지켜 말한다.	때와, 장소, 대상에 알맞게 말한다.	때와, 장소, 대상에 알맞게 말한다.	문화
		바르고 고운 말을 사용한다.	바르고 고운 말을 사용한다.	바르고 고운 말을 사용한다.	바르고 고운 말을 사용한다.	정체성
읽기	읽기에 흥미 가지기	주변에서 친숙한 글자를 찾아본다.	주변에서 친숙한 글자를 찾아본다.	주변에서 친숙한 글자를 찾아본다.	읽어주는 글의 내용에 관심을 가진다.	문화
		읽어주는 글의 내용에 관심을 가진다.	읽어주는 글의 내용에 관심을 가진다.	읽어주는 글의 내용에 관심을 가지고 읽어본다.	주변에 다양한 글자에 관심을 가지고 읽어본다.	다양성

내용범주	내용	누리과정			다문화교육 내용	다문화교육 요소
		3세	4세	5세		
읽기	책 읽기에 관심 가지기	책에 흥미를 가진다.	책 보는 것을 즐기고 소중하게 다룬다.	책 보는 것을 즐기고 소중하게 다룬다.	책 보는 것을 즐기고 소중하게 다룬다.	문화
		책의 그림을 단서로 내용을 추측해 본다.	책의 그림을 단서로 내용을 이해한다.	책의 그림을 단서로 내용을 이해한다.	책의 그림을 단서로 내용을 이해한다.	문화
			궁금한 것을 책에서 찾아본다.	궁금한 것을 책에서 찾아본다.	궁금한 것을 책에서 찾아본다.	편견
쓰기	쓰기에 관심 가지기	말과 글로 나타내는 것에 관심을 보인다.	말이나 생각을 글로 나타낼 수 있음을 안다.	말이나 생각을 글로 나타낼 수 있음을 안다.	말이나 생각을 글로 옮길 수 있음을 안다.	정체성
		자기 이름의 글자에 관심을 가진다.	자기 이름을 써 본다.	자신의 이름과 주변의 친숙한 글자를 써본다.	자신의 이름과 주변의 친숙한 글자를 써본다.	정체성
			자신의 느낌, 생각, 경험을 글자와 비슷한 형태로 표현한다.	자신의 느낌, 생각, 경험을 글자와 비슷한 형태나 글자로 표현한다.	자신의 느낌, 생각, 경험을 다양하게 표현한다.	다양성
	쓰기 도구 사용하기				여러 가지 쓰기 도구에 관심을 가진다.	문화
			쓰기 도구에 관심을 가지고 사용해 본다.	쓰기 도구의 바른 사용법을 알고 사용한다.	쓰기 도구의 바른 사용법을 알고 사용한다.	문화

(1) 구성

의사소통 영역은 언어의 기본형태인 구어와 문어를 활용하여 나와 다른 사람의 느낌이나 생각, 경험을 상황과 상대방에게 알맞게 소통할 수 있는 힘을 기르는 능력이다.

또한 말과 글의 관계를 알고 읽기와 쓰기에 흥미를 가져 언어 사용을 즐기도록 하는 영역이다. 특히 유아들이 듣기, 말하기, 읽기, 쓰기에 관심을 가지고 활동하므로 언어 능력을 증진시키며 의사소통을 바르게 하는 태도와 습관을 형성할 수 있다.

의사소통 영역은 유아들이 서로 방해받지 않고 안정된 분위기에서 읽고, 쓰고, 말하고, 듣는 놀이를 할 수 있도록 배치한다. 따라서 동적 놀이가 이루어지는 영역과 떨어져 있으며 유아들이 많이 왕래하지 않는 장소에 배치하는 것이 좋다.

밝은 영역에 위치하고 편안하게 앉아서 읽을 수 있도록 의자나 방석, 쿠션을 준비하는 것이 좋다.

특히 안정된 분위기에서 교사가 다문화적 관점을 포함하는 여러 가지 활동자료를 제공하여 읽고, 쓰고, 말하고, 듣는 활동을 자유롭게 할 수 있도록 다양하게 준비한다.

(2) 놀잇감 및 자료

- 말하기 자료 : 융판, 그림조각, 여러 나라의 손인형, 막대인형, 자석인형, 인형극 틀, 그림동화, 마이크, 전화기, 여러 나라 의상 등
- 듣기 자료 : 녹음기, 테이프, 소리상자, 컴퓨터 등
- 읽기 자료 : 다양한 문화권의 문학작품 그림책, 지식과 정보를 담은 책, 속담 책, 수수께끼 책, 이름 카드, 여러 나라의 생활 사진이나 그림, 잡지, 신문, 엽서, 화폐 등
- 쓰기 자료 : 여러 가지 종류의 종이, 칠판, 지우개, 노트, 쓰기도구, 글자 바느질 등

(3) 유의점

- 주변의 여러 말소리에 관심을 가지고 들을 기회를 많이 제공한다.
- 언어의 관심을 갖고 언어도 다양하게 있다는 것을 경험하거나 볼 수 있는 낱말이나 카드를 준비한다.
- 교사는 동일한 상황이나 의미를 갖고 있는 다양한 언어를 사용해서 말한다.
- 유아가 명확한 발음을 듣고 말할 수 있도록 교사는 명확하고 정확하게 발음하여 문장을 사용한다.
- 일상생활에서 일어난 문제나 갈등 상황에 대하여 토의하는 기회를 제공한다.

- 다양한 내용의 글을 자주 읽어 주고 스스로 읽기를 시도할 수 있도록 격려한다.
- 그림책 읽어 주기, 그림을 보며 혼자 읽기 등 다양하게 그림책 읽기에 관심을 가지도록 한다.
- 다양한 장르·다양한 문화권의 그림책, 우화, 지식과 정보를 담은 책, 수수께끼 책, 속담 책 등을 제공한다.
- 동시 감상 및 동시 짓기, 동극, 이야기 꾸미기의 기회를 제공한다.
- 종이, 연필 등 쓰기 자료를 제공한다.
- 유아 자신의 느낌이나 생각을 자연스럽게 표현할 수 있도록 격려하고 그 내용을 존중한다.
- 쓰기의 즐거움을 갖고 자발적인 동기가 생길 수 있도록 환경을 제공한다.

3) 사회관계 영역

사회관계 영역은 '나를 알고 존중하기', '나와 다른 사람의 감정 알고 조절하기', '가족을 소중히 여기기', '다른 사람과 더불어 생활하기', '사회에 관심 갖기'의 다섯 가지 내용 범주로 구성된다. 처음 내용범주는 유아가 스스로를 존중하는 것과 관련된 내용으로, 두 번째 내용범주는 자신 및 타인의 정서에 대한 이해를 바탕으로 상황에 맞게 감정을 조절하는 데 필요한 내용으로 구성되어 있다. 나머지 세 내용범주에서는 유아가 주변 사람들과의 신뢰를 바탕으로 사회를 편견없이 바라보도록 하는 내용을 다룬다. 이러한 내용은 유아가 가족, 친구와 교사, 지역사회, 우리나라 그리고 세계로 점차 관심을 확장해 나갈 수 있도록 동심원적 접근방식으로 구성하여 연령별 세부내용을 전체적으로 제시하면 표 4-3과 같다.

표 4-3 사회관계 영역

내용범주	내용	누리과정			다문화교육 내용	다문화교육 요소
		3세	4세	5세		
나를 알고 존중하기	나를 알고 소중히 여기기	나에 대해 관심을 갖는다.	나에 대해 알아본다.	나에 대해 알아본다.	나에 대해 알아본다.	정체성
		나와 다른 사람의 차이에 관심을 갖는다.	나와 다른 사람의 차이점을 알아본다.	나와 다른사람의 신체적, 사회적, 문화적 차이를 존중한다.	나와 다른사람의 신체적, 사회적, 문화적 차이를 인정한다.	평등
		나를 소중하게 여긴다.	나에 대해 긍정적으로 생각하고 나를 소중하게 여긴다.	나에 대해 긍정적으로 생각하고 나를 소중하게 여긴다.	나에 대해 긍정적으로 생각하고 나를 소중하게 여긴다.	정체성
	나의 일 스스로 하기	내가 할 수 있는 일을 알아본다.	내가 할 수 있는 일을 해본다.	내가 할 수 있는 일을 스스로 한다.	내가 할 수 있는 일을 스스로 한다.	정체성
		내가 할 수 있는 일을 선택해 본다.	하고 싶은 일을 계획하고 해본다.	하고 싶은 일을 계획하고 해본다.	하고 싶은 일을 계획하고 해본다.	문화
나와 다른 사람의 감정 알고 조절하기	나와 다른 사람의 감정 알고 표현하기	자신에게 여러 가지 감정이 있음을 안다.	자신의 감정을 알고 표현한다.	자신의 감정을 알고 표현한다.	자신의 감정을 알고 다양하게 표현한다.	다양성
		다른 사람의 감정에 관심을 갖는다.	다른 사람의 감정을 안다.	다른 사람의 감정을 알고 공감한다.	다른 사람의 감정을 알고 이해한다.	협력
	나의 감정 조절하기	자신의 감정을 조절해 본다.	자신의 감정을 조절해 본다.	자신의 감정을 상황에 맞게 조절한다.	자신의 감정을 긍정적으로 조절한다.	정체성
가족을 소중히 여기기	가족과 화목하게 지내기	가족의 소중함을 안다.	가족의 소중함을 안다.	가족의 의미와 소중함을 안다.	가족의 의미와 소중함을 안다.	정체성
				가족과 화목하게 지낸다.	가족과 사이좋게 지낸다.	협력
	가족과 협력하기	가족 구성원을 알아본다.	가족 구성원의 역할에 대해서 알아본다.	다양한 가족 구조에 대해서 알아본다.	다양한 가족 구조에 대해서 알아본다.	다양성

내용범주	내용	누리과정			다문화교육 내용	다문화교육 요소
		3세	4세	5세		
가족을 소중히 여기기	가족과 협력하기	가족을 위하여 내가 할 수 있는 일을 알아본다.	가족을 위하여 내가 할 수 있는 일을 알아보고 실천한다.	가족은 서로 도와야 함을 알고 실천한다.	가족은 서로 도우며 살아야 하는 것을 알고 실천한다.	협력
다른 사람과 더불어 생활하기	친구와 사이좋게 지내기	친구와 함께 놀이한다.	친구와 협동하며 놀이한다.	친구와 협동하며 놀이한다.	친구와 협동하며 놀이한다.	협력
		나와 친구의 의견에 차이가 있음을 안다.	친구와의 갈등을 긍정적인 방법으로 해결한다.	친구와의 갈등을 긍정적인 방법으로 해결한다.	친구와의 갈등을 긍정적인 방법으로 해결한다.	편견
	공동체에서 화목하게 지내기		도움이 필요할 때 다른 사람과 도움을 주고 받는다.	다른 사람과 도움을 주고 받고 서로 협력한다.	다른 사람과 도움을 주고 받고 서로 협력한다.	협력
		교사 및 주변 사람과 화목하게 지낸다.	교사 및 주변 사람과 화목하게 지낸다.	교사 및 주변 사람과 화목하게 지낸다.	교사 및 주변 사람과 화목하게 지낸다.	평등
	사회적 가치를 알고 지키기		정직하게 말하고 행동한다.	정직하게 말하고 행동한다.	정직하게 말하고 행동한다.	문화
		다른 사람의 소유물을 존중한다.	다른 사람의 생각, 행동을 존중한다.	다른 사람을 배려하여 행동한다.	다른 사람을 배려하여 행동한다.	협력
					옳고 그름을 이해한다.	문화
			친구와 어른께 예의 바르게 행동한다.	친구와 어른께 예의 바르게 행동한다.	친구와 어른께 예절 바르게 행동한다.	문화
		약속과 규칙을 지켜야 함을 안다.	다른 사람과 한 약속이나 공공 규칙을 지킨다.	다른 사람과 한 약속이나 공공 규칙을 지킨다.	다른 사람과 한 약속이나 공공 규칙을 지킨다.	문화
			자연과 자원을 아끼는 습관을 기른다.	자연과 자원을 아끼는 습관을 기른다.	자연과 자원을 아끼는 올바른 습관을 기른다.	협력

내용범주	내용	누리과정			다문화교육 내용	다문화교육 요소
		3세	4세	5세		
사회에 관심갖기	지역사회에 관심 갖고 이해하기	우리 동네의 이름을 안다.	우리 동네에 대해서 알아본다.	우리 동네에 대해서 알아본다.	우리 동네에 대해서 알아본다.	정체성
		우리동네 사람들에 관심을 갖는다.	우리 동네 사람들이 하는 일에 관심을 갖는다.	다양한 직업에 관심을 갖는다.	다양한 직업에 관심을 갖는다.	다양성
			물건을 살 때 돈이 필요함을 안다.	일상 생활에서 돈의 쓰임에 대해 안다.	일상 생활에서 돈의 쓰임에 대해 안다.	문화
	우리나라에 관심 갖고 이해하기	우리나라를 상징하는 것에 관심을 가진다.	우리나라를 상징하는 것을 안다.	우리나라를 상징하는 것을 알고 예절을 지킨다.	우리나라를 상징하는 것을 알고 예절을 지킨다.	정체성
		우리나라의 전통놀이와 풍습에 관심을 갖는다.	우리나라의 전통놀이와 풍습에 관심을 갖는다.	우리나라의 전통, 역사, 문화에 관심을 갖는다.	우리나라의 전통, 역사, 문화에 관심을 갖는다.	문화
			우리나라에 대해 자부심을 갖는다.	우리나라에 대해 자부심을 갖는다.	우리나라에 대해 자부심을 갖는다.	정체성
	세계와 여러 문화에 관심 가지기		세계 여러 나라에 대해 관심을 갖는다.	세계 여러 나라에 대해 관심을 갖고 서로 협력해야 함을 안다.	세계 여러 나라에 대해 관심을 갖고 서로 협력해야 함을 안다.	협력
			다양한 인종과 문화에 관심을 갖는다.	다양한 인종과 문화를 알아보고 존중한다.	다양한 인종과 문화를 알아보고 존중한다.	편견

(1) 구성

사회관계 영역은 유아가 자신을 알고 소중히 여기며 가족, 또래와 함께 원만하게 지내는 방법뿐만 아니라 공동체에서 함께 살아가는 방법을 익히고 사회에 관심을 가지며 적응해 나갈 수 있는 기초 능력과 인성을 기르기 위한 영역이다.

유아가 나를 알고 존중하는 태도를 기르는 것은 긍정적인 자아존중감을 형성하는 데 기초를 마련하며, 자신과 타인의 감정을 알고 조절하는 능력을 갖추는 것은 유아가 타인과 원활한 관계를 형성하기 위한 바탕이 된다.

사회관계 영역은 유아가 극놀이 또는 역할놀이를 통해 가족의 역할, 다양한 직업의 기능 및 역할을 익히고 다양한 인종을 경험하여 자신의 여러 가지 경험이나 생각, 느낌을 새롭게 창조해 보는 것이다. 이 영역에서 여러 가지 역할을 가작화하는 활동적인 놀이를 많이 하므로 동적 놀이 영역과 인접하게 배치한다. 특히 쌓기영역과 가깝게 배치하면 두 영역의 놀이가 통합될 수 있어 효과적이다. 이러한 경험을 할 수 있도록 여러 가지 주방용품, 가정용품, 다양한 여러나라 의상, 기타 놀이를 할 수 있는 자료들을 비치하는 것이 좋다.

(2) 놀잇감 및 자료

- 주방용품 : 싱크대, 모형 냉장고, 믹서, 국자, 도마, 칼 등의 주방기기 등
- 가정용품 : 화장대, 거울, 옷장, 침대, 전화기, 드라이기, 시계, 빗, 가발, 컴퓨터, 청소도구 등
- 각종 의상 : 드레스, 잠옷, 앞치마, 한복, 다른 나라 전통의상, 신발, 모자, 장신구, 세계 각국의 전통의상 등
- 다양한 직업의상 : 의사 가운, 우체부, 경찰, 소방관, 환경 미화원, 주방장 의상, 각종의 모자 등
- 기타 : 병원놀이, 시장놀이, 미용실놀이, 소방서놀이, 우체국놀이, 마트놀이, 공항놀이, 학교놀이 자료 등
- 여러 나라의 다양한 형태의 집 모형, 교통기관 등 그림 자료나 사진 자료
- 다양한 인종을 상징하는 인형
- 여러나라의 특징을 나타내는 동영상 자료

(3) 유의점

- 나에 대한 긍정적 자아개념이 형성되도록 교사는 이야기 나누기를 비롯한 다양한 활동을 통해 유아가 자신에 대해 알 수 있도록 지도한다.
- 교사는 유아가 자기 자신을 소중히 여길 수 있도록 지도한다.
- 교사는 유아가 사람마다 차이점과 유사점이 있음을 알도록 하고, 다른 사람이 가진 특성을 인정하고 자신이 가지고 있는 특성을 긍정적으로 이해하도록 한다.
- 교사는 다양한 감정을 적절히 표현하는 본보기를 유아들에게 보여 주어서 유아가 다양한 감정 상태를 적절하게 표현하도록 한다.
- 다양한 가족문화와 다문화가정에 대한 반편견 교육내용을 포함하도록 유의한다.
- 유아들 간에 의견 차이와 갈등이 있어도 긍정적인 방법으로 문제를 해결하도록 한다.
- 우리 동네의 특징에 대해 관심을 가지도록 기회를 다양하게 제공한다.
- 사회일원으로 지켜야 할 규칙이나 예절 등을 놀이로 통해 자연스럽게 경험할 수 있도록 한다.
- 성역할 고정관념이 형성되지 않도록 직업과 관련된 책을 다양하게 비치해 준다.
- 놀이의 내용과 규칙 운영 등을 유아 스스로 계획하여 실행해 보도록 한다.
- 놀이에 필요한 소품을 유아 스스로 만들어 사용할 수 있도록 한다.
- 놀이의 확장에 필요한 그림이나 사진 자료 등을 벽에 게시한다.

4) 예술경험 영역

예술경험 영역은 '아름다움 찾아보기', '예술적 표현하기', '예술 감상하기'의 세 가지 내용범주로 구성되어 있다. 이 세 가지 범주는 구분되기보다는 서로 밀접하게 연관되어 있어 아름다움을 찾고 표현하며 감상하는 것은 유아의 예술경험을 지속적으로 새롭게 재구성한다. 따라서 인위적인 구분에 따라 별개의 독립된 활동으로 다루기보다 유아가 일상생활 속에서 다양한 예술매체를 통해 아름다움을 찾고 표현하며 감상하는 활동들이 자연스럽게 순환, 통합되도록 하여 연령별 세부내용을 전체적으로 제시하면 표 4-4와 같다.

표 4-4 예술경험 영역

내용범주	내용	누리과정			다문화교육 내용	다문화교육 요소
		3세	4세	5세		
아름다움 찾아보기	음악적 요소 탐색하기	다양한 소리, 음악의 셈여림, 빠르기, 리듬 등에 관심을 갖는다.	다양한 소리, 음악의 셈여림, 빠르기, 리듬 등에 관심을 갖는다.	다양한 소리, 악기 등으로 음악의 셈여림, 빠르기, 리듬 등을 탐색한다.	다양한 소리, 악기 등으로 강약, 속도, 리듬 등을 탐색한다.	다양성
	움직임과 춤 요소 탐색하기	움직임과 춤의 모양, 힘, 빠르기 등에 관심을 갖는다.	움직임과 춤의 모양, 힘, 빠르기 등에 관심을 갖는다.	움직임과 춤의 모양, 힘, 빠르기 흐름 등을 탐색한다.	움직임과 춤의 모양, 힘, 세기, 빠르기, 흐름 등을 탐색한다.	문화
	미술적 요소 탐색하기	자연과 사물의 색, 모양, 질감 등에 관심을 갖는다.	자연과 사물의 색, 모양, 질감 등에 관심을 갖는다.	자연과 사물에서 색, 모양, 질감 공간 등을 탐색한다.	자연과 사물에서 색, 모양, 질감 공간 등을 탐색한다.	정체성
					여러 가지 재료와 도구를 자유롭게 탐색한다.	다양성
예술적 표현하기	음악으로 표현하기	간단한 노래를 듣고 따라 부른다.	노래로 자신의 생각과 느낌을 표현한다.	노래로 자신의 생각과 느낌을 표현한다.	노래로 자신의 생각과 느낌을 표현한다.	문화
		전래 동요를 즐겨 부른다.	전래 동요를 즐겨 부른다.	전래 동요를 즐겨 부른다.	전래 동요를 즐겨 부른다.	정체성
		리듬악기로 간단한 리듬을 표현해 본다.	리듬악기를 연주해 본다.	리듬악기를 연주해 본다.	리듬악기를 연주해 본다.	문화
		간단한 리듬과 노래를 즉흥적으로 만들어 본다.	간단한 리듬과 노래를 즉흥적으로 만들어 본다.	리듬과 노래 등을 즉흥적으로 만들어 본다.	리듬과 노래 등을 즉흥적으로 만들어 본다.	문화

내용범주	내용	누리과정			다문화교육 내용	다문화교육 요소
		3세	4세	5세		
예술적 표현하기	움직임과 춤으로 표현하기	신체를 이용하여 주변의 움직임을 자유롭게 표현한다.	신체를 이용하여 주변의 움직임을 자유롭게 표현한다.	신체를 이용하여 주변의 움직임을 자유롭게 표현하며 즐긴다.	신체를 이용하여 주변의 움직임을 자유롭게 표현한다.	다양성
		움직임과 춤으로 자신의 생각과 느낌을 표현한다.	움직임과 춤으로 자신의 생각과 느낌을 표현한다.	움직임과 춤으로 자신의 생각과 느낌을 표현한다.	춤으로 자신의 생각과 느낌을 표현한다.	정체성
		도구를 활용하여 다양한 움직임으로 표현한다.	도구를 활용하여 다양한 움직임으로 표현한다.	다양한 도구를 활용하여 창의적으로 움직인다.	다양한 도구를 활용하여 창의적으로 움직인다.	다양성
	미술 활동으로 표현하기	다양한 미술 활동을 경험해 본다.	다양한 미술활동으로 자신의 생각과 느낌을 표현한다.	다양한 미술활동으로 자신의 생각과 느낌을 표현한다.	다양한 미술활동으로 자신의 생각과 느낌을 표현한다.	정체성
			협동적인 미술활동에 참여한다.	협동적인 미술활동에 참여하여 즐긴다.	협동적인 미술활동에 참여하여 즐긴다.	협력
		미술활동에 필요한 재료와 도구에 관심을 가지고 사용한다.	미술활동에 필요한 재료와 도구를 다양하게 사용한다.	미술활동에 필요한 재료와 도구를 다양하게 사용한다.	미술활동에 필요한 재료와 도구를 다양하게 사용한다.	다양성
	극놀이로 표현하기	일상생활의 경험을 극놀이로 표현한다.	일상생활의 경험이나 간단한 이야기를 극놀이로 표현한다.	경험이나 이야기를 극놀이로 표현한다.	경험이나 이야기를 극놀이로 표현한다.	문화
			소품, 배경, 의상 등을 사용하여 협동적으로 극놀이를 한다.	소품, 배경, 의상 등을 사용하여 협동적으로 극놀이를 한다.	소품, 배경, 의상 등을 사용하여 협동적으로 극놀이를 한다.	협력
	통합적으로 표현하기		음악, 움직임과 춤, 미술, 극놀이 등을 통합하여 표현한다.	음악,움직임과 춤, 미술, 극놀이 등을 통합하여 표현한다.	음악, 움직임, 미술 극놀이를 다양하게 표현한다.	다양성

내용범주	내용	누리과정			다문화교육 내용	다문화교육 요소
		3세	4세	5세		
예술적 표현하기	통합적으로 표현하기	예술활동에 참여하여 표현과정을 즐긴다.	예술활동에 참여하여 표현과정을 즐긴다.	예술활동에 참여하여 창의적으로 표현하는 과정을 즐긴다.	예술활동에 참여하여 창의적인 표현과정을 즐긴다.	문화
예술 감상하기	다양한 예술 감상하기	다양한 음악, 춤, 미술작품 극놀이 등을 듣거나 본다.	다양한 음악, 춤, 미술작품 극놀이 등을 듣거나 보고 즐긴다.	다양한 음악, 춤, 미술작품 극놀이 등을 듣거나 보고 즐긴다.	다양한 음악, 춤, 미술작품 극놀이 등을 듣거나 보고 즐긴다.	다양성
		나와 다른 사람의 예술 표현을 소중히 여긴다.	나와 다른 사람의 예술 표현을 소중히 여긴다.	나와 다른 사람의 예술 표현을 소중히 여긴다.	나와 다른 사람의 예술 표현을 소중히 여긴다.	평등
					다른 문화의 예술작품에 관심을 가진다.	편견
	전통예술 감상하기	우리나라의 전통예술에 관심을 갖는다.	우리나라의 전통예술에 관심을 갖는다.	우리니리의 전통예술에 관심을 갖고 친숙해진다.	우리나라의 전통예술에 관심을 갖고 친숙해진다.	정체성

(1) 구성

예술경험 영역은 유아가 친근한 주변 환경에서 발생하는 소리, 음악, 움직임과 춤, 모양과 색 등의 미술 요소에서 아름다움을 느끼고, 또래와 교사, 부모, 지역사회의 주민이나 작가가 표현한 예술작품을 가까이 접하면서, 이를 탐색하고 창의적으로 표현하는 것을 즐기며 감사하기 위한 영역이다.

이 영역에서 유아가 아름다움을 찾고 표현하며 자신의 창의적 표현을 즐기고 감상하도록 하는 것이 중요하다. 또한 다른 사람의 예술적 표현을 존중하고, 다양한 문화에 내재된 아름다움을 찾아보며 느낌을 나눌 수 있도록 경험을 중점으로 하는 영역이다. 특히 음률영역은 우리가 유아가 음악을 감상하거나 여러 가지 악기를 자유롭게 다루어 보거나 음악에 맞춰 움직여 보는 경험을 해볼 수 있는 곳이다. 넓은 공간이 필요하며, 바닥은

마루거나 카펫을 까는 것이 좋다. 또한 미술활동으로 자연과 사물의 색, 모양, 질감, 등을 탐색할 수 있도록 공간이 확보되어야 한다. 유아들은 그리기, 찢기, 붙이기, 만들기, 점토로 만들기, 염색하기 등을 하면서 즐거움을 느끼며, 눈과 손의 협응 능력을 기르고 자신의 생각과 느낌을 표현하며, 상상력과 창의력을 기른다. 활용한 자료와 도구의 특성에도 관심을 가질 수 있도록 여러 종류의 그림도구나 자료를 다양하게 배치하여 창의적으로 표현할 수 있도록 하는 것이 바람직하다.

(2) 놀잇감 및 자료

- 여러 가지 전통악기류 : 소고, 장고, 북, 꽹과리, 징, 단바우, 쩡봉, 시타르, 빨리빨, 훌루스
- 여러 가지 리듬악기류 : 트라이앵글, 탬버린, 캐스터네츠, 방울, 리듬막대, 우드블록, 핸드벨, 마라카스 등
- 여러 가지 멜로디 악기류 : 피아노, 전자 오르간, 멜로디언, 실로폰, 목금, 철금 등
- 여러 가지 감상활동 자료 : 녹음기와 녹음테이프, 다양한 음악, 그림 카드, 헤드폰
- 움직임을 위한 자료 : 리듬막대, 스카프, 보자기, 여러 나라의 전통무용 그림이나 사진, 전래동요, 클래식, 민속음악, 손유희,
- 다양한 피부색을 표현하는 미술자료 : 물감, 사인펜, 크레파스, 종이, 반죽
- 여러 나라의 종이접기 자료
- 다양한 인종과 지역 사람들의 사진자료나 그림이 포함된 잡지
- 다양한 수입천 조각, 코코넛 껍질, 조개껍질, 산호초, 야자 등
- 여러 나라의 명화, 화가의 사진이나 그림 자료
- 여러 나라의 공예품이나 작품 사진

(3) 유의점

- 자연과 사물에서 미적인 요소를 좀 더 자유롭게 표현해 보도록 한다.

- 협동적인 미술활동을 위해 또래와 함께 공동으로 꾸며보는 경험을 제공한다.
- 나와 다른 사람의 예술 표현을 존중히 여기도록 한다.
- 유아의 발달 특성에 고려하여 다양한 방법으로 예술을 감상하고, 듣고 보는 즐거움을 제공한다.
- 유아가 또래나 다른 사람과 예술 표현 차이가 있음을 알고 개인의 개성과 예술적 표현을 존중하고 소중하게 생각하도록 지도한다.
- 교사는 여러 나라의 음악, 춤, 미술작품, 극놀이 등을 듣고 보고 즐기면서 창의적인 표현을 하도록 돕는다.
- 다양한 장르의 음악 테이프, 음악 관련 책, 녹음기, 헤드폰을 비치한다.
- 노래극 놀이에 필요한 자료와 소품을 준비한다.
- 음악을 들은 후 느낌을 그림이나 몸으로 표현해 볼 수 있는 자료를 제공한다.
- 악기를 만들어 보는 경험을 한다.

5) 자연탐구 영역

자연탐구 영역은 '탐구하는 태도 기르기', '수학적 탐구하기', '과학적 탐구하기'의 세 가지 내용범주로 구성된다. 수학적·과학적 탐구하기는 '무엇을 탐구하는가', 즉 탐구의 내용을 제시하고 있다면, 탐구하는 태도는 '어떻게 탐구하는가', 즉 탐구과정에 중점을 두고 있다. 탐구의 내용과 탐구의 과정은 서로 분리되는 것이 아니라 연결된다는 점에 유념하여 연령별 세부내용을 전체적으로 제시하면 표 4-5와 같다.

표 4-5 자연탐구 영역

내용범주	내용	누리과정			다문화교육 내용	다문화교육 요소
		3세	4세	5세		
탐구하는 태도 기르기	호기심을 유지하고 확장하기	주변 사물과 자연세계에 대해 호기심을 갖는다.	주변 사물과 자연세계에 대해 호기심을 갖는다.	주변 사물과 자연세계에 대해 지속적으로 호기심을 갖고 알고자 한다.	주변 사물과 자연세계에 대해 지속적으로 관심을 갖고 궁금해 한다.	정체성
					궁금한 점을 알기 위해 비교하기, 예측하기 등 다양한 방법을 활용한다.	다양성
	탐구과정 즐기기	궁금한 점을 알아보는 과정에 흥미를 갖는다.	궁금한 점을 알아보는 탐구과정에 관심을 가지고 참여한다.	궁금한 점을 알아보는 탐구과정에 참여하고 즐긴다.	호기심을 갖고 탐구학습을 즐긴다.	문화
				탐구과정에서 서로 다른 생각에 관심을 갖는다.	탐구과정에서 서로 다른 생각에 관심을 갖는다.	편견
	탐구기술 활용하기		일상생활의 문제를 해결하는 과정에서 탐색, 관찰 등의 방법을 활용해 본다.	일상생활의 문제를 해결하는 과정에서 탐색, 관찰, 비교, 예측 등의 탐구기술을 활용해 본다.	다양한 탐구기술을 활용해 본다.	다양성
					나타난 결과에 기초하여 예측하고 적용한다.	정체성
수학적 탐구하기	수와 연산의 기초개념 알아보기	생활 속에서 수에 관심을 갖는다.	생활 속에서 사용되는 수의 여러 가지 의미를 안다.	생활 속에서 사용되는 수의 여러 가지 의미를 안다.	생활 속에서 사용되는 수의 여러 가지 의미를 안다.	다양성
		구체물 수량의 많고 적음을 비교한다.	구체물 수량에서 '같다', '더 많다', '더 적다'의 관계를 안다.	구체물 수량의 부분과 전체 관계를 알아본다.	수량의 부분과 전체관계를 안다.	정체성

내용범주	내용	누리과정			다문화교육 내용	다문화교육 요소
		3세	4세	5세		
수학적 탐구하기	수와 연산의 기초개념 알아보기	다섯 개가량의 구체물을 세어 보고 수량에 관심을 갖는다.	열 개가량의 구체물을 세어보고 수량을 알아본다.	스무 개가량의 구체물을 세어 보고 수량을 알아본다.	구체물을 세어 보고 수량을 다양하게 세어본다.	다양성
				구체물을 가지고 더하고 빼는 경험을 해본다.	구체물을 가지고 더하고 빼는 경험을 해본다.	정체성
	공간과 도형의 기초개념 알아보기	나를 중심으로 앞, 뒤, 옆, 위, 아래를 알아본다.	위치와 방향을 여러 가지 방법으로 나타내 본다.	위치와 방향을 여러 가지 방법으로 나타내 본다.	위치와 방향을 여러 가지 방법으로 나타내 본다.	다양성
				여러 방향에서 물체를 보고 그 차이점을 비교해 본다.	여러 방향에서 물체를 보고 그 차이점을 비교해 본다.	편견
		물체의 모양에 관심을 갖는다.	기본 도형의 특성을 인식한다.	기본 도형의 공통점과 차이점을 알아본다.	다양한 기본 도형의 공통점과 차이점을 인식한다.	편견
			기본 도형을 사용하여 여러 가지 모양을 구성해 본다.	기본 도형을 사용하여 여러 가지 모양을 구성해 본다.	기본 도형을 사용하여 여러 가지 모양을 구성해 본다.	다양성
	기초적인 측정하기	두 물체의 길이, 크기를 비교해 본다.	일상생활에서 길이, 크기, 무게 등을 비교해 본다.	일상생활에서 길이, 크기, 무게, 등의 속성을 비교하고 순서를 지어 본다.	일상생활에서 길이, 크기, 무게, 등의 속성을 비교하고 순서를 지어 본다.	편견
				임의 측정단위를 사용하여 길이, 면적, 무게 등을 재 본다.	다양한 측정단위로 길이, 면적, 무게 등을 재 본다.	다양성
	규칙성 이해하기	생활 주변에서 반복되는 규칙성에 관심을 갖는다.	생활 주변에서 반복되는 규칙성을 알아본다.	생활 주변에서 반복되는 규칙성을 알고 다음에 올 것을 예측해 본다.	생활 주변에서 반복되는 규칙성을 알고 다음에 올 것을 예측해 본다.	문화

내용범주	내용	누리과정			다문화교육 내용	다문화교육 요소
		3세	4세	5세		
수학적 탐구하기	규칙싱 이해하기		반복되는 규칙성을 인식하고 모방한다.	스스로 규칙성을 만들어 본다.	스스로 규칙성을 반들어 본다.	징체성
	기초적인 자료 수집과 결과 나타내기		필요한 정보나 자료를 수집한다.	필요한 정보나 자료를 수집한다.	필요한 정보나 자료를 수집한다.	문화
		같은것끼리 짝을 짓는다.	한 가지 기준으로 자료를 분류해 본다.	한 가지 기준으로 분류한 자료를 다른 기준으로 재분류해 본다.	한 가지 기준으로 분류한 자료를 다른 기준으로 재분류해 본다.	정체성
				그림, 사진, 기호나 숫자를 사용해 그래프로 나타내어 본다.	그림, 사진, 기호나 숫자를 사용해 그래프로 나타내어 본다.	다양성
과학적 탐구하기	물체와 물질 알아보기	친숙한 물체와 물질의 특성에 관심을 갖는다.	친숙한 물체와 물질의 특성을 알아본다.	주변의 여러 가지 물체와 물질의 기본 특성을 알아본다.	주변의 여러 가지 물체와 물질의 기본 특성을 알아본다.	정체성
			물체와 물질을 여러 가지 방법으로 변화시켜 본다.	물체와 물질을 여러 가지 방법으로 변화시켜 본다.	물체와 물질을 여러 가지 방법으로 변화시켜 본다.	다양성
	생명체와 자연환경 알아보기	나의 출생과 성장에 대해 관심을 갖는다.	나의 출생과 성장에 대해 관심을 갖는다.	나와 다른 사람의 출생과 성장에 대해 알아본다.	관심 있는 동식물의 특성과 성장 과정을 알아본다.	정체성
		주변의 동식물에 관심을 가진다.	관심 있는 동식물의 특성을 알아본다.	관심 있는 동식물의 특성과 성장과정을 알아본다.	나와 다른 사람의 출생과 성장에 대해 알아본다.	편견
		생명체를 소중히 여기는 마음을 갖는다.	생명체를 소중히 여기는 마음을 갖는다.	생명체를 소중히 여기는 마음을 갖는다.	생명체의 소중함을 알고 생명체가 살아가기에 좋은 환경에 대해 알아본다.	문화

내용범주	내용	누리과정			다문화교육 내용	다문화교육 요소
		3세	4세	5세		
과학적 탐구하기	생명체와 자연 환경 알아보기		생명체가 살기 좋은 환경에 대해서 관심을 갖는다.	생명체가 살기 좋은 환경과 녹색환경에 대해서 알아본다.	생명체의 소중함을 알고 생명체가 살아가기에 좋은 환경에 대해 알아본다.	문화
	자연현상 알아보기	돌, 물, 흙 등 자연물에 관심을 갖는다.	돌, 물, 흙 등 자연물의 특성과 변화를 알아본다.	돌, 물, 흙 등 자연물의 특성과 변화를 알아본다.	돌, 물, 흙 등 자연물의 특성과 변화를 알아본다.	다양성
				낮과 밤, 계절의 변화와 규칙성을 알아본다.	낮과 밤, 계절의 변화와 규칙성을 알아본다.	정체성
		날씨에 관심을 갖는다.	날씨와 기후 변화에 관심을 갖는다.	날씨와 기후변화 등 자연현상에 대해 관심을 갖는다.	다양한 기후와 자연현상에 대해 관심을 갖는다.	다양성
	간단한 도구와 기계 활용하기	생활 속에서 간단한 도구와 기계에 관심을 갖는다.	생활 속에서 간단한 도구와 기계를 활용한다.	생활 속에서 간단한 도구와 기계를 활용한다.	생활 속에서 간단한 도구와 기계를 활용한다.	문화
		도구와 기계의 편리함에 관심을 갖는다.	도구와 기계의 편리함에 관심을 갖는다.	변화하는 새로운 도구와 기계에 관심을 갖고 장단점을 안다.	다양한 도구와 기계에 관심을 가진다.	다양성
					물건을 올바르게 사용한다.	문화

(1) 구성

자연탐구 영역은 유아가 자신을 둘러싸고 있는 주변 세계에 대해 호기심을 가지고 궁금한 것을 해소하기 위해 탐구하며, 일상생활에서 부딪치는 현상이나 문제해결을 통해 수학적·과학적으로 생각하는 기초능력과 태도를 기르기 위한 영역이다. 유아기는 무언가 의문을 가지고 관찰하고 실험하면서 새로운 것을 알아가는 탐구활동은 유아가 세상을 이해하는 방법이 된다.

자연탐구 영역에서는 다양한 실물자료와 자연체험의 기회를 유아에게 풍부하게 제공하여 교사의 개입없이 이루어지는 자발적 학습, 우연히 발생하는 학습 기회를 포착하여 가르치는 비형식적 학습, 그리고 교사가 계획하고 의도한 형식적 학습이 모두 원활히 이루어질 수 있도록 한다.

특히 다양한 사물을 관찰하고 동식물과 간단한 도구 및 기계 등에 대해 호기심을 가지고 지속적으로 탐구하는 태도를 기르며, 이에 대한 기초 지식을 얻으며 탐구하는 능력을 기르는 것이다. 우리 생활 주변에서 흔히 볼 수 있는 자료 중에서 직접 만져보고 관찰하고 실험하여 볼 수 있는 자료를 충분히 준비해 주어야 한다. 또한 여러 가지 물건들을 조작해 봄으로써 눈과 손의 협응력, 기초적 수 개념, 도형 및 공간개념, 측정, 패턴, 자료수집 및 분류 등의 경험을 하는 공간이다. 이 영역에서는 유아가 소근육을 이용하여 조작, 구성, 게임, 수 세기, 측정하기 등의 정적인 놀이를 주로 하므로 유아들의 왕래가 많지 않은 조용한 장소에 비치하는 것이 효과적이다.

(2) 놀잇감 및 자료

- 그림 맞추기류 : 그림 퍼즐, 도형 퍼즐 등
- 일상생활 활동을 위한 자료 : 지퍼 올리기, 단추 끼우기, 나사 맞추기, 여러 가지 곡식 옮기기, 구슬 꿰기, 바늘, 바느질용 종이, 실, 헝겊 등
- 구성놀이 자료 : 여러 가지 블록 등
- 수 놀이 자료들 : 여러 나라의 숫자카드 짝짓기, 수 세기, 분류, 비교, 모양 알기, 부분과 전체 서열 개념을 위한 자료들
- 측정을 위한 자료 : 다양한 단위의 자, 저울(눈금, 저울, 천칭 등), 시계, 계량컵, 계량스푼, 모래시계, 해시계, 달력, 날씨판 등
- 게임 자료들 : 게임판과 주사위, 카드, 윷놀이 자료 등

- 동식물 기르기에 필요한 기구들 : 씨앗, 구근, 모종, 물고기, 어항 등
- 여러 가지 표본들 : 조개껍데기, 나뭇잎, 흙, 돌, 곡식, 씨앗, 견과류 등
- 고장난 기계류 : 전화기, 계산기, 라디오, 믹서 등
- 기타 : 자석
- 요리용 도구 : 그릇류, 계량스푼, 계량컵, 레시피 등
- 과학도서 : 동식물에 관한 책, 물, 바람, 흙, 도구 등에 관한 책
- 관찰하고 조사한 것을 그리거나 쓸 수 있는 기록 용지와 쓰기도구

(3) 유의점

- 유아를 주의 깊게 관찰하고 유아의 말에 귀를 기울여 유아가 관심을 찾는 사물이나 현상을 탐구할 수 있도록 한다.
- 수가 사용되는 다양한 상황을 경험함으로써 직관적으로 수의 여러 가지 의미, 즉 수량을 나타내는 집합 수, 순서를 나타내는 순서 수, 명칭으로 사용되는 이름 수를 이해하도록 한다.
- 시계, 다양한 단위의 자, 저울 등 표준단위 측정을 위한 도구를 제공한다.
- 여러 나라의 수를 나타내는 단위를 알고 수 막대, 수 카드 등을 활용한다.
- 조금 복잡한 규칙이 있는 게임을 제공한다.
- 도형, 패턴의 기초활동으로 칠교놀이, 고무줄 도형 등을 제공한다.
- 자료를 모아 분류하거나 순서 짓기를 하여 기록할 수 있는 경험을 한다.
- 유아가 물체의 움직임이나 물질의 크기, 모양, 책 등의 특성에 관심을 가질 수 있도록 적절한 환경을 구성한다.
- 교사는 유아가 실내·외 환경에서 다양한 물체와 물질을 경험할 수 있도록 환경을 미리 계획하여 구성해 준다.
- 스스로 탐색과 실험을 할 수 있도록 활동카드를 제공한다.
- 실험의 결과를 예측해 보고 실험결과를 비교해 볼 수 있는 기록지를 비치한다.

• 과학적 탐색을 자극하는 책, 도감, 화보, 신문지, 슬라이드, 녹음기, 비디오 등을 적극 활용한다.
• 동·식물 기르기 활동을 제공하고 유아들로 하여금 성장과정이나 변화를 그림이나 글로 나타낼 수 있도록 관찰기록 용지와 쓰기 도구 등을 준비한다.

4. 다문화교육의 편성과 운영

1) 편성

누리과정의 운영기준을 그대로 유지하면서 유연하고 탄력적으로 다문화교육을 운영하는 것을 편성의 원칙으로 하였다.

첫째, 기존 교육프로그램으로 누리과정과 연계 및 심화, 확장할 수 있도록 편성하였다.

둘째, 다양한 활동유형으로 대·소집단, 정적인 동적 활동으로 균형 있게 편성하였다.

셋째, 유아들의 일상생활에서 접할 수 있는 다양한 문화를 반영하고 지역의 특성을 고려하여 자연스럽게 이해할 수 있는 환경을 갖추어 유아들이 체험할 수 있는 활동으로 편성하였다.

넷째, 누리과정의 주제를 중심으로 다문화교육의 내용(문화, 협력, 평등, 다양성, 정체성, 편견)을 반영하여 편성하였다.

다섯째, 누리과정의 5개 영역의 내용을 연계하여 시기와 상황, 필요에 따라 통합적으로 편성하였다.

여섯째, 연령별 발달 수준, 지식, 경험, 문화의 차이를 고려하여 융통성 있게 편성한다.

일곱째, 편견이 나타날 수 있는 편견의 영역(능력, 종교, 신체, 가족, 외모, 인종, 연령, 성, 계층, 문화)을 살펴본 후 편견이 없도록 편성하였다.

2) 운영

유아가 다양한 문화에 대해 이해하고 문화의 차이를 존중하고, 다양한 문화의 사람들과 더불어 살아가야 하는 교육을 목적으로 운영에 방향을 제시하였다.

첫째, 누리과정의 토대로 일과 운영이 크게 다르지 않게 일과 속에서 자연스럽게 다양한 문화를 접할 수 있도록 운영하였다.

둘째, 일회성 교육 또는 특화교육이 아니라 연령별, 학급별, 연간, 월간, 주간, 일일 계획안을 중심으로 연속적이고 체계적으로 운영하였다.

셋째, 유아들이 생활하고 있는 공간의 환경 및 교재·교구 등 모든 곳에서 문화의 다양성을 체험할 수 있도록 환경을 갖추어 운영하였다.

넷째, 다문화활동이 특정 영역 안에서 이루어지기보다는 (이야기 나누기, 동화, 신체, 음악, 미술, 게임, 견학 등) 모든 영역에서 이루어질 수 있도록 운영하였다.

다섯째, 부모의 가치관이나 태도 등 자녀들에게 미칠 수 있는 직접적인 영향을 고려하여 부모 출신국을 중심으로 가정 연계 프로그램으로 운영하였다.

여섯째, 지역의 문화적·지리적 환경과 특성을 고려하여 지역사회 연계 활동으로 운영하였다.

3) 교수·학습방법

유아기에 다문화교육의 중요성이 부각됨에 따라 대부분의 유아교육기관에서 다양한 문화에 대한 정보와 지식, 경험을 제공하고 있다. 그러나 실제 현장에서 다문화교육을 실시할 때는 단편적인 지식을 제공하는 것만으로 궁극적인 목적을 달성할 수 없다. 왜냐하면 유아교육기관에서의 다문화교육은 현재 유아들에게 실시하고 있는 교육과정과 연결시키는 것이 바람직하며, 단기간의 일회성 교육보다는 연간계획을 통한 장기적인 관점에서 운영하여 교육과정과 자연스럽게 연결시키는 것이 바람직하다고 본다. 따라서 누리과정에서 제시한 교수·학습에 근거하여 유아 다문화교육은 놀이중심, 생활경험의 중심, 통합의 원리로 개별 유아의 수준과 요구에 따라 프로그램에 반영한 기본 체계는 표 4-6과 같다.

표 4-6 다문화교육의 기본체계

구분		내용
목적		자신과 타인에 대한 존중과 평등, 문화적 다양성에 대한 긍정적인 태도를 길러, 유아 심신의 건강과 조화로운 발달을 도와 민주시민의 기초를 형성하여 더불어 살아가는 것을 목적으로 한다.
목표		•유아 자신의 정체성을 확립하여 긍정적인 자아개념이 형성되도록 한다. •자신과 타인을 존중하고 더불어 생활할 수 있는 능력과 태도를 기른다. •나와 다른 문화에 대해 긍정적인 태도, 인식, 행동을 갖추도록 한다. •다양한 놀이와 사회적 상호작용을 통해 친사회적 행동을 증진시킨다. •주변세계 탐구와 다양한 경험으로 창의적인 능력과 반편견적 태도를 기른다.
교육 방법	주제	•만 5세 연간 생활주제 : 즐거운 우리 원, 봄과 동식물, 소중한 가족, 우리 동네, 신나는 여름, 교통과 안전, 세계 속의 우리나라, 가을과 자연, 지구와 환경, 겨울과 놀이, 기계와 생활, 초등학교에 가요
	활동영역	•누리과정의 5개 영역 : 신체운동·건강 영역, 의사소통 영역, 사회관계 영역, 예술경험 영역, 자연탐구 영역
	활동유형	•대·소집단활동 : 이야기 나누기, 미술, 게임, 동화, 요리, 음악, 견학, 실외 활동 •자유선택활동 : 역할, 쌓기, 수·조작, 과학, 음률, 미술, 언어, 신체 활동
	교수·학습원리	•놀이중심 원리 •생활중심 원리 •개별화의 원리 •집단 역동성의 원리 •탐구학습의 원리 •통합의 원리
	교수·학습단계	•보고 듣고 이해하기 •경험하기 •공감하기 •통합하기
	교사의 역할	•다문화교육을 이해하는 역할 •통합 적용의 역할 •다양한 경험 제공자 역할 •다양한 환경 제공자 역할 •적극적인 상호작용 역할
	환경구성	주제와 관련된 다문화교육 내용 요소(문화, 다양성, 정체성, 평등, 편견, 협력)를 반영한 언어, 수·조작, 미술, 쌓기, 역할, 음률, 과학 영역의 환경 구성
	교육계획	•연간 활동계획안 •월간 활동계획안 •주간 활동계획안 •일일 활동계획안 •활동 계획안
평가	질적	유아의 활동 참여 관찰
	양적	활동과 놀이를 통한 유아의 편견, 자아개념, 친사회적 행동 평가

5. 다문화교육의 계획

1) 연간 교육계획안 *만 5세 누리교육과정 주제 예시

월	주제	소주제	다문화 교육내용
3	즐거운 우리 원	•새로 만난 우리 반 •새로 꾸민 우리 반 •우리 원 탐험 •사이좋은 친구	•내 이름을 소개해요 / 우리는 친구 •역할 영역이 달라졌어요 / 동화책에 글자가 달라요 •우리 원의 여기저기 / 다양한 글자 •예절의 표현이 달라요 / 나랑 달라도 괜찮아
4	봄과 동식물	•봄의 모습 •식물의 봄맞이 •동물들의 봄나들이 •우리들의 봄 이야기	•봄에 피는 꽃 / 봄 카드 모으기 •우리가 만든 텃밭/ 야채 가게 놀이 •동물원 동물들/ 가면 쓰고 어흥 •봄의 왈츠/ 봄나들이
5	소중한 가족	•소중한 나 •나와 우리 가족 •함께하는 가속놀이 •여러 가족의 모습 •사랑하는 우리 가족	•소중한 내 신체 / 나는 이렇게 태어났어요 •엄마 아빠의 결혼 / 우리 가족 소개 •우리 가족 문화 공모전 / 우리 가족 놀이 •다양한 가족 / 우리 가족은 몇 명일까요? •가족 인성 워크숍 / 엄마가 태어난 곳은?
6	우리 동네	•우리 동네 모습 •우리 동네 기관 1 •우리 동네 기관 2 •다양한 직업 •함께하는 우리 이웃	•국제 시장놀이 / 집 모양이 달라요 •편지가 왔어요 / 고마우신 분들 •나는 특파원 / 기상청 •일하는 곳이 달라요 / 외래어로 불리는 직업 •함께하는 공놀이 / 될 터이다
7	신나는 여름	•여름의 모습 •건강하게 여름나기 •즐거운 물놀이 1 •즐거운 물놀이 2	•태풍과 장마 / 여름철 과일 •맛의 표현이 달라요 / 전통과자 만들기 •여름철 음료 / 다리 건너기 •낚시놀이 / 물에서 하는 운동
8	교통과 안전	•내가 궁금한 교통수단 •편리한 교통시설 •미래의 교통수단 •안전한 교통문화	•최초의 교통기관 / 과거와 현재의 교통기관 •내가 좋아하는 교통기관 / 교통기관 분류하기 •미래의 교통기관 / 특별한 교통기관 •운전석과 스쿨존이 달라요 / 양보해야 해요
9	세계 속의 우리나라	•우리나라의 생활 •여러 나라의 문화유산 •세계 여러 나라 사람들 •세계 여러 나라의 생활 •함께하는 세계	•우리와 달라요 / 전통놀이 •여러 나라의 건축물 / 우리나라와 비슷한 속담 •존경하는 위인들 / 국화 그리기 •까매서 안 더워? / 세계 여행 디오라마 •여러 나라 사람들을 찾아라 / 세계지도 캐치볼

월	주제	소주제	다문화 교육내용
10	가을과 자연	•가을의 변화 •가을 곡식과 열매 •우리들의 가을 이야기 •가을 나무와 숲	•모네의 포플러나무 / 커다란 무 •곡식 마라카스 / 아르침볼도의 '봄, 여름, 가을, 겨울' •할로윈 데이 / 여러 나라의 호박요리 •여러 나라의 추석 풍습 / 세계의 명산
11	지구와 환경	•우리가 사는 지구 •지구의 변화 •고마운 지구 •지구의 보호	•전기 없는 하루 / 쓰레기 산 쓰레가 괴물 •하늘에 뚫린 구멍 / 부글부글 화산이 펑 •지구의 희망나무 / 환경마크 그리기 •환경미화원 놀이 / 인도의 똥 에너지
12	겨울과 놀이	•겨울의 모습 •동식물의 겨울나기 •겨울철 건강과 안전 •이웃과 함께하는 겨울 •새해맞이와 놀이	•겨울옷을 입혀 주어요 / 겨울 풍경 꾸미기 •쿨쿨 겨울잠 자요 / 겨울을 떠나는 철새 •겨울철 놀이 / 겨울철 옷차림 •사랑을 나누어요 / 메리 크리스마스 •만두를 빚어요 / 설날 민속 한마당
1	기계와 생활	•편리한 생활도구 •우리 주변의 기계 •우리는 발명가 •미래의 생활	•양팔저울로 무게 재기 / 아씨방의 일곱 동무 •시계 소리가 달라요 / 마트 놀이 •나는 발명왕 / 거울 자동차 발명 •로봇이 필요해요 / 타임머신이 뭐예요?
2	초등학교에 가요	•궁금한 초등학교 •일학년이 되면 •즐거웠던 우리 원 1 •즐거웠던 우리 원 2	•궁금한 초등학교 / 나와 다른 내 짝꿍 •사전이 필요해요 / 실내화를 신어요 •초등학교와 우리 원 벤다이어그램 / 초등 교과서 •책거리 놀이 / 졸업식

2) 월간 교육계획안

활동 \ 주		1주 소중한 나	2주 나와 우리 가족	3주 함께하는 가족놀이	4주 여러 가족의 모습	5주 사랑하는 우리 가족
자유 선택 활동	쌓기	•여러 블록으로 사람 만들기 •다양한 인종 블럭 놀이	•결혼식장 꾸미기 •내가 만든 우리 집	•집에 필요한 가구 만들기 •내가 가고 싶은 곳 만들기	•가족사진관놀이 •우리 가족이 필요한 물건	•가족 사랑의 길 걷기 행사장 꾸미기 •나들이 가는 길 구성하기
	역할	•내가 좋아하는 음식 만들기 •신체검사 놀이	•엄마 아빠의 결혼 •피로연 음식상 차리기	•손님 맞이하기 •할머니 할아버지와 함께 살아요	•여러 모습의 가족놀이	•동화 속 가족 되어 보기 •가족의 날 역할 놀이
	미술	•내가 만든 악기 •친구와 함께 내 몸 그리기	•청첩장 만들기 •결혼식 포토존 만들기	•가족 사랑 쿠폰 만들기 •우리 가족문화 공모전	•사진관 배경 협동하여 그리기 •여러 가족의 모습 콜라주	•우리가족 문패 만들기 •가족의 날 필요한 소품 만들기
	언어	•소리 책 만들기 •손인형으로 말하기	•누가 사용하는 물건일까? •가족에게 감사 카드 쓰기	•가족 이름 나무 만들기 •부분 보고 전체 알아 맞히기	•다양한 가족 •여러 가족의 모습 수수께끼	•서로 돕는 우리 가족 •단어 카드로 가족 이야기 만들기
	수, 조작 과학	•〈조작〉소중한 내 신체 •〈과학〉나는 이렇게 태어났어요	•〈조작〉가족도 퍼즐 •〈수〉결혼식 물건 세어 보기	•〈수〉행복한 우리집 도착 게임 •〈과학〉가족과 함께 살고 싶은 집 설계하기	•〈수〉우리 가족은 몇 명일까요? •〈과학〉숟가락에 비친 내 모습 관찰하기	•〈수〉우리 가족 숫자 책 •〈과학〉 우리 엄마가 태어난 곳은?
	음률	•내 몸에서 나는 소리 •할머니의 자장가와 이상한 나무	•나처럼 해봐요 •결혼행진곡 감상	•다함께 손등 댄스 •즐거운 나의 집 감상하기	•'우리 아기 잠든 새' 가곡 감상 및 신체 표현	•악보 보고 우리 집 연주하기
실외활동		•균형 잡기 •모양 만들어 걷기	•부모님 얼굴 그리기 •가마 타기	•주방악기 난타 •종이 쇼핑백 연 날리기	•두껍아 두껍아 •우리집에 왜 왔니?	•가족인성워크숍 •누가 누가 멀리 뛸까요?

활동 \ 주		1주	2주	3주	4주	5주
		소중한 나	나와 우리 가족	함께하는 가족놀이	여러 가족의 모습	사랑하는 우리 가족
대·소집단 활동	이야기 나누기	• 내 물건 소개하기 • 어린이 날	• 우리 가족 소개 • 옛날과 오늘날의 결혼식	• 가족과 함께하는 놀이 책 소개 • 우리 가족 신문	• 여러 가족의 모습 • 가족을 위한 요리 계획하기	• 우리 가족을 위해 내가 할 수 있는 일 • 가족의 날을 준비해요
	문학	• 〈동극〉삐약삐약 우리 엄마세요?	• 〈동시〉엄마는 대번 아세요	• 〈동시〉나 혼자 집을 보면	• 〈동화〉예슬이 엄마 이름은 구티엔	• 〈동시〉즐거운 우리집 • 〈동화〉돼지 책
	음악	• 소중한 나	• 참 좋은 말	• 옛날 이야기	• 여러 모습의 가족 노래 만들기	• 아빠는 엄마를 좋아해
	신체	• 신체 마주대기	• 선물 배달하기	• 우리 가족 놀이	• 가족과 함께 구르기	• 사랑하는 마음 몸으로 표현하기
기본생활습관		• 화장실 사용 잘하기	• 양치 후 칫솔 깨끗이 닦기	• 낯선 사람 따라가지 않기	• 혼자서 등원하지 않기	• 일찍 자고 일찍 일어나기
다문화교육		• 자기 신체에 대해 긍정적으로 인식하기	• 긍정적인 자아정체감 형성하기	• 가족의 다양성 인식하기	• 가족의 소중함 알기	• 가족 역할에 대한 편견 갖지 않기

3) 주간 교육계획안

•주제 : 소중한 가족

•소주제 : 소중한 나

기간 : 5월 1주

<table>
<tr><th colspan="2">요일
활동</th><th>월</th><th>화</th><th>수</th><th>목</th><th>금</th></tr>
<tr><td colspan="2">등원 및 맞이하기</td><td colspan="5">입고 온 옷차림에 대해 이야기 나누기</td></tr>
<tr><td rowspan="7">오전
실내
자유
선택활동</td><td>쌓기</td><td colspan="2">여러 블록으로 사람 만들기</td><td colspan="3">다양한 인종 블록 놀이</td></tr>
<tr><td>역할</td><td colspan="3">내가 좋아하는 음식 만들기</td><td colspan="2">신체검사놀이</td></tr>
<tr><td>미술</td><td colspan="3">내가 만든 악기</td><td colspan="2">친구와 함께 내 몸 그리기</td></tr>
<tr><td>언어</td><td colspan="2">소리 책 만들기</td><td colspan="3">손 인형으로 말하기</td></tr>
<tr><td>수·조작
과학</td><td colspan="5">〈조작〉 소중한 내 신체
〈과학〉 나는 이렇게 태어났어요</td></tr>
<tr><td>음률</td><td colspan="2">내 몸에서 나는 소리</td><td colspan="3">할머니의 자장가와 이상한 나무</td></tr>
<tr><td colspan="2">정리정돈 및 전이활동</td><td colspan="5">〈성리성돈〉 '그대로 멈춰라' 노래에 맞추어 정리정돈하기
〈전이활동〉 가족 이름 말해 보기</td></tr>
<tr><td colspan="2">대·소집단활동</td><td>〈이야기 나누기〉
내 물건
소개하기</td><td>〈동극〉
삐약 삐약
우리 엄마세요?</td><td>〈이야기 나누기〉
어린이날</td><td>〈음악〉
소중한 나</td><td>〈신체〉
신체 마주대기</td></tr>
<tr><td colspan="2">실외활동</td><td colspan="5">균형잡기, 보양 만들어 걷기</td></tr>
<tr><td colspan="2">점심 및 낮잠</td><td colspan="5">슈베르트의 자장가 들어 보기</td></tr>
<tr><td colspan="2">기본생활습관</td><td colspan="5">화장실 사용 잘하기</td></tr>
<tr><td colspan="2">다문화 교육</td><td colspan="5">자기 신체에 대해서 긍정적으로 인식하기</td></tr>
<tr><td colspan="2">귀가 및 가정과의
연계</td><td colspan="5">내가 어렸을 때 사용하던 물건 가져오기</td></tr>
</table>

4) 일일 교육계획안

• 생활주제 : 소중한 가족

• 소주제 : 소중한 나

• 목표 : 내가 태어난 과정을 알아보고 내 신체에 대해 긍정적인 마음을 갖는다.

2015년 5월 4일 날씨 : 맑음·흐림·비·눈

하루 일과	활동내용(계획 및 실행)		준비물	다문화관련 요소
7:30~9:00 등원 및 맞이하기	• 선생님과 친구에게 인사 나눈다. • 유아의 수에서 건강상태, 투약의뢰서 유무를 확인한다.		출석카드 투약의뢰서	평등
9:00~9:20 정리정돈 및 오전 간식	〈오전 간식〉–식단표 참조 • 놀잇감을 제자리에 정리한다. • 손을 씻은 후 감사인사 후 간식을 먹은 후 정리한다.		간식	협력
9:20~10:20 실내 자유선택활동	역할	• 내가 좋아하는 음식 만들기 : 역할 영역에 있는 여러 가지 조리 도구와 채소·과일류로 좋아하는 음식을 만들어 본다.	조리도구 음식세트	문화
	쌓기	• 여러 블록으로 사람 만들기 : 스펀지 블록이나 고무 블록으로 사람을 만들어 본다.	다양한 블럭	다양성
	미술	• 내가 만든 악기 : 미술 영역에 있는 여러 가지 재료를 이용하여 여러 가지 악기를 만들어 본다.	1회용품, 풀, 가위	문화
	언어	• 소리 책 만들기 : 언어 영역에 있는 여러 가지 책을 만들어 본다.	활동지, 풀, 가위	다양성
	수 조작 과학	〈조작〉 소중한 내 신체 : 신체 명칭을 이야기 나눈 후 각 나라의 명칭에 맞는 글자를 붙여 본다. 〈과학〉 나는 이렇게 태어났어요 : 내가 태어난 과정을 임산부 인형으로 알아본다.	신체 그림 자료, 악보, 카세트, 나라별 전통의상 그래프	정체성 다양성
	음률	• 내 몸에서 나는 소리 : 내 몸에서 나는 소리는 어떤 것이 있나 알아본다.	몸 카드 악기	정체성
10:20~10:50 전이활동 및 대·소집단활동	〈전이활동〉 손가락 체조 : 함께 정리하기 〈이야기 나누기〉 다양한 가족이 있어요 : 가족의 종류에 대해서 이야기 나누고 가족 소개를 해본다.		가족 그림 카드	다양성 정체성
10:50~11:50 실외활동	• 산책하기–우리 어린이집 주변을 산책해 본다.			문화

하루 일과	활동내용(계획 및 실행)	준비물	다문화관련 요소
11:50~12:00 정리정돈 및 화장실 다녀오기	•친구와 함께 정리정돈을 한다. •깨끗이 손을 씻는다.	간식	문화
12:00~13:00 점심식사/이닦기	•입 안의 음식을 삼킨 후에 이야기하기 –깨끗이 손을 씻은 후 감사인사하고 식사한다. –식사한 자리를 정리하고 이를 깨끗이 닦는다.	식판, 칫솔, 치약	문화
13:00~14:30 휴식 및 낮잠	•요한 스트라우스의 '아름답고 푸른 도나우강' –요한 스트라우스의 '아름답고 푸른 도나우강'을 들으면서 휴식을 취하거나 낮잠을 잔다.	이불, 베개, 자장가 CD	다양성 문화
14:30~15:00 낮잠정리 및 오후 간식	•이불을 정리한 후 화장실에서 손을 씻는다. •바른 자세로 감사인사 후 간식을 먹고 스스로 정리한다.		문화 다양성
15:00~15:30 실외활동	〈실외활동〉 어린이집 주변 산책하기		다양성
15:30~17:30 오후 자유선택활동	•개별적 혹은 소집단으로 오전 자유놀이를 연계해서 활동한다. •놀이 후 스스로 놀잇감을 제자리에 정리한다.	자유선택활동 자료	협력
17:30~19:30 귀가지도 및 통합보육	•오늘 일과를 회상하고 하루의 기분을 이야기 나눈다. •교사, 또래와 인사를 나누고 자신의 소지품을 챙겨 귀가한다.	소지품	협력

5) 활동교육계획안

5월 소중한 가족	1주 소중한 나
자유선택활동	조작

소중한 내 신체

목표	•신체의 다양한 명칭를 안다. •신체 명칭을 다양하게 부를 수 있음을 안다.
누리과정 관련요소	•자연탐구>과학적 탐구하기>자연현상 알아보기>날씨와 기후 변화 등 자연현상에 대해 관심을 갖는다. •예술경험>예술적 표현하기>움직임과 춤으로 표현하기>신체를 이용하여 주변의 움직임을 다양하게 표현한다.

가. 활동 자료 : 신체 그림 자료, 악보, 카세트, CD, 나라별 전통의상 그림자료, 신체명칭 글자 자료

나. 활동 방법

1. 소중한 나의 신체에 대해서 이야기 나눈다.
   - 내 신체 중 가장 맘에 드는 곳은 어디일까요?
   - 왜 마음에 들까요?
   - 또 어디가 마음에 들어요?
2. 사람의 신체 그림 자료를 보며 이야기 나눈다.
   - 사람의 신체는 어떻게 생겼을까요?
   - 사람의 신체 명칭을 말해 볼 수 있을까요?
3. 사람의 신체 명칭을 어떻게 말하는지 이야기 나눈다.
   - 여기는 무엇이라고 부를까요?
   - (다른 곳을 가리키며) 또 여기는 무엇이라 부를까요?
   - 다르게 부를 수도 있을까요?
   - 어떻게 부를 수 있을까요?

4. ○○엄마(아빠) 나라에서는 신체 명칭을 어떻게 부르는지 이야기 나눈다.

- ○○엄마(아빠) 나라에서는 머리를 무엇이라고 부를까요?
- ○○엄마(아빠) 나라에서는 손을 무엇이라고 부를까요?

5. 신체의 소중함을 이야기 나눈 후 각 나라의 명칭에 맞는 글자를 붙여 본다.

다. 활동의 유의점

- 신체 명칭을 부르는 말이 다양함을 인식하도록 한다.
- 신체 명칭을 부르는 말이 다양해서 좋은 점도 있다는 것을 안다.

라. 확장 활동

- 예쁜 내 얼굴 표정을 만들어 본다.
- '머리 어깨 무릎 발' 노래를 불러 본다.
- 다른 나라 말로 신체 명칭을 바꾸어 불러 본다.

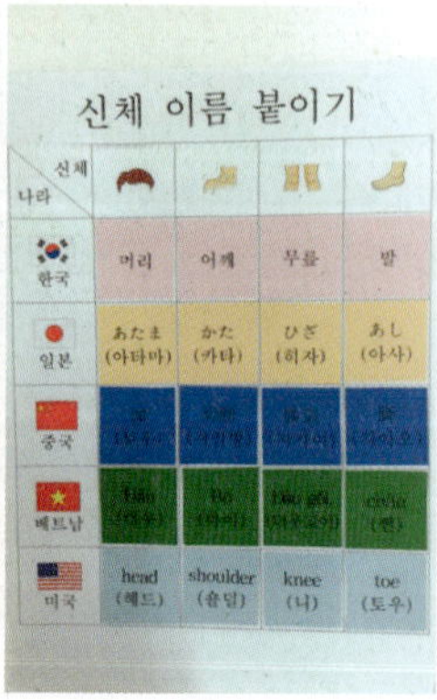

PART II

누리과정과 연계된 다문화교육 프로그램

(※ 만 5세 주제와 연계된 활동)

3월 즐거운 우리 원 | 4월 봄과 동식물 | 5월 소중한 가족
6월 우리 동네 | 7월 신나는 여름 | 8월 교통과 안전
9월 세계 속의 우리나라 | 10월 가을과 자연 | 11월 지구와 환경
12월 겨울과 놀이 | 1월 기계와 생활 | 2월 초등학교에 가요

3월 즐거운 우리 원

실시기간 : 3월(총 4주)

3월이 되면 새로운 반에서 새로운 친구와 교사를 만나 다시 일 년의 생활을 시작한다.

학급 내 원아 중에는 재원생과 신입생이 모두 있을 수 있으며, 원 경험이 오래된 유아와 처음인 유아가 있을 수 있다. 따라서 개별 원아의 경험을 고려하여 모든 유아가 새로운 학급에 적응하고 원 생활에 친숙해지도록 하여 앞으로의 원 생활에 대하여 긍정적인 기대를 갖도록 하는 것이 필요하다.

'즐거운 우리 원'은 만 5세아 누리 주제로 새로 만난 교사와 친구, 새로운 우리 원 적응에 필요한 지식, 기술, 태도를 갖출 수 있도록 한다. 특히 자신이 속한 학급뿐만 아니라 원의 여러 구성원과 공간, 그리고 원 주변까지 다양한 방법으로 탐색함으로써 원 전반에 대하여 파악하고 궁극적으로 공동체 생활을 잘할 수 있는 태도와 소양을 갖추도록 한다.

주제를 진행할 때는 새로 만난 사람과 새로 접한 환경을 두려움이나 낯설음보다는 즐거운 마음과 호기심으로 대면할 수 있도록 하며, 유아가 직접 공동생활에 필요한 예절과 약속, 규칙 등을 정함으로써 질서 있고, 책임 있는 원 생활을 할 수 있도록 돕는다. 특히 함께 생활하는 사람과 환경을 알아가고 배려하는 과정에서 능동적인 역할을 하도록 지원하여 공동체 안에서 소속감을 느끼고 자신의 역할에 대하여 긍정적으로 생각하는 기회를 제공한다.

주	누리 소주제	다문화활동	활동유형	다문화활동 내용
1	새로 만난 우리 반	•내 이름을 소개해요 •우리는 친구	•이야기 나누기 •동시	이름을 부르는 방법과 모습이 달라도 친구가 될 수 있음을 안다.
2	새로 꾸민 우리 반	•역할 영역이 달라졌어요 •동화책에 글자가 달라요	•역할 •언어	옷의 모양과 사용하는 글자는 다르지만 그 역할이 같음을 안다.
3	어린이집 탐험	•우리 원의 여기저기 •다양한 글자가 있어요	•미술 •과학	환경에 대한 관심을 가지고 환경은 다양하게 바뀔 수 있음을 안다.
4	사이좋은 친구	•예절의 표현이 달라요 •나랑 달라도 괜찮아	•이야기 나누기 •동화	친구 간에 지켜야 할 예절과 표현하는 방법도 다양함을 이해한다.

다문화교육의 강조점

★ 다양성 사람마다 이름이 다양하게 있음을 안다.
옷의 모양과 종류도 다양함을 안다.

★ 편 견 외모가 다를 수 있음을 안다.
몸이 불편한 사람이 있음을 안다.

★ 문 화 다양한 환경에 관심을 가진다.
다른 나라의 언어와 예절에 대해서 이해한다.

★ 평 등 모든 사람은 평등하다는 긍정적인 태도와 행동을 갖는다.
사람마다 가지는 능력은 달라도 모두 평등하다는 것을 안다.

★ 협 력 친구 간에 예절을 지키며 사이좋게 지낸다.
친구끼리 서로 돕는다.

★ 정체성 사람마다 고유한 이름이 있음을 안다.
나라마다 고유한 글자가 있음을 안다.

내 이름을 소개해요

3월 즐거운 우리 원	1주 새로 만난 우리 반
대·소집단활동	이야기 나누기

목표	•사람마다 고유한 이름이 있음을 안다. •이름에 담긴 뜻이 다양함을 안다.
누리과정 관련요소	•의사소통 > 말하기 > 상황에 맞게 바른 태도로 말하기 > 때와 장소 대상에 알맞게 말한다. •사회관계 > 나를 알고 존중하기 > 나를 알고 소중히 여기기 > 나에 대해 긍정적으로 생각하고 나를 소중히 여긴다.

활동 자료

유아들이 조사해 온 이름 활동지

활동 방법

1. 우리 반 친구들의 이름에 대해서 이야기 나눈다.
   - 이름이 비슷한 친구들이 있나요?
   - 어떤 성들이 있나요?
   - 성이 같은 친구들도 있나요?
2. 이름을 지어 준 사람에 대해서 이야기 나눈다.
   - ○○이는 이름을 누가 지어 주었나요? (엄마, 아빠, 외할머니, 할아버지…)
   - 왜 이런 이름을 지어 주셨을까요?
   - 어떤 뜻이 있을까요?
3. 친구들 앞에서 자기 이름을 소개하는 시간을 갖는다.
   - 누가 먼저 이름을 소개할까요?
   - ○○이는 이름에 어떤 뜻이 있나요? (예 : 내 이름은 고준성이야, 높을고, 빛날준, 이룰성)
     높은 곳에서 밝게 비추는 사람이 되라는 뜻으로 할아버지가 지어 주셨어요.
4. 다양한 이름에 대해서 이야기 나눈다.
   - 친구들 이름은 몇 자인가요? (2자, 3자, 4자, 5자)
   - 성은 몇 자 인가요?
5. 이름과 성이 다양함을 알고 이름의 뜻을 알아본다.

활동의 유의점

- 이름에 담긴 뜻을 알아보고 자기 이름의 소중함을 알도록 한다.
- 이름이 가지고 있는 글자 수는 다르지만 사람의 고유한 의미를 나타내는 것임을 인식하여 지도하도록 한다.

확장 활동

- 내 이름표 만들기 활동을 해본다.
- 나와 친구 이름 족자를 만들어 본다.
- 친구 이름을 다양하게 불러 본다.

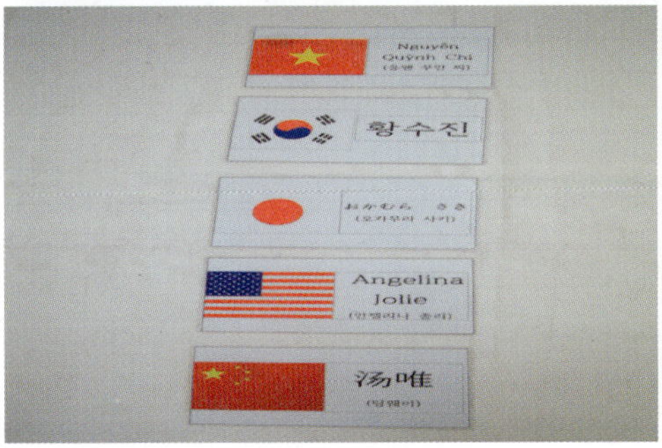

3월

즐거운 우리 원

우리는 친구

3월 즐거운 우리 원	1주 새로 만난 우리 반
대·소집단활동	동시

목표	•나와 다른 모습의 친구가 있음을 이해한다. •모습은 달라도 친구가 될 수 있음을 안다.
누리과정 관련요소	•사회관계 > 다른 사람과 더불어 생활하기 > 공동체에서 화목하게 지내기 > 교사 및 주변 사람과 화목하게 지낸다. •의사소통 > 듣기 > 동요, 동시, 동화 듣고 이해하기 > 동요, 동시, 동화를 다양한 방법으로 듣고 즐긴다.

활동 자료

'우리는 친구' 동시 자료, 다양한 인종의 인물사진 자료

활동 방법

1. 여러 나라 사람들의 피부색에 대해서 이야기 나눈다.
   - 친구들의 피부색은 어떨까요?
   - 다른 친구의 피부색은 어떤가요?
2. 피부색에 따라 인종이 다름을 이야기 나눈다.
   - 하얀 피부를 가진 인종을 무엇이라고 부를까요?
   - 아주 까만 피부를 가진 인종을 무엇이라고 부를까요?
   - 선생님처럼 이런 피부를 가진 인종을 무엇이라고 부를까요?
   - 피부색이 왜 다를까요?
3. 여러 인종에 대해서 이야기 나눈 후 동시를 읽어본다.

우리는 친구

배를 타고 여행을 떠나자
까만 피부의 케냐아이,
하얀 피부의 미국아이,
갈색피부의 일본아이도 모두모두 만나자.
피부색은 달라도 우린 모두 친구야

4. 동시 내용과 느낌에 대해 이야기를 나눈다.
   - 동시를 읽으면서 어떤 생각이 들었나요?
   - 피부색이 달라도 친구가 될 수 있을까요?

- 어떤 친구와 친구가 되고 싶어요?
- 어디를 가면 그 친구를 만날 수 있을까요?

5. 만나고 싶은 친구를 이야기하고, 서로 나누어서 동시를 읽어 본다.

활동의 유의점

• 피부색이 달라도 모두 친구라는 것을 인식하도록 한다.
• 유아들이 피부색에 대한 편견을 갖지 않도록 지도한다.

확장 활동

• 세계 친구들의 다양한 의상을 그려 본다.
• 종이접기로 친구얼굴을 구성해 본다.
• 친구 얼굴을 콜라주한다.
• 세계의 친구들이 사는 곳을 알아본다.

역할 영역이 달라졌어요

3월 즐거운 우리 원	2주 새로 꾸민 우리 반
자유선택활동	역할

목표	•다양한 옷이 있음을 안다. •색깔과 모양은 다르지만 옷의 역할은 같음을 이해한다.
누리과정 관련요소	•의사소통>말하기>느낌, 생각, 경험 말하기>자신의 느낌, 생각, 경험을 적절한 낱말과 문장으로 말한다. •사회관계>다른 사람과 더불어 생활하기>친구와 사이좋게 지내기>친구와 협동하여 놀이한다.

활동 자료

여러 나라의 의상 및 장신구, 세계지도

활동 방법

1. 우리 반 영역에 대해서 이야기 나눈다.
   - 어떤 영역들이 있나요?
   - 어떤 놀이를 하고 싶나요?
   - 왜 그 놀이를 하고 싶나요?
   - 누구랑 하고 싶나요?
2. 달라진 영역에 대해서 이야기 나눈다.
   - 어떤 영역이 달라졌나요?
   - 역할 영역이 어떻게 달라졌나요?
   - 역할 영역에 무엇이 새로워졌나요?
3. 새롭게 만든 역할 영역에 대해서 이야기 나눈다.
   - 어떤 것이 새롭게 준비되었나요?
   - 어디에서 보았나요?
   - 무엇이 제일 새로운가요?
4. 여러 나라의 전통의상과 생활소품에 대해서 이야기 나눈다.
   - 이것은 어느 나라 의상과 소품일까요?
   - 혹시 이런 의상을 본 적이 있나요?
   - 어디에서 보았나요?
   - 우리가 입는 옷과 어떤 점이 같을(다를)까요?

5. 여러 나라 전통의상을 입어 본다.

- 이 옷을 입어 보니 어떤 느낌이 드나요?
- 또 어느 나라 옷을 입어 보고 싶어요?
- 어느 나라 옷이 제일 맘에 드나요?
- 왜 맘에 드나요?

6. 각 나라 옷과 소품을 가지고 역할놀이를 해본다.

활동의 유의점

- 나라마다 문화적 차이에 따라 옷의 특성이 다름을 인식하도록 한다.
- 나라를 대표하는 전통의상에 그 나라 사람들의 생활모습이 담겨 있음을 인식하도록 한다.

확장 자료

- 여러 전통의상을 입고 패션쇼를 해본다.
- 여러 나라의 의상을 입고 노래를 불러 본다.
- 포토존 놀이를 해본다.

동화책에 글자가 달라요

3월 즐거운 우리 원	2주 새로 꾸민 우리 반
자유선택활동	언어

목표	•나라마다 사용하는 글자가 다름을 안다. •표현하는 글자는 달라도 글의 내용은 같음을 이해한다.
누리과정 관련요소	•의사소통 > 읽기 > 읽기에 흥미 가지기 > 주변에 다양한 글자에 관심을 가지고 읽어 본다. •의사소통 > 말하기 > 느낌, 생각, 경험 말하기 > 주제를 정하여 함께 이야기를 나눈다.

활동 자료

여러 나라의 그림책 및 동화책

활동 방법

1. 언어 영역을 보면서 이야기 나눈다.
   - 언어 영역에는 무엇이 있나요?
   - 독서대의 동화책은 어떤 것이 있었나요?
2. 여러 나라의 그림책을 보며 이야기 나눈다.
   - 이것은 어느 나라 동화책일까요?
   - 혹시 이런 동화책을 본 적이 있나요?
   - 어디에서 보았나요?
   - 우리가 보는 책과 어떤 점이 같을(다를)까요?
3. 여러 나라 동화책을 보며 이야기 나눈다.
   - 이런 글씨를 본 적이 있나요?
   - 어느 나라 글씨일까요?
   - 어떤 내용일까요?
4. 동화책의 그림을 보여 주며 이야기 나눈다.
   - 어떤 이야기일까요?
   - 글씨는 모르지만 어떻게 이야기를 알 수 있었나요?
5. 다른 동화책도 보여 주며 이야기를 만들어 본다.

활동의 유의점

•동화를 표현하는 글자나 그림은 다를 수 있지만 내용은 같다는 것을 인식하도록 한다.

• 동화책이 의미하는 내용은 같지만 그 나라 국민의 정서에 맞게 조금씩 각색됨을 인식하도록 한다.

확장 활동

• 여러 나라 글자 동화책을 읽어 본다.

• 여러 나라 글자를 적어 본다.

우리 원의 여기저기

3월 즐거운 우리 원	3주 우리 원 탐험
자유선택활동	미술

목표	•환경은 언제나 바뀔수 있음을 이해한다. •다양한 환경에 관심을 가진다.
누리과정 관련요소	•의사소통 > 말하기 > 느낌, 생각, 경험 말하기 > 자신의 느낌, 생각, 경험을 적절한 낱말과 문장으로 말한다. •예술경험 > 예술적 표현하기 > 미술활동으로 표현하기 > 다양한 미술활동으로 자신의 생각과 느낌을 표현한다.

활동 자료

원내 전체 환경구성 사진, 도화지, 색연필, 크레파스

활동 방법

1. 우리 원에 대해서 이야기 나눈다.
   - 우리 원은 어떤 모습인가요?
   - 우리 원에 어떤 것들이 있나요?
   - 무엇이 더 있으면 좋을까요?
2. 새로워진 우리 원을 보며 이야기 나눈다.
   - 어떤 곳에 새로워졌나요?
   - 어떻게 바뀌어 졌나요?
3. 새로운 환경을 보며 어떻게 꾸몄는지 이야기 나눈다.
   - 무엇으로 꾸며졌나요?
   - 무엇을 알 수 있었나요?
4. 환경이 바뀐 이유에 대해서 이야기 나눈다.
   - 환경이 왜 바뀌었을까요?
   - 환경을 바꾸니 어떤 느낌이 드나요?
5. 여러 가지 환경구성 사진을 이용하여 도화지에 새롭게 구성해 본다.

활동의 유의점

•여러 나라의 문화적 특성이 잘 드러날 수 있도록 영역별 환경구성을 하도록 한다.

•한 가지 영역 구성을 할 때 연계된 여러 활동이 흥미 영역별로 제시될 수 있도록 한다.

확장 활동

- 창문에 다양한 글자를 알아본다.
- 세계지도 모양을 이용해 다양한 환경을 구성해 본다.

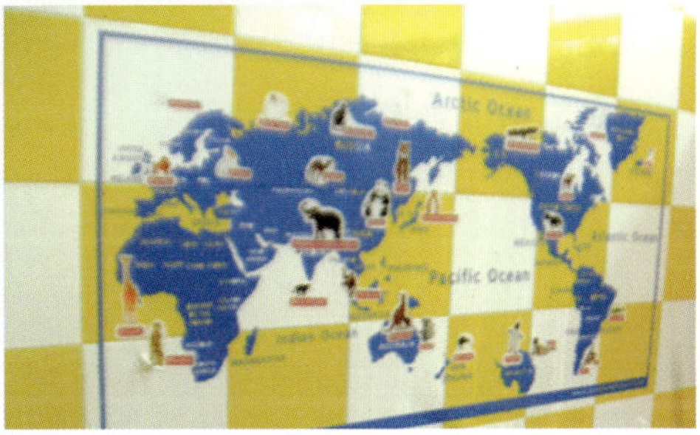

다양한 글자

3월 즐거운 우리 원	3주 우리 원 탐험
자유선택활동	과학

목표	•다양한 글자가 있음을 이해한다. •글자는 다르지만 뜻이 같음을 알고 환경에 관심을 갖는다.
누리과정 관련요소	•의사소통 > 읽기 > 읽기에 흥미 가지기 > 주변에서 친숙한 글자를 찾아 읽어 본다. •자연탐구 > 탐구하는 태도 기르기 > 탐구과정 즐기기 > 탐구과정에서 서로 다른 생각에 관심을 갖는다.

활동 자료

환경판 및 게시판 사진

활동 방법

1. 환경구성 및 게시판 사진을 보며 이야기 나눈다.
   - 이 환경은 무엇을 말하는 것일까요?
   - 어떻게 표현되어 있나요?
2. 글사의 다양함에 대해서 이야기 나눈다.
   - 우리나라는 어떤 글자를 쓸까요?
   - 이것은 어느 나라 글자일까요?
   - ○○엄마(아빠) 나라는 어떤 글자를 사용할까요?
3. 글자가 다른 이유에 대해서 이야기 나눈나.
   - 왜 나라마다 글자가 다를까요?
   - 우리나라 글자인 한글과 비슷한 글자가 있을까요?
   - 한글과 비슷한 글자를 보니 어떤 느낌이 드나요?
4. 여러 가지 환경구성 사진 및 게시판을 보고 글자를 비교해 본다.
   - 화장실에 붙어 있는 '손을 씻어요'가 2층 화장실에는 어떻게 쓰여 있나요?
   - 피아노에 붙어 있는 '피아노' 낱말카드는 아래에 또 어떤 글자로 표현되었나요?
   - 사물함에 이름이 어떻게 쓰여 있나요?
5. 환경구성에 다양한 글자가 쓰여 있음을 이해한다.

활동의 유의점

•나라마다 사물이나 물체를 표현하는 글자는 달라도 나타내는 의미가 같음을 인식하도록 한다.

확장 활동

- 여러 나라의 글자를 따라 써 본다.
- 폼아트로 글자를 만들어 색칠해 본다.

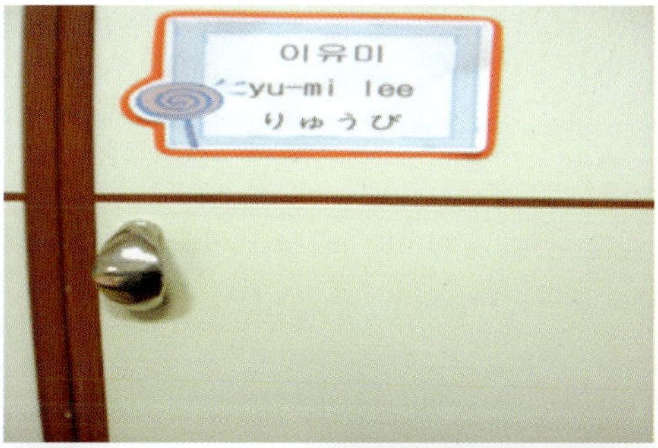

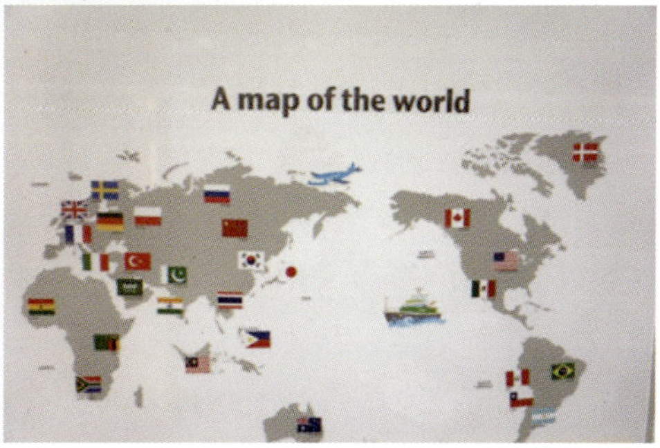

예절의 표현이 달라요

3월 즐거운 우리 원	4주 사이좋은 친구
자유선택활동	이야기 나누기

목표	•친구 간에 지켜야 할 예절에 대해 안다. •다른 나라의 언어와 예절에 대해서 이해한다.
누리과정 관련요소	•의사소통>말하기>상황에 맞게 바른 태도로 말하기>때와 장소 대상에 알맞게 말한다. •사회관계>다른 사람과 더불어 생활하기>공동체에서 화목하게 지내기>교사 및 주변 사람과 화목하게 지낸다.

활동 자료

그림 카드, 단어 카드

활동 방법

1. 그림카드를 보며 이야기 나눈다.
   - 친구들이 무엇을 하고 있나요? (싸우고 있어요, 도와주고 있어요. 안아주고 있어요)
   - 싸웠을(도움을 받았을, 안아줄) 때 친구들의 기분은 어떨까요?
   - 이럴 때 친구에게 어떤 말을 해야 할까요?
2. 친구들 사이에 지켜야 할 예절에는 어떤 것이 있는지 알아본다.
   - 친구들 사이에서 지켜야 할 예절에는 어떤 것이 있을까요?
3. 여러 나라 친구들의 예절 표현에 대해서 이야기 나눈다.
   - 여러 나라 친구들은 싸울(도움을 받았을, 양보할) 때 어떻게 이야기 할까요?
4. 단어카드를 보며 여러 나라 친구들의 표현에 대해서 알아본다.
   - 스미마셍(깜언)은 무슨 뜻일까요?
   - ○○ 엄마가 살고 있는 베트남에서는 고마워를 어떻게 표현할까요?
5. 여러 나라의 언어를 다양하게 표현해 본다.

활동의 유의점

•상황에 맞는 예절 표현을 다양하게 할 수 있도록 해본다.

•상황에 맞는 예절을 나타내는 말이 나라마다 다름을 이해하도록 한다.

확장 활동

•여러 나라 말로 사랑해 인사말을 알아본다.

•여러 나라 말로 노래를 불러 본다.

나라		인사말	
	한국	미안해	사랑해
	미국	Sorry (쏘리)	I love you (아이 러브 유)
	일본	ごめん (고멘)	あいしてる (아이시떼루)
	중국	对不起 (뚜이부치)	我爱你 (워아이니)
	프랑스	Je suis désolée (즈 수이 데졸레)	Je t'aime (쥬뗌므)
	독일	Es tut mir leid (에스 투트 미이르 라이트)	Ich liebe Dich (이히 리베 디히)
	이탈리아	Mi dispiace (미 디스피아체)	Ti amo (티 아모)
	스페인	Lo Siento (로시엔또)	Te amo (떼아모)
	러시아	Извините (이즈비니쩨)	Я Вас Люблю. (야 바스 류블류)

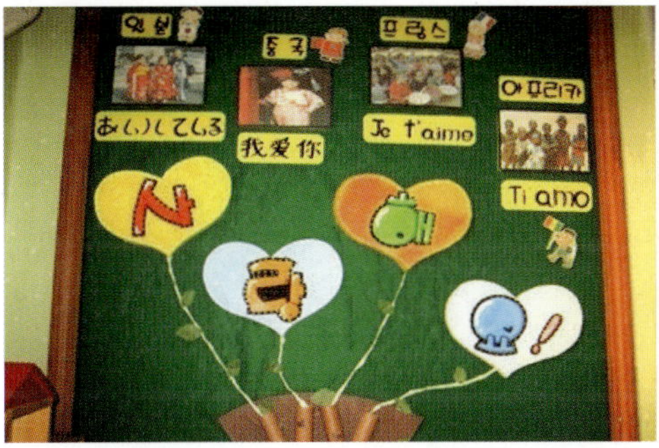

나랑 달라도 괜찮아

3월 즐거운 우리 원	4주 사이좋은 친구
자유선택활동	동화

목표	•외모나 피부 색이 달라도 친구가 될 수 있음을 안다. •친하게 지내고 싶은 친구에게 마음을 열어 표현해 본다.
누리과정 관련요소	•사회관계 > 다른 사람과 더불어 생활하기 > 공동체에서 화목하게 지내기 > 교사 및 주변 사람과 화목하게 지낸다. •의사소통 > 듣기 > 동요, 동시, 동화 듣고 이해하기 > 동요, 동시, 동화를 다양한 방법으로 듣고 즐긴다.

활동 자료

동화 '나랑 좀 달라도 괜찮아' 자료(캐스린 케이브 글·크리스 리틀 그림, 주니어김영사, 2006)

활동 방법

1. 몸이 불편한 친구에 대해서 이야기 나눈다.
   - 몸이 불편한 친구를 본 적이 있나요?
   - 어디가 불편한 친구를 보았나요?
   - 그 친구를 보고 어떤 생각이 들었나요?
2. 몸이 불편한 친구를 도와줄 수 있는 방법에 대해서 이야기 나눈다.
   - 어떻게 도와줄 수 있을까요?
   - 내가 도와주면 친구는 어떤 마음이 들까요?
   - 만약 내가 몸이 불편하면 어떨까요?
   - 친구들이 어떻게 도와주면 좋을까요?
3. 유아들에게 '나랑 좀 달라도 괜찮아' 동화를 들려 주고 동화의 내용을 바탕으로 이야기를 나눈다.
   - 친구들은 왜 다름이와 놀아주지 않았을까요?
   - 친구들이 다름이와 놀아주지 않았을 때 다름이의 마음은 어땠을까요?
   - 서로 다르면 친구가 될 수 없는 걸까요?
4. 우리 반에서 친하게 지내고 싶은 친구에 대해 이야기해 본다.
   - 새로 친해지고 싶은 친구가 있나요?
   - 왜 그 친구와 친하게 지내고 싶나요?
   - 어떻게 지내면 친하게 지낼 수 있을까요?
5. 친구와 어떻게 지내야 친한 친구가 될 수 있는지 이야기 나눈다.

활동의 유의점

- 몸이 불편한 친구에 대한 편견을 가지지 않도록 한다.
- 몸이 불편한 친구를 도와주며 서로 협력하여 지낼 수 있도록 한다.

확장 활동

- 몸이 불편한 친구를 도와줄 수 있는 방법을 그려 본다.
- 휠체어를 타 본다.
- 패럴림픽 경기를 본 후 그림으로 표현해 본다.

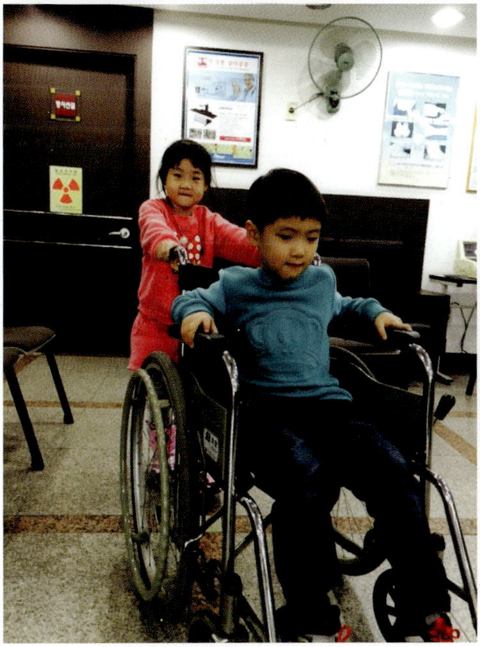

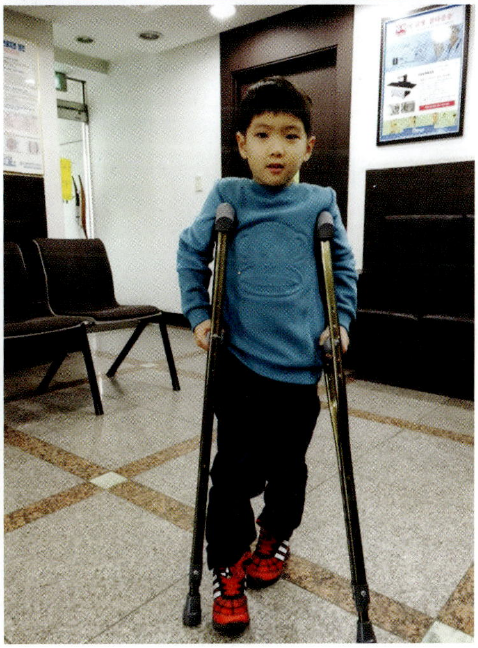

3월

즐거운 우리 원

4월 봄과 동식물

실시기간 : 4월(총 4주)

4월이 되면 봄으로의 계절 변화를 느끼고 알 수 있다. 우리나라는 사계절의 변화가 뚜렷하며 날씨가 생활에 많은 영향을 미치므로, 만 5세아는 봄의 날씨 변화로 시작해서 봄이 되면서 일어나는 여러 가지 변화와 그 특성을 아는 것이 필요하다. 또한 계절의 변화에 대해 호기심을 가지고 지속적으로 관찰하면서 자연세계의 경이로움과 아름다움을 느끼는 태도를 형성하고자 선정하였다.

'봄과 동·식물' 주제는 봄의 환경적 변화와 동·식물의 변화과정을 관찰을 통해 알게 함과 동시에 봄의 변화에 호기심과 탐구하는 태도를 가지고 적극적으로 자연세계와 만날 수 있는 기회를 제공한다. 이러한 과정에서 동식물이 사는 자연세계를 돌보는 태도를 갖게 하고, 자연과 더불어 아름답게 살아가고자 하는 마음을 가지도록 지원한다.

본 주제를 진행할 때는 먼저 봄의 날씨, 자연세계와 생활 모습의 변화를 스스로 느끼고 이해하도록 돕는다. 봄의 환경 변화에 따라 주변 식물의 성장과정과 변화를 관찰하고, 돌보는 경험을 통해 봄의 동·식물 성장에 필요한 것을 알아볼 기회를 제공하도록 한다. 이런 경험을 토대로 우리들의 봄 이야기로 확장하여 세계 여러 나라의 '봄과 동·식물'까지 연계하여 마무리한다.

주	누리 소주제	다문화활동	활동유형	다문화활동 내용
1	봄의 모습	•봄에 피는 꽃 •봄 카드 모으기	•미술 •수, 조작	봄의 변화에 관심을 가지고 우리의 식물과 다른 나라의 식물에 대해 안다.
2	식물의 봄맞이	•우리가 만든 텃밭 •야채가게 놀이	•미술 •역할	우리나라와 다른 나라의 채소를 알아보고 봄채소의 특징을 살펴본다.
3	동물들의 봄 나들이	•동물원 동물들 •가면쓰고 어흥	•이야기 나누기 •동화	동물의 서식지와 울음소리가 다름을 알고 살고 있는 환경에 관심을 갖는다.
4	우리들의 봄 이야기	•봄의 왈츠 •봄 나들이	•음률 •실외	봄에 피는 꽃의 종류가 다양함을 알고, 주변의 자연세계에 관심을 갖는다.

다문화교육의 강조점

★ 다양성
봄의 변화와 특징을 알고 다양한 식물이 있음을 안다.
다양한 동물의 종류와 특징에 대해서 안다.
봄채소의 종류와 특징을 안다.

★ 문 화
환경에 따라 적응하며 사는 동물이 있음을 안다.
봄에 피는 꽃의 이름과 의미를 알아본다.

★ 협 력
친구들과 함께 풍차를 꾸며 본다.
사이좋게 봄나들이를 간다.

★ 정체성
나라마다 살고 있는 동물이 있음을 안다.
나라마다 대표하는 꽃이 있음을 안다.
나라마다 동물의 울음소리를 표현하는 방법이 있음을 안다.

봄에 피는 꽃

4월 봄과 동식물	1주 봄의 모습
대·소집단활동	미술

목표	•봄의 변화와 특징을 안다. •봄의 식물의 변화를 알아보고 다른 나라의 식물에도 관심을 갖는다.
누리과정 관련요소	•자연탐구 > 과학적 탐구하기 > 생명체와 자연현상 알아보기 > 생명체가 살기 좋은 환경과 녹색환경에 대해 알아본다. •예술경험 > 예술적 표현하기 > 미술활동으로 표현하기 > 다양한 미술활동으로 자신의 생각과 느낌을 표현한다.

활동 자료

봄에 대한 사진 자료, 폼보드, 은박접시, 매직, 양면테이프, 색종이, 풀, 가위, 골판지, 글루건, 글루건 심, 친구들 사진, 색테이프, 물감, 붓, 국화 이름표

활동 방법

1. 봄에 대한 사진 자료를 보며 이야기 나눈다.
   - 어떤 계절일까요?
   - 봄이 온 것을 어떻게 알 수 있을까요?
   - 봄이 되면 식물의 모습이 어떻게 변할까요?
2. 봄의 식물에 대해서 이야기 나눈다.
   - 봄에 볼 수 있는 식물들은 무엇이 있을까요?
   - 어떤 식물들을 좋아할까요?
3. 좋아하는 식물에 대해서 이야기 나눈다.
   - ○○는 왜 꽃을 좋아할까요?
   - 어디서 보았나요?
4. 여러 가지 꽃 사진을 보며 이야기 나눈다.
   - 이 꽃의 이름은 무엇일까요?
   - 어디서 볼 수 있을까요?
   - 우리나라에서만 볼 수 있을까요?
   - 다른 나라에도 볼 수 있을까요?
5. 여러 나라의 꽃에 대해서 이야기 나눈다.
   - 우리나라에는 어떤 꽃들을 많이 볼 수 있나요?
   - 많은 꽃 중에 우리나라를 대표하는 꽃은 어떤 꽃일까요?
   - 나라를 대표하는 꽃에 대해서 들어 본 적이 있나요?

6. 여러 나라의 국화에 대해서 이야기 나눈다.

- 이 꽃은 어느 나라의 국화일까요?
- 어떤 의미에서 국화가 되었을까요?
- ○○엄마 나라인 베트남(일본, 중국, 필리핀)의 국화는 무엇일까요?

7. 여러 나라 꽃을 다시 한 번 살펴보고 국화 만들기를 해본다.

활동의 유의점

- 봄이 있는 나라를 중심으로 활동을 전개하더라도 봄이 없는 나라도 있음을 유의하여 활동을 진행하도록 한다.
- 봄이 없는 나라의 봄의 모습에 대해 다양한 발문을 통해 호기심을 가질수 있도록 한다.

확장 활동

- 세계 여러 나라의 국화 책을 만들어 본다.
- 한지로 국화를 구성해 본다.
- 국화에 담긴 의미 조사해 본다.

봄 카드 모으기

4월 봄과 동식물	1주 봄의 모습
자유선택활동	수, 조작

목표	•봄의 특징과 변화에 대해서 이해한다. •다양한 봄의 모습을 알고 서로 다른 봄의 모습에 관심을 갖는다.
누리과정 관련요소	•자연탐구 > 과학적 탐구하기 > 생명체와 자연현상 알아보기 > 생명체가 살기 좋은 환경과 녹색환경에 대해 알아본다. •의사소통 > 듣기 > 낱말과 문장 듣고 이해하기 > 낱말과 발음에 관심을 가지고 듣는다.

활동 자료

봄 카드 사진 자료, 삼각 주사위, 카드판, 계절 특징 카드

활동 방법

1. 봄 카드 사진자료 보며 이야기 나눈다.
   - (그림을 보여 주며) 이 사진은 어느 계절일까요?
   - 어떻게 알 수 있나요?
2. 봄의 특성에 대해서 이야기 나눈다.
   - 봄에는 무엇을 볼 수 있을까요?
   - 왜 봄에만 볼 수 있을까요?
   - 다른 나라에서도 볼 수 있을까요?
   - 다른 나라의 봄의 모습은 어떨까요?
3. 다른 나라의 봄의 모습에 대해서 이야기 나눈다.
   - 다른 나라 봄의 모습이 어떤가요?
   - 우리나라의 봄의 모습과 어떻게 같을(다를)까요?
4. 우리나라와 다른 나라의 봄의 모습을 이야기 나눈 후 봄 카드 모으기 게임을 해본다.

게임방법

① 2명의 유아가 가위바위보를 해서 먼저 주사위를 굴릴 사람을 정한다.
② 주사위를 던져 봄 관련 그림이 나오면 그림카드를 한 장 뽑는다.
③ 봄 그림 카드가 나오면 카드판 위에 올려 놓는다.
④ 가장 먼저 7개의 칸을 봄 그림카드로 채우는 사람이 이긴다.
⑤ 만약 '꽝'이 나오면 카드를 뽑지 않고 한 번 쉰다.

활동의 유의점

•우리나라의 봄과 다른 나라의 봄의 모습의 아름다움을 알도록 한다.

•봄과 관련된 사물이 나라마다 다양함을 인식하도록 한다.

확장 활동

•계절의 특징을 알 수 있는 사진을 모아 본다.

•사계절 동화책을 들어 본다.

•사계절 의상 콜라주를 해본다.

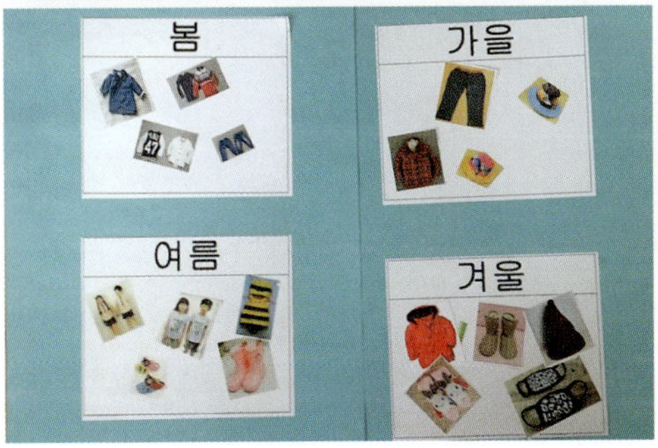

우리가 만든 텃밭

4월 봄과 동식물	2주 식물의 봄 맞이
대·소집단활동	과학

목표	•다양한 봄채소의 특징을 안다. •다양한 재료를 활용하여 창의적으로 구성한다.
누리과정 관련요소	•자연탐구 > 탐구하는 태도 기르기 > 탐구과정 즐기기 > 탐구과정에서 서로 다른 생각에 관심을 갖는다. •의사소통 > 말하기 > 느낌, 생각, 경험 말하기 > 주제를 정하여 함께 이야기를 나눈다.

활동 자료

미니텃밭(흙, 씨앗, 모종삽)

활동 방법

1. 우리 원 텃밭에 자라는 채소에 대해서 이야기 나눈다.
   - 우리 원 텃밭에서는 어떤 채소들이 있나요?
   - 이런 채소들을 먹어 본 적이 있나요?
   - 언제 먹어 보았나요?
   - 어떤 맛이었나요?
2. 좋아하는 채소에 대해서 이야기 나눈다.
   - 어떤 채소를 좋아하나요?
   - ○○엄마는 어떤 채소를 좋아하나요?
   - 야콘을 엄마가 왜 좋아하나요?
   - ○○(이)도 야콘을 먹어 본 적이 있나요?
   - 야콘은 어디에서 볼 수 있는 채소일까요?
   - 우리나라에서도 볼 수 있을까요?
3. 우리나라에서 볼 수 있는 다른 나라 채소에 대해서 이야기 나눈다.
   - 어떤 채소들이 있을까요?
   - 미즈나는 어느 나라 채소일까요?
   - 차이신은 어느 나라 채소일까요?
4. 다른 나라 채소들을 우리나라에서 볼 수 있는 이유에 대해서 이야기 나눈다.
   - 다른 나라 채소를 우리나라에서 볼 수 있나요?
   - 어떻게 그 채소들을 볼 수 있을까요?
5. 먹고 싶은 채소를 텃밭에 심어 보고 관찰한다.

활동의 유의점

- 우리나라 채소를 다른 나라에서도 먹을 수 있음을 인식하도록 한다.
- 다른 나라 채소도 우리가 먹을 수 있다는 것을 인식하도록 한다.

확장 활동

- 텃밭에 채소를 관찰해 본 후 따 본다.
- 여러 가지 채소를 심어 본다.

야채 가게 놀이

4월 봄과 동식물	2주 식물의 봄 맞이
자유선택활동	역할

목표	•나라마다 채소의 이름이 다름을 안다. •봄채소의 종류와 특징을 안다.
누리과정 관련요소	•자연탐구 > 탐구하는 태도 기르기 > 탐구과정 즐기기 > 탐구과정에서 서로 다른 생각에 관심을 갖는다. •의사소통 > 말하기 > 느낌, 생각, 경험 말하기 > 자신의 느낌, 생각, 경험을 적절한 낱말과 문장으로 말한다.

활동 자료

여러 가지 봄채소 그림 카드

활동 방법

1. 그림카드를 보며 봄의 채소의 종류에 대해서 이야기 나눈다.
   - 봄에 나는 채소를 본 적이 있나요?
   - 어디에서 보았나요?
   - 이 채소를 먹어 본 적이 있나요?
   - 이 채소의 이름은 무엇일까요?
2. 채소 낱말 카드를 보며 채소에 대해서 이야기 나눈다.
   - 이 채소는 무엇이라고 부를까요?
   - 다른 나라에서도 이 채소를 볼 수 있을까요?
   - 다른 나라(일본, 중국, 베트남, 필리핀)에서는 어떻게 부를까요?
3. 우리나라 봄의 채소 중 다른 나라에서도 나는 채소에 대해서 이야기 나눈다.
   - 우리나라에서 나는 봄의 채소 중, 다른 나라에서도 나는 것은 어떤 것이 있을까요?
     (브로콜리, 토마토, 파슬리, 케일, 시금치…)
   - 시금치를 일본에서는 어떻게 부를까요?
   - 미나리는 중국에서 어떻게 부를까요?
4. 같은 채소라도 부르는 말이 나라마다 다르다는 것을 알고 실물을 보며 탐색해 본다.
   - 우리나라의 ○○와 다른 나라의 □□은 어떻게 다를까요?
   - 채소의 냄새, 모양, 색깔, 크기는 어떤가요?
   - 왜 같을(다를)까요?
5. 여러나라의 야채로 야채가게 놀이를 해 본다.

활동의 유의점

- 나라마다 채소를 부르는 말이 다양함을 인식하도록 한다.
- 나라마다 채소를 부르는 말은 다르지만 채소가 우리 몸에 미치는 영향은 같음을 안다.

확장 활동

- 채소를 사용하여 알록달록 색깔 수제비를 만들어 본다.
- 우리 가족이 좋아하는 채소를 조사해 본다.

채소 / 나라				
한국어	시금치	당근	미나리	양파
일본어	ほうれんそう (호랭소우)	にんじん (닝진)	セリ (세리)	たまねぎ (다마네기)
중국어	菠菜 (보카이)	胡萝卜 (훌루어버)	水芹 (친차이)	洋葱 (양총)
베트남어	rau bina (자우비나)	cà rốt (까롣)	parsley (파슬리)	Hành tây (하잉 떠이)

동물원 동물들

4월 봄과 동식물	3주 동물들의 봄나들이
자유선택활동	이야기 나누기

목표	•나라마다 살고 있는 동물이 다름을 안다. •동물들이 살고 있는 환경에 관심을 갖는다.
누리과정 관련요소	•의사소통>말하기>느낌, 생각, 경험 말하기>자신의 느낌, 생각, 경험을 적절한 낱말과 문장으로 말한다. •자연탐구>탐구하는 태도 기르기>탐구과정 즐기기>탐구 과정에서 서로 다른 생각에 관심을 갖는다.

활동 자료

동물 사진, 〈동물의 왕국〉 동영상, 동물원 사진

활동 방법

1. 동물 사진을 보며 동물의 사는 곳에 대해서 이야기 나눈다.
   - 이 동물을 본 적이 있나요?
   - 이 동물의 이름은 무엇일까요?
   - 어디에서 보았나요?
   - 또 어디에서 볼 수 있을까요?
2. 〈동물의 왕국〉을 보며 동물이 살고 있는 곳에 대해서 알아본다.
   - 이 동물은 왜 이 나라에서만 살고 있을까요?
   - 왜 우리나라에는 못 살까요?
   - 우리나라와 무엇이 다를까요? (먹이, 기후, 날씨)
3. 동물들이 좋아하는 환경에 대해서 이야기 나눈다.
   - 동물들은 어떤 환경을 좋아할까요?
   - 동물들은 왜 그런 환경을 좋아할까요?
   - 동물들이 좋아하는 환경을 만들어 주려면 어떻게 해야 할까요?
4. 동물원 사진을 보고 동물원에 대해서 이야기 나눈다.
   - 이곳은 어디일까요?
   - 이곳을 가 본 적이 있나요?
   - 언제 가 보았나요?
   - 어떤 동물들이 있었나요?
5. 동물원에 살고 있는 동물들에 대해 이야기 나누어 본다.

나라별 상징동물

 러시아	 북극곰	 오스트레일리아	 캥거루
 이집트	 악어	 콩고	 고릴라
 인도네시아	 오랑우탄	 브라질	 재규어
 타이	 킹 코브라	 페루	 라마
 뉴질랜드	 키위새	 영국	 사자

출처 : http://image.search.naver.com/search.naver?sm=tab_hty.top&where=image&ie=utf8&query=%EB%B6%81%EA%B7%B9%EA%B3%B0

활동의 유의점

- 동물들이 살 수 있는 환경이 다양하다는 것을 인식하도록 한다.
- 동물들은 환경에 적응하며 살아간다는 것을 안다.

확장 활동

- 여러 가지 동물을 만들어 동물원을 구성해 본다.
- 촉감판을 만들어 거북이 등과 양을 구성해 본다.
- 손바닥을 찍어 공작새를 구성해 본다.

가면 쓰고 어흥

4월 봄과 동식물	3주 동물들의 봄나들이
대·소집단활동	동화

목표	•세계 여러 나라의 다양한 동물에 대해서 관심을 갖는다. •동물의 울음소리도 다양함을 안다.
누리과정 관련요소	•의사소통>듣기>동요, 동시, 동화 듣고 이해하기>동요, 동시, 동화를 다양한 방법으로 듣고 이해한다. •의사소통>말하기>느낌, 생각, 경험 말하기>주제를 정하여 함께 이야기를 나눈다.

활동 자료

동화 '가면 쓰고 어흥'(국립한경대 디자인학부_그림 유승하, 보림, 2007)

활동 방법

1. 동화책을 보여 주며 이야기 나눈다.
   - 이 동화책은 어떤 동화책일까요?
   - 무엇을 볼 수 있을까요?
2. 동물에 대해서 이야기 나눈다.
   - 동물은 어떤 동물들이 있을까요?
   - 알고 있는 동물들을 말해볼까요?
   - 어디서 보았을까요?
   어떤 모습이었니요?
   - 어떻게 울까요?
3. 동물의 울음소리에 대해 이야기를 나눈다.
   - 이 동물은 어떻게 울까요?
   - 이 동물의 울음소리를 들어 본 적이 있나요?
   - 어디서 들어 보았나요?
4. 동물의 울음소리를 흉내내어 본다.
   - 어떤 동물의 울음소리를 흉내내어 보고 싶어요?
   - 소(닭)는 어떻게 울까요?
5. 동물들의 울음소리가 나라마다 어떻게 다른지 알아본다.
   - 동물들의 울음소리를 어떻게 표현할까요?
   - 동물의 울음소리가 모두 같을까요?

6. 동물의 울음소리를 다양하게 표현해 본다.

ex) 닭 → 꼬끼오(한국), 카카두들두(미국), 꼬께꼬고(일본), 워워워워(중국)

7. 『가면 쓰고 어흥』 동화책을 얼굴에 쓰고 동물의 흉내를 내며 울음소리를 내어 본다.

동물 \ 나라	한국	일본	중국	미국
개	멍멍	ワンワン (왕~왕)	汪汪 (왕 왕)	bow wow (바우와우)
고양이	야옹야옹	ニャニャ (냐 냐)	喵喵 (미아오미아오)	mew mew (미우미우)
돼지	꿀꿀	ブーブー (부부)	哼哼 (헝헝)	oink oink (오익오익)
닭	꼬끼오	こけっこう (코케코우)	喔喔 (워워)	cock-a-doodle-doo(카커 두들 두)
오리	꽥꽥	ガーガ (가-가)	嗷嗷 (와와)	quack quack (콱콱)
병아리	삐약삐약	ぴいぴい (삐이삐이)	叽叽查查 (찌이찌이)	cluck cluck (클럭클럭)
개구리	개굴개굴	ゲロゲロ (개로개로)	咯咯咯 (꺼꺼꺼)	croak croak (크록크록)
소	음메음메	もうもう (모우모우)	哞哞 (모우모우)	moomoo (무무)

활동의 유의점

- 동물들의 울음소리는 같지만 울음소리를 나타내는 방법은 다름을 안다.
- 사용하는 언어에 따라서 동물의 울음소리를 나타내는 방법에 영향을 받는다는 것을 인식하도록 한다.

확장 활동

- 동물 머리띠를 만들어 역할놀이를 해본다.

봄의 왈츠

4월 봄과 동식물	4주 우리들의 봄이야기
대·소집단활동	음률

목표	•봄을 표현하는 음악이 있음을 안다. •음악에 맞추어 봄의 모습을 신체로 표현한다.
누리과정 관련요소	•의사소통 > 말하기 > 느낌, 생각, 경험 말하기 > 주제를 정하여 함께 이야기를 나눈다. •예술경험 > 다른 사람과 더불어 생활하기 > 친구와 사이좋게 지내기 > 친구와 협동하며 놀이한다.

활동 자료

멘델스존 '봄의 왈츠'

활동 방법

1. 봄의 모습 사진을 보면서 이야기 나눈다.
   - 봄에는 어떤 모습일까요?
   - 다른나라의 봄의 모습도 우리와 같을까요?
   - 봄의 모습을 어떻게 표현할 수 있을까요?
   - 이 꽃들을 본 적이 있나요?
2. 멘델스존의 봄의 왈츠 음악에 대해서 듣고 이야기 나눈다.
   - 봄의 왈츠 음악을 들어 본 적이 있나요?
     언제 들어보았니요?
   - 음악의 느낌이 어떤가요?
3. 음악에 맞추어 왈츠를 춰본다.

활동의 유의점

•봄의 음악을 들으며 다른 나라 어린이들도 꽃을 보며 느끼는 기분은 우리와 같음을 인식할 수 있도록 한다.

•나라마다 많이 피는 꽃이 있음을 알고 그 꽃이 필 수 있는 환경에 관심을 갖도록 한다.

확장 활동

•국화 큐브를 맞추어 본다.

•여러나라 봄꽃으로 풍차와 집을 꾸며 본다.

•국화 투호놀이를 해본다.

봄나들이

4월 봄과 동식물	4주 우리들의 봄 이야기
대·소집단활동	실외

목표	•봄 계절의 변화를 느낀다. •봄동산과 주변의 자연세계에 관심을 갖는다.
누리과정 관련요소	•자연탐구 > 과학적 탐구하기 > 자연현상 알아보기 > 날씨와 기후 변화 등 자연현상에 대해 관심을 갖는다. •의사소통 > 말하기 > 느낌, 생각, 경험 말하기 > 주제를 정하여 함께 이야기를 나눈다.

활동 자료

구급상자, 돋보기, 사진기

활동 방법

1. 봄에 대해서 이야기 나눈다.
   - 봄은 어떤 계절일까요?
   - 봄의 날씨는 어떨까요?
   - 봄에는 주로 어떤 일을 할까요?
   - 봄에 하고 싶은 일은 어떤 것이 있을까요?
2. 봄나들이에 대해서 이야기 나눈다.
   - 어디를 가보면 좋을까요?
   - 왜 그곳에 가고 싶나요?
   - 무엇을 보고 싶어서 그곳에 가고 싶나요?
   - 누구랑 가고 싶나요?
   - 무엇을 타고 갈 수 있나요?
3. 봄나들이 가서 볼 수 있는 것에 대해서 이야기 나눈다.
   - 봄나들이를 가면 무엇을 볼 수 있을까요?
   - 어떤 꽃을 많이 볼 수 있을까요? (벚꽃, 매화, 개나리, 철쭉, 장미)
   - 우리나라와 가까운 일본(베트남, 중국, 필리핀)에는 어떤 꽃을 볼 수 있을까요?
4. 여러 가지 꽃을 볼 수 있는 곳으로 봄나들이를 떠난다.

활동의 유의점

•봄의 변화를 알아보며, 특히 봄 날씨의 특성에 대해서도 인식하도록 한다.

•봄이 되어 달라지는 것들을 오감을 통해서 느낄 수 있도록 한다.

확장 활동

- 토끼풀을 이용해서 반지나 팔찌 등을 만들어 본다.
- 봄꽃을 색칠해 본다.

나라	꽃	나라	꽃
 한국	 무궁화	 독일	 센토레아
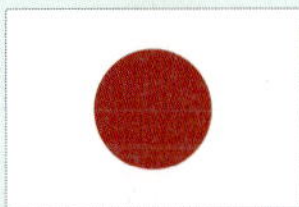 일본	 벚꽃	 캐나다	 설탕단풍나무
 중국	 매화	 그리스	 제비꽃
 베트남	 연꽃	 이집트	 수련
 영국	 장미	 필리핀	 삼파귀타
 오스트레일리아	 아카시아	 스위스	 에델바이스

출처 : http://image.search.naver.com/search.naver?sm=tab_hty.top&where=image&ie=utf8&query=%EB%AC%B4%EA%B6%81%ED%99%94

5월 소중한 가족

실시기간 : 5월(총 5주)

5월에는 어린이날, 어버이날, 부부의 날 등 가족의 의미를 새겨 보고 소중함을 느낄 수 있는 다양한 날들이 있으므로, 유아가 알아야 할 가족의 소중함과 가족에게 자신이 무엇을 할 수 있을지를 자연스럽게 접근할 수 있는 시기이다. 이를 위해 가장 가까운 타인인 가족에 대한 소중함에 앞서 가족들과의 관계에서 자신의 가치와 역할을 인식하고, 이를 바탕으로 자신과 타인을 존중하는 태도를 갖춤으로써 조화로운 사회구성원이 되기 위한 기초를 형성하도록 한다.

'소중한 가족'주제를 통해 자기 자신에 대한 가치와 가족에 대한 긍정적인 태도를 갖출 수 있도록 자신과 가족, 그리고 다양한 가족에 대하여 다양한 지식을 획득하도록 한다. 또한 유아들은 언어적 표현력이 증가하므로 가족에게 다양한 방법으로 감사함을 전달하도록 돕는다.

본 주제를 진행할 때는 나에 대한 특성을 이해함과 동시에 가정 안에서의 내가 갖는 의미를 출생, 가족관계 등을 통해 이해할 수 있는 기회를 제공하도록 한다. 이를 기초로 나에 대한 관심을 확대하여 가족의 소중함과 감사함을 경험하도록 한다. 또한 자신의 가족에 대한 이해를 넘어서서 다양한 가족이 있음을 알고, 이를 통해 진정한 가족의 의미와 소중함을 느끼도록 지원한다.

주	누리 소주제	다문화활동	활동유형	다문화활동 내용
1	소중한 나	•소중한 내 신체 •나는 이렇게 태어났어요	•조작 •과학	신체의 명칭을 부르는 방법이 다양함을 알고, 출생과정을 놀이로 알아본다.
2	나와 우리 가족	•엄마 아빠의 결혼 •우리 가족문화 공모전	•역할 •미술	결혼식 모습과 가족의 다양함을 이해하고 가족의 소중함을 안다.
3	함께하는 가족놀이	•우리 가족을 소개 •가족 돌 그림 그리기	•이야기 나누기 •미술	가족마다 고유한 문화가 있음을 이해하고 우리 가족만이 즐겨 하는 문화를 소개해 본다.
4	여러 가족의 모습	•다양한 가족 •우리 가족은 몇 명일까요?	•언어 •수	가족구성원이 서로 다름을 알고 다양한 방법으로 가족 수를 세어 본다.
5	사랑하는 우리 가족	•가족 인성 워크숍 •엄마가 태어난 곳은	•실외 •과학	가족은 특별한 관계임을 알고 가족마다 사랑의 표현은 다르지만 마음은 같다는 것을 안다.

다문화교육의 강조점

★ 다양성
신체의 다양한 명칭이 있음을 안다.
결혼식의 모습이 다양함을 안다.
수를 세는 방법이 나라마다 다양함을 안다.
가족을 사랑하는 표현이 다양함을 안다.

★ 편 견
가족의 형태가 다름을 이해한다.
가족의 서로 다른 모습을 이해한다.
함께 살고 있지 않는 가족이 있음을 안다.

★ 문 화
가족들이 즐겨 하는 놀이가 있음을 안다.

★ 협 력
가족은 서로 도우며 살아가야 한다는 것을 안다.

★ 정체성
나의 출생과정을 안다.
가족마다 고유한 문화가 있음을 안다.

소중한 내 신체

5월 소중한 가족	1주 소중한 나
자유선택활동	조작

목표	•신체의 다양한 명칭를 안다. •신체 명칭을 다양하게 부를 수 있음을 안다.
누리과정 관련요소	•예술경험 > 예술적 표현하기 > 움직임과 춤으로 표현하기 > 신체를 이용하여 주변의 움직임을 다양하게 표현한다. •사회관계 > 나를 알고 존중하기 > 나를 알고 소중히 여기기 > 나에 대해 긍정적으로 생각하고 나를 소중히 여긴다.

활동 자료

신체 그림 자료, 악보, 카세트, CD, 나라별 전통의상 그림자료, 신체 명칭 글자 자료

활동 방법

1. 소중한 나의 신체에 대해서 이야기 나눈다.
   - 내 신체 중 가장 맘에 드는 곳은 어디일까요?
   - 왜 마음에 들까요?
   - 또 어디가 마음에 들어요?
2. 사람의 신체 그림 자료를 보며 이야기 나눈다.
   - 사람의 신체는 어떻게 생겼을까요?
   - 사람의 신체 명칭을 말해 볼 수 있을까요?
3. 사람의 신체 명칭을 어떻게 말하는지 이야기 나눈다.
   - 여기는 무엇이라고 부를까요?
   - (다른 곳을 가리키며) 또 여기는 무엇이라 부를까요?
   - 다르게 부를 수도 있을까요?
   - 어떻게 부를 수 있을까요?
4. ○○엄마(아빠) 나라에서는 신체 명칭을 어떻게 부르는지 이야기 나눈다.
   - ○○엄마(아빠) 나라에서는 머리를 무엇이라고 부를까요?
   - ○○엄마(아빠) 나라에서는 손을 무엇이라고 부를까요?
5. 신체의 소중함을 이야기 나눈 후 각 나라의 명칭에 맞는 글자를 붙여 본다.

활동의 유의점

- 신체 명칭을 부르는 말이 다양함을 인식하도록 한다.
- 신체 명칭을 부르는 말이 다양해서 좋은 점도 있다는 것을 안다.

확장 활동

- 신체 명칭 퍼즐놀이를 해본다.
- '머리, 어깨, 무릎, 발' 노래를 불러 본다.
- 다른 나라 말로 신체 명칭을 바꾸어 불러 본다.

신체 / 나라		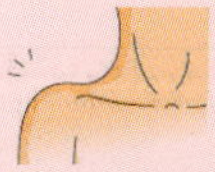	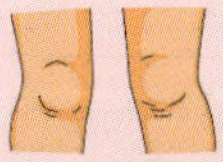	
한국	머리	어깨	무릎	발
일본	あたま (아타마)	かた (카타)	ひざ (히자)	あし (아시)
중국	头 (토우)	肩膀 (지안방)	膝盖 지가이)	脚 (지아오)
베트남	Đầu (더우)	Bờ (바이)	Đầu gối (더우고이)	chân (쩐)
미국	head (헤드)	shoulder (숄더)	knee (니)	toe (토우)

5월
소중한 가족

나는 이렇게 태어났어요

5월 소중한 가족	1주 소중한 나
자유선택활동	과학

목표	•나의 출생과정을 안다. •생명의 소중함을 알고 산모놀이를 해본다.
누리과정 관련요소	•자연탐구 > 탐구하는 태도 기르기 > 탐구과정 즐기기 > 탐구과정에서 서로 다른 생각에 관심을 갖는다. •의사소통 > 말하기 > 느낌, 생각, 경험 말하기 > 자신의 느낌, 생각, 경험을 적절한 낱말과 문장으로 말한다.

활동 자료

여러 나라의 임산부 인형, 아기, 겉싸개, 출산과정 책

활동 방법

1 엄마와 아빠의 사랑 이야기를 나눈다.

- 엄마, 아빠는 어떻게 만났을까요?
- 엄마, 아빠는 어떻게 결혼을 했을까요?

2. 엄마, 아빠 결혼 이야기를 나눈다.

- ○○엄마는 어떤 결혼식을 했을까요?
- ○○아빠는 어디에서 결혼식을 했을까요?

3. 엄마, 아빠 결혼 후 이야기를 나누어 본다.

- ○○이는 어떻게 태어났을까요?
- 또 ○○이는 어떻게 태어났나요?

4. 엄마의 임신과정에 대한 이야기를 들어 본다.

- 집에서 엄마의 임신과정 이야기를 들어 보았나요?
- 아기는 어떻게 태어난다고 했나요?

5 내가 태어난 과정에 대해서 이야기 나눈다.

- 나는 어떻게 태어났을까요?
- 어머니가 들려 준 이야기를 나와서 해볼 수 있을까요?
- 또 다른 친구들은 어떻게 태어났을까요?

6. 아기의 모습에 대해서 이야기 나눈다.

- 이 아기는 어떤 모습일까요?
- 아기들은 서로 어떻게 달라 보이나요?

7. 여러 나라 임산부 인형을 보며 이야기 나눈다.

- 이 아기의 엄마는 누구일까요?
- 무엇을 닮았나요?

8. 임산부 인형을 가지고 아기가 태어나는 과정을 알아본다.

활동의 유의점

- 아이들이 태어난 곳과 생긴 모습은 모두 다름을 인식하도록 한다.
- 태어난 곳과 생긴 모습은 다르지만 소중한 존재라는 것을 인식하도록 한다.

확장 활동

- 탯줄 자르는 놀이를 해본다.
- 아기를 싸개에 싸서 엄마놀이를 해본다.
- 피부색이 같은 아기를 찾아본다.
- 엄마가 출산 후 먹는 음식을 조사해 본다.

엄마, 아빠의 결혼

5월 소중한 가족	2주 나와 우리 가족
자유선택활동	역할

목표	•결혼을 통해 가족이 된다는 것을 안다. •결혼식의 모습이 다양함을 안다.
누리과정 관련요소	•사회관계>가족을 소중히 여기기>가족과 화목하게 지내기>가족의 의미와 소중함을 안다. •의사소통>말하기>느낌, 생각, 경험 말하기>자신의 느낌, 생각, 경험을 적절한 낱말과 문장으로 말한다.

활동 자료

결혼식 포토존, 사진기, 결혼식 사진

활동 방법

1. 결혼식 사진을 보여 주며 결혼에 대해서 이야기 나눈다.
   - 결혼식을 본 적이 있나요?
   - 어디서 보았나요?
   - 누구의 결혼식이었나요?
   - 결혼은 왜 하는 것일까요?
2.. 엄마, 아빠의 결혼에 대해서 이야기 나눈다.
   - ○○엄마와 아빠는 어디에서 결혼을 했을까요?
   - 왜 거기에서 했을까요?
   - ○○엄마, 아빠의 결혼식과 어떻게 달랐나요?
3. 다양한 결혼식 사진을 보여 주며 이야기 나눈다.
   - 이 결혼식은 어떤 결혼식일까요?
   - 어느 나라의 결혼식일까요?
   - 어떤 옷을 입고 결혼식을 하고 있나요?
   - ○○엄마의 결혼식모습과 어떻게 다를까요?
4. 결혼하는 모습은 달라도 가족됨을 이야기 나눈다.
   - 어떤 결혼 사진이 멋져 보이나요?
   - 어떤 옷을 입고 결혼식을 하고 싶나요?
   - 어떤 결혼을 하고 싶나요?
   - 어디에서 하고 싶나요?

5. 결혼을 축하하는 말에 대해서 이야기 나눈다.

- 결혼식에는 어떤 인사를 하나요?
- 또 어떤 다른 인사가 있을까요?
- 결혼식 인사를 다른 나라에서는 어떻게 표현할까요?

6. 준비한 포토존에서 결혼식 사진을 찍고 역할놀이를 해본다.

 한국	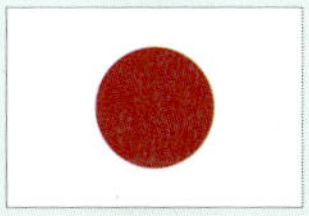 일본	 중국	 미국
결혼을 축하합니다.	ご結婚おめでとうございます (고켁콘 오메데토~고자이마스)	恭喜你结婚! (공시공시 니 지엔훈)	Congratulations on your wedding (컨그레츄레이션 온 유어 웨딩)

활동의 유의점

- 결혼식의 풍습이 다양함을 인식하도록 한다.
- 결혼식에 사용되는 음악과 옷은 다양하지만 결혼하는 사람이 그것을 선택하는 것임을 인식하도록 한다.

확장 활동

- 엄마, 아빠의 결혼식 전통의상을 입어 본다.
- 포토존 놀이를 해본다.
- 엄마, 아빠의 결혼식에 사용되는 반지를 만들어 보고 끼워 본다.

5월
소중한 가족

우리 가족문화 공모전

5월 소중한 가족	2주 나와 우리 가족
대·소집단활동	미술

목표	•우리 가족의 문화를 알아본다. •가족마다 문화가 다름을 이해한다.
누리과정 관련요소	•사회관계 > 가족을 소중히 여기기 > 가족과 화목하게 지내기 > 가족의 의미와 소중함을 안다. •예술경험 > 예술적 표현하기 > 미술활동으로 표현하기 > 다양한 미술활동으로 자신의 생각과 느낌을 표현한다.

활동 자료

우리 가족 문화 공모전 안내장, 시상품

활동 방법

1. 우리 가족에 대해서 이야기 나눈다.
   - 우리 가족들이 좋아하는 것은 무엇이 있을까요?
   - 엄마(아빠)는 어떤 것을 좋아하나요?
   - ○○(이)는 무엇을 좋아하나요?
   - 왜 좋아하나요?
2. 가족마다 좋아하는 것이 다름을 이야기 나눈다.
   - ○○이네 가족은 무엇을 좋아할까요?
   - 우리 가족이 좋아하는 것과 무엇이 다를까요?
   - 왜 다를까요?
3. 가족들의 문화를 생각하며 이야기 나눈다.
   - 우리 가족들만 할 수 있는 것은 무엇이 있을까요?
   - 왜 우리 가족들은 이것을 좋아할까요?
4. 우리 가족들만 할 수 있는 문화를 알아본 후 이야기 나눈다.
   - 문화가 무엇일까요?
   - 문화란 말을 들어 본 적이 있나요?
   - 우리 집의 문화는 무엇이 있나요?
5. 우리 가족문화 공모전에 부모와 함께 참여하여 가족문화를 표현해 본다.

활동의 유의점

- 가족마다 가족문화가 다양함을 알도록 한다.
- 우리 가족과 다른 가족문화에 대한 편견을 갖지 않도록 한다.

확장 활동

- 우리 가족문화 공모전에 출품한 작품을 전시해 본다.
- 좋은 가족문화를 만든 가정을 시상하여 홍보한다.

우리 가족 소개

5월 소중한 가족	3주 함께하는 가족놀이
대·소집단활동	이야기 나누기

목표	•가족의 소중함을 안다. •함께 살고 있지 않아도 가족이 될 수 있음을 안다.
누리과정 관련요소	•사회관계>가족을 소중히 여기기>가족과 화목하게 지내기>가족의 의미와 소중함을 안다. •의사소통>말하기>느낌, 생각, 경험 말하기>자신의 느낌, 생각, 경험을 적절한 낱말과 문장으로 말한다.

활동 자료

우리 가족 사진

활동 방법

1. 우리 가족에 대해서 이야기 나눈다.
   - 우리 가족은 누가 있나요?
   - 우리집에 살고 있는 가족은 누가 있나요?
   - 함께 살고 있지 않는 가족도 있나요?
   - 누가 함께 살고 있지 않나요?
   - 어디에 살고 있나요?
2. 가족관계도에 대해서 이야기 나눈다.
   - 가족관계도가 무엇일까요?
   - 이런 사람들을 어떻게 부를까요?
3. 가족과 친척들의 호칭에 대해서 이야기 나눈다.
   - 아빠의 형은 어떻게 부를까요?
   - 엄마의 여동생은 무엇이라고 부를까요?
   - 엄마(아빠)를 낳아 준 사람은 누구일까요?
4. 다른 나라에 살고 있는 가족에 대해서 이야기 나눈다.
   - 다른 나라에 살고 있는 가족이 있을까요?
   - 어느 나라에 살고 있을까요?
   - 왜 그 나라에 살고 있을까요?
5. 다양한 가족을 이해하고 우리 가족을 소개해 본다.

	 한국	 미국	 중국	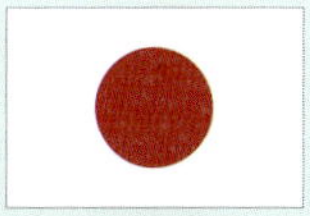 일본	 베트남
할아버지		grandfather (그랜드파더)	爷爷 (예예)	おじいさん (오지이상)	Ông (옹)
할머니		grandmother (그랜드마더)	奶奶 (나이나이)	おばあさん (오바아상)	bà nội. (바노이)
아빠		father (파더)	爸爸 (바바)	おとうさん (오토우상)	cha (짜)
엄마		mother (마더)	妈妈 (마마)	おかぁさん (오가아상)	mẹ (메)
여자형제		sister (시스터)	姊妹 (지메이)	しまい (시마이)	Chị em. (치엠)
남자형제		brother (브라더)	兄弟 (치양디)	きょうだい (코다이)	Anh em (안이)

활동의 유의점

- 가족을 부르는 호칭이 다양함을 인식하도록 한다.
- 함께 살고 있지 않아도 가족이 될 수 있음을 알도록 한다.

호가장 활동

- 가족나무를 만들어 본다.
- 가족사진 전시회를 관람한다.
- 우리 가족신문 공모전을 연다.

가족 돌그림 그리기

5월 소중한 가족	3주 함께하는 가족놀이
대·소집단활동	미술

목표	•그리기를 통해서 가족애를 느낀다. •가족마다 함께할 수 있는 놀이가 있음을 안다.
누리과정 관련요소	•사회관계>가족을 소중히 여기기>가족과 화목하게 지내기>가족의 의미와 소중함을 안다. •예술경험>예술적 표현하기>미술활동으로 표현하기>다양한 미술활동으로 자신의 생각과 느낌을 표현한다.

활동 자료

돌, 크레파스, 니스, 연필

활동 방법

1. 우리 가족에 대해서 이야기 나눈다.
   - 우리 가족을 그려 본 적이 있나요?
   - 언제 그려 보았나요?
   - 누구를 그려 보았나요?
   - 무엇으로 그렸나요?
2. 가족을 그리는 방법에 대해서 이야기 나눈다.
   - 오늘은 무엇으로 가족을 그려 볼까요?
   - 누구를 그려 볼까요?
   - 어디에 그려 볼까요?
3. 가족의 얼굴에 대해서 이야기 나눈다.
   - 엄마(아빠)는 어떻게 생겼나요?
   - ○○이는 누구를 닮았나요?
   - 무엇을 닮았나요? (얼굴, 눈, 코, 입…)
4. 주워 온 돌을 보고 돌의 모양과 색깔에 대해서 이야기 나눈다.
   - 이 돌은 어떻게 생겼나요?
   - 무슨 모양인가요?
   - 색깔은 어떤가요?
   - 우리 가족 중에서 누구의 얼굴 모양과 비슷한가요?
5. 가족의 얼굴 모양과 비슷한 돌 위에 얼굴을 그려 본다.

활동의 유의점

- 돌의 모양도 다양하듯이 얼굴의 모양과 색깔이 다양함을 인식하도록 한다.
- 가족의 얼굴 모습이 다를 수도 있지만 닮은 곳이 더 많다는 것을 알도록 한다.

확장 활동

- '미운 오리새끼' 동극을 해본다.
- '잉잉잉' 노래를 불러 본다.
- 가족에 대한 사랑을 가정 연계 활동으로 표현해 본다.

다양한 가족

5월 소중한 가족	4주 여러 가족의 모습
자유선택활동	언어

목표	•가족의 소중함을 안다. •모습이 달라도 한가족이 될 수 있음을 안다.
누리과정 관련요소	•사회관계 > 가족을 소중히 여기기 > 가족과 화목하게 지내기 > 가족의 의미와 소중함을 안다. •의사소통 > 말하기 > 느낌, 생각, 경험 말하기 > 주제를 정하여 함께 이야기를 나눈다.

활동 자료

다양한 가족사진, 우리 가족사진

활동 방법

1. 가족의 의미에 대해서 이야기 나눈다.
   - 가족이란 무엇일까요?
   - 가족은 어떻게 만들어질까요?
2. 가족사진을 보며 가족에 대해 이야기 나눈다.
   - 누구네 가족일까요?
   - 언제 찍은 사진일까요?
   - 어디에서 찍은 사진일까요?
3. 우리 가족에 대해서 이야기 나눈다.
   - 우리 가족의 이름을 말할 수 있나요?
   - ○○는 가족 중 누구를 닮았나요?
   - 우리 가족은 몇 명이나 있나요?
   - 더 많은(적은) 가족도 있나요?
4. 다양한 가족에 대해서 이야기 나눈다(조손가정, 다문화가정, 한부모가정, 입양가정 사진 등).
   - 이 사진은 어떤 가정일까요?
   - 우리의 가정과 어떻게 다를까요?
5. 가족의 형태가 다양해도 가족의 소중함을 알며 우리 가족을 소개해 본다.

활동의 유의점

- 가족의 모습과 가족을 이루는 구성원이 다르다는 것을 안다.
- 가족의 모습과 구성원은 달라도 서로 사랑하는 사람들끼리 가족이 될 수 있다는 것을 인식하도록 한다.

확장 활동

- 가족사진을 찍어 본다.
- 가족사진 콘테스트를 해본다.

우리 가족은 몇 명일까요?

5월 소중한 가족	4주 여러 가족의 모습
자유선택활동	수

목표	•가족의 의미와 소중함을 안다. •우리 가족의 수를 다양한 방법으로 세어 본다.
누리과정 관련요소	•사회관계 > 가족을 소중히 여기기 > 가족과 화목하게 지내기 > 가족의 의미와 소중함을 안다. •자연탐구 > 수학적 탐구하기 > 수와 연산의 기초개념 알아보기 > 스무 개가량의 구체물을 세고 수량을 안다.

활동 자료

돌, 크레파스, 도화지, 사인펜, 색연필, 가족사진

활동 방법

1. 가정에서 가져 온 가족사진을 보며 이야기 나눈다.
   - 우리 가족은 누가 있을까요?
   - 우리 가족은 몇 명일까요?
2 우리 가족의 특징에 대해 이야기 나눈다.
   - 아버지(어머니)는 어떤 모습을 하고 있을까요?
   - 우리 가족의 닮은 점은 무엇이 있나요?
   - 다른 점은 무엇이 있나요?
3 다른 가족의 특징에 대해 이야기 나눈다.
   - 친구의 가족은 어떤 모습을 하고 있나요?
   - 우리 가족과 다른 점은 무엇이 있나요?
   - 우리 가족은 몇 명일까요?
4. 우리 가족의 수를 알고 숫자만큼 돌을 가져와 이야기 나눈다.
   - ○○(이)는 돌을 몇 개 가져 왔나요?
   - 누구누구를 그릴까요?
5. 돌 위에 가족을 그린 후 가족 수를 세어 본다.
   - ○○(이)네는 가족이 몇 명인가요?
   - ○○(이)네 가족보다 더 많은 가족의 수도 있나요?
   - ○○(이)네 가족 수를 한 번 세어 볼까요?
6. ○○엄마 나라에서 수를 세는 방법을 이야기해 보고 세어 본다.

활동의 유의점

- 숫자를 나타내는 말이 나라마다 다름을 안다.
- 사랑하는 사람들로 구성된 가족의 수가 다를 수도 있음을 인식하도록 한다.

확장 활동

- 일어(영어, 중국어, 베트남어)로 가족 수를 세어 본다.
- 가정 연계활동으로 우리가족을 주제로 동시를 지어 본다.
- 다양한 수 놀이판을 조작해 본다.
- 가족 손가락 인형으로 수세기를 해본다.

나라				
한국	하나	둘	셋	넷
중국	一(이)	二(얼)	三(산)	四(스)
일본	いち(이치)	に(니)	さん(산)	よっ(요)
베트남	một(몯)	hai(하이)	tay ba(타이바)	bốn(본)
미국	one(원)	two(투)	three(쓰리)	four(포)

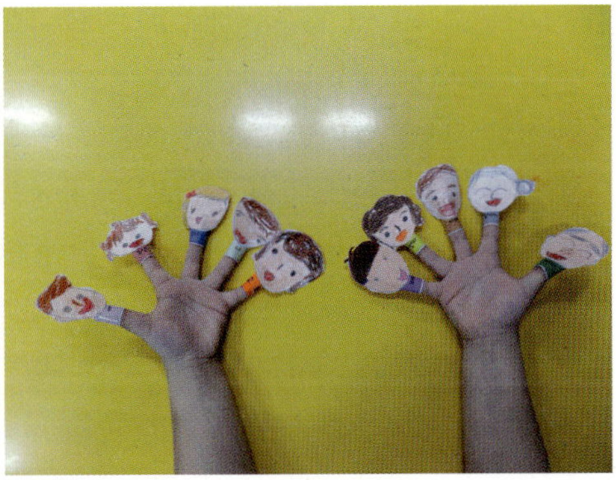

가족 인성 워크숍

5월 소중한 가족	5주 사랑하는 우리 가족
대·소집단활동	실외

목표	•가족은 특별한 관계임을 안다. •가족이 서로 협력할수 있는 관계임을 안다.
누리과정 관련요소	•신체·운동·건강>신체 조절과 기본 운동하기>기본 운동하기>걷기, 달리기, 뛰기, 등 다양한 이동 운동을 한다. •사회관계>가족을 소중히 여기기>가족과 화목하게 지내기>가족의 의미와 소중함을 안다.

활동 자료

현수막, 풍선, 가족 이름표, 사인펜, 도화지,

활동 방법

1. 우리 가족에 대해서 이야기 나눈다.
   - 우리 가족은 어떻게 지내야 할까요?
   - 왜 그렇게 지내야 할까요?
2. 가족의 행복에 대해서 이야기 나눈다.
   - 가족은 어떨 때 행복할까요?
   - ○○(이)는 언제 행복한가요?
   - ○○엄마(아빠)는 언제 행복해 보였나요?
3. 가족들이 행복하게 지낼 수 있는 방법에 대해서 이야기 나눈다.
   - 어떻게 하면 가족들이 더 행복하게 지낼 수 있을까요?
   - ○○(이)는 가족을 위해 무엇을 해야 할까요?
   - 엄마, 아빠는 가족을 위해 어떤 일을 할까요?
4. 행복한 가정을 만들기 위해 필요한 교육에 대해서 이야기 나눈다.
   - 가정이 행복하려면 어떤 마음으로 가족들끼리 지내야 할까요?
   - 그런 마음을 가지기 위해서는 어떤 마음공부가 필요할까요?
   - 이런 교육을 무슨 교육이라 할까요?
5. 가족을 위한 인성 교육에 대해서 알아본다.
   - 인성교육은 어떤 교육일까요?
   - 인성교육에는 어떤 덕목들이 있을까요?
   - 좋은 인성을 가지기 위해서 어떻게 해야 할까요?

6. 가족 워크숍을 덕목별로 체험해 본다 : 인성교육 10가지 덕목 체험(인내, 지혜, 효, 나눔, 사랑, 감사, 책임, 기쁨, 절제, 질서).

활동의 유의점

- 나라마다 사랑한다는 언어적 표현은 모두 다름을 안다.
- 사랑을 표현하는 언어는 다르지만 사랑하는 마음은 하나임을 인식하도록 한다.

확장 활동

- 가족 워크숍에 참석해 본다.
- '가족사랑'의 비빔밥을 만들어 먹어 본다.

5월

소중한 가족

엄마가 태어난 곳은

5월 소중한 가족	5주 사랑하는 우리 가족
자유선택활동	과학

목표	•가족은 특별한 관계임을 안다. •가족이 서로 사랑하는 표현은 다르지만 의미는 같음을 이해한다.
누리과정 관련요소	•의사소통>말하기>느낌, 생각, 경험 말하기>주제를 정하여 함께 이야기를 나눈다. •자연탐구>탐구하는 태도 기르기>탐구과정 즐기기>탐구과정에서 서로 다른 생각에 관심을 갖는다.

활동 자료

세계지도, 색지, 엄마 얼굴, 까슬이, 보들이

활동 방법

1. 세계지도를 보며 이야기 나눈다.
   - 이것은 무엇일까요?
   - 세계지도 속에는 어떤 나라들이 있나요?
   - 우리가 살고 있는 곳은 어디일까요?
   - 부모님이 태어난 곳은 어디일까요?
   - ○○엄마(아빠)가 태어난 곳은 어디일까요?
2. ○○엄마(아빠)가 태어난 곳에 대해서 이야기 나눈다.
   - ○○엄마(아빠)는 어디에서 태어났을까요?
   - 세계지도에서 찾아 볼까요?
3. ○○엄마가 태어난 곳과 우리가 살고 있는 곳은 얼마나 떨어져 있는지 이야기 나눈다.
   - 엄마(아빠)가 태어난 곳은 지도에서 어디일까요?
   - 외가에 가려면 무엇을 타고 가야 할까요?
   - 또 다르게 가려면 무엇을 타고 갈까요?
   - 외가에 가는 데 몇 시간이 걸릴까요?
   - ○○ 외가와 □□ 외가 중 어디가 더 멀까요?
   - 시간은 어떨까요?
   - 왜 다를까요?
4. 우리나라와의 시차에 대해서 이야기 나눈다.
   - 지금이 아침 9시이면 ○○(이)네 외가는 몇 시일까요?
   - 왜 이렇게 차이가 나는 걸까요?

5. 지도에서 외가를 찾아 보고 거리를 알아본다.

활동의 유의점

- 세계 여러 나라를 알아볼 수 있는 대형 세계지도를 준비한다.
- 시차 개념이 어려울 수도 있으므로 시차의 이유를 너무 깊이 있게 파고 들지 않도록 한다.

확장 활동

- 우리 엄마 얼굴을 그리고 엄마를 소개해 본다.
- 어머니 참여 수업을 해본다.
- 지구본에서 외가를 찾아 본다.
- 외가의 국기를 그려 본다.

6월 우리 동네

실시기간 : 6월(총 5주)

유아기는 다양한 사회적 관계를 경험하는 시기이다. 나에 대한 인식에서 출발하여 가족 관계를 이해하고 자신이 살고 있는 지역사회로 관심의 영역을 확장해 간다.

'우리 동네' 주제는 유아들이 자신의 집과 어린이집의 지리적 관계를 알고 자신이 속한 지역사회 기관의 종류와 역할을 이해함으로써 우리 동네의 주변 생활에 관심을 갖게 한다. 또한 자신과 지역사회와의 관계를 알고 사회적 지식을 쌓으며 사회구성원으로서 가져야 할 태도와 예절이 다양하게 있음을 알도록 하는 데 의미가 있다.

'우리 동네' 주제에서는 유아들이 다른 사람을 배려하며 어울려 살아가는 것이 가치 있다는 것을 경험하도록 한다. 또한 지역사회에 관심을 가지고 동네를 탐색하며 다양한 사회적 지식을 가지도록 한다. 나아가 지역사회 공동체 안에서 화목하게 지내는 방법을 익히도록 한다.

본 주제를 진행할 때는 유아들이 살고 있는 동네와 자신이 다니고 있는 원을 중심으로 지역사회에 대한 경험을 제공하는 것이 중요하다. 먼저 우리 동네를 탐색하며 일상적인 환경을 보다 주의 깊게 살펴보는 기회를 갖도록 한다. 유아들이 동네를 탐색하다 알게 된 지역사회의 다양한 기관들에 대하여 놀이로 재현해 보고, 더 나아가 여러 나라의 기관들에 대하여도 책이나 매체를 통해 알아보도록 한다. 또 우리 주변에는 여러 가지 다양한 직업이 있다는 것을 알고 각 직업마다 하는 일에 대하여 알아본다. 더불어 우리 주변에서 우리에게 도움을 주는 분들에게 가져야 하는 태도를 익히고, 다양한 특성을 지닌 사람들에게 편견을 갖지 않고 서로 배려하며 지내는 것이 중요함을 알도록 한다.

주	누리 소주제	다문화활동	활동유형	다문화활동 내용
1	우리 동네 모습	• 국제 시장놀이 • 집 모양이 달라요	• 역할 • 미술	나라마다 화폐가 다름을 알고, 기후에 따라 집의 모양이 달라짐을 안다.
2	우리 동네 기관 1	• 편지가 왔어요 • 고마우신 분들	• 수, 조작 • 음률	우리 동네에 고마우신 분들이 있음을 알고 감사하는 마음을 갖는다.
3	우리 동네 기관 2	• 나는 특파원 • 기상청	• 역할 • 신체	특파원이 하는 일에 관심을 갖고 날씨의 변화를 신체로 표현한다.
4	다양한 직업	• 일하는 곳이 달라요 • 외래어로 불리는 직업	• 이야기 나누기 • 언어	다양한 일자리에 대해 알고 외래어로 부르는 직업의 종류와 특성에 대해 안다.
5	함께하는 우리 이웃	• 함께하는 공놀이 • 될 터이다	• 신체 • 동시	이웃과 함께하는 공놀이를 통해 이웃의 직업에 대해 편견을 가지지 않도록 한다.

다문화교육의 강조점

★ **다양성** 화폐가 다양하게 있음을 안다.
집의 모양이 다양함을 안다.
우리 동네에 고마우신 분들이 다양하게 있음을 안다.
직업과 일하는 곳이 다양함을 안다.
공의 종류가 다양함을 안다.

★ **편 견** 외래어로 부르는 직업의 특성을 이해한다.
직업에 대한 편견을 갖지 않는다.

★ **문 화** 기후에 따라 집의 모양이 다름을 안다.

★ **평 등** 직업은 모두 소중한 것임을 안다.

★ **협 력** 물건을 사고파는 과정을 통해 더불어 살아간다는 것을 안다.
고마우신 분들께 감사하는 마음을 갖는다.

★ **정체성** 나라마다 주로 일할 수 있는 지리적 특성을 안다.

국제 시장놀이

6월 우리동네	1주 우리 동네 모습
자유선택활동	역할

목표	•물건을 사고파는 과정을 통해 더불어 살아간다는 것을 이해한다. •화폐가 다양함을 알고 나라마다 사용하는 화폐가 다름을 이해한다.
누리과정 관련요소	•사회관계 > 다른 사람과 더불어 생활하기 > 공동체에서 화목하게 지내기 > 다른 사람과 도움을 주고받고 서로 협력한다. •의사소통 > 말하기 > 느낌, 생각, 경험 말하기 > 주제를 정하여 함께 이야기를 나눈다.

활동 자료

세계의 화폐, 여러 가지 물건들, 시장 바구니, 앞치마

활동 방법

1. 시장에 가 본 경험에 대해서 이야기 나눈다.
   - 시장에 가 본 적이 있나요?
   - 시장에 가서 무엇을 보았나요?
   - 어떤 시장들이 있었나요?
   - 어떤 사람들이 물건을 팔고 있었나요?
   - 또 어떤 사람들이 물건을 사고 있었나요?
2. 시장놀이를 하기 위해 필요한 것들과 역할을 계획한다.
   - 시장놀이를 하기 위해서 무엇이 필요할까요?
   - 돈의 종류는 어떻게 다를까요?
3. 돈을 보여 주며 화폐라고 이야기하고, 화폐의 종류에 대해서 이야기 나눈다.
   - 우리나라의 화폐에는 어떤 것이 있나요?
   - 다른 나라에는 어떤 화폐를 사용할까요?
   - 다른 나라 화폐를 우리나라에서도 사용할 수 있을까요?
   - 다른 나라 화폐를 본 적이 있나요?
4. 여러 가지의 화폐를 가지고 시장놀이에 대해서 이야기 나눈다.
   - 어떤 시장놀이를 하면 좋을까요?
   - ○○이가 이야기하는 음식가게는 어떨까요?
   - 어떻게 하면 좋을까요?

5. 여러 가지 식품에 대해서 이야기 나눈다.

- 베트남(중국, 일본, 필리핀)에는 어떤 식품이 유명할까요?

6. 나라마다 생산되는 식품을 가지고 시장놀이를 해본다.

나라	화폐 단위	나라	화폐 단위
한국	₩ / 원	일본	¥ / 엔
중국	Y /위안	베트남	₫ / 동
미국	$ / 달러	필리핀	₱ / 페소

활동의 유의점

- 시장은 다양한 물건을 사고 팔 수 있는 곳임을 안다.
- 나라마다 특산물이 있음을 인식하도록 한다.

확장 활동

- 여러 나라의 화폐 단위를 알아본다.
- 화폐 퍼즐놀이를 해본다.
- 시장에 있는 메뉴의 종류를 알아본다.

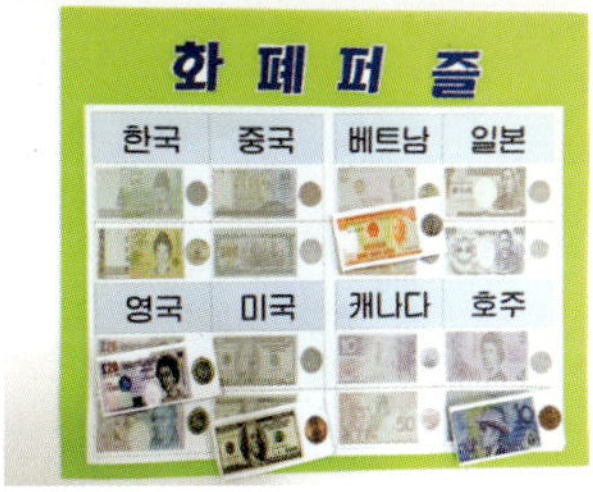

6월

우리 동네

집 모양이 달라요

6월 우리동네	1주 우리 동네 모습
자유선택활동	미술

목표	•집의 모양이 다양함을 안다. •기후에 따라 집의 모양이 다름을 안다.
누리과정 관련요소	•예술경험 > 예술적 표현하기 > 미술활동으로 표현하기 > 다양한 미술활동으로 자신의 생각과 느낌을 표현한다. •사회관계 > 사회에 관심을 갖기 > 세계에 여러 문화에 관심 가지기 > 다양한 인종과 문화를 알아보고 존중한다.

활동 자료

색 폼보드, 나무결 시트지, 색지, 부직포, 양면테이프, 글루건, 여러 나라의 집 그림 자료

활동 방법

1. 여러 나라 집 그림 자료를 보며 이야기 나눈다.
   - 이 집은 어떤 집일까요?
   - 이런 집을 본 적이 있나요?
   - 어디서 볼 수 있을까요?
   - 우리가 살고 있는 집과 어떻게 다를까요?
2. 집의 형태가 다른 이유에 대해서 이야기 나눈다.
   - 왜 집 모양이 다를까요?
   - 날씨는 어떨까요?
   - 이런 집에 사는 사람들은 어떤 생활을 할까요?
3. 기후에 따라 집의 형태가 다름에 대해 이야기 나눈다.
   - 추운 나라 사람들은 어떤 집에 살까요?
   - 더운 나라 사람들은 어떤 집에 살까요?
   - 혹시 추운(더운) 나라에 가본 적이 있나요?
   - 집의 형태에는 어떤 것들이 있을까요? (이글루, 수상가옥, 초가집, 기와집)
4. 그림 속의 집을 보면서 만들고 싶은 집을 여러 가지 방법을 이용해 만들어 본다.

나라	집의 종류	나라	집의 종류
 한국	 기와집	 몽골	 파오
 중국	 동굴집	 태국	 수상가옥
 이란	 흙집, 벽돌집	 스위스	 통나무집
 알래스카	 이글루	 캐나다	 티피

출처 : http://image.search.naver.com/search.naver?sm=tab_hty.top&where=image&ie=utf8&query=%EC%88%98%EC%83%81%EA%B0%80%EC%98%A5

활동의 유의점

• 집의 모양은 기후에 따라 다르지만 우리의 안전한 생활을 위해 꼭 필요함을 인식하도록 한다.

확장 활동

• 나라와 집을 연결해 본다.

• 내가 살고 싶은 집을 만들어 본다.

편지가 왔어요

6월 우리 동네	2주 우리 동네 기관 1
자유선택활동	수, 조작

목표	•여러 나라의 국기와 우표 모양에 관심을 갖는다. •주소를 표기하는 형식이 다름을 이해한다.
누리과정 관련요소	•자연탐구 > 탐구하는 태도 기르기 > 탐구과정 즐기기 > 궁금한 점을 알아보는 탐구과정에 참여하고 즐긴다. •사회관계 > 다른 사람과 더불어 생활하기 > 친구와 사이좋게 지내기 > 친구와 협동하며 놀이한다.

활동 자료

각 나라 우체통, 여러 나라의 우표, 우체부 모자, 가방

활동 방법

1. 편지에 대해서 이야기 나눈다.
   - 편지를 받아 본 적이 있나요?
   - 편지 봉투에 주소를 어떻게 쓸까요?
   - 다른 나라로 편지를 보낼 때는 주소를 어떻게 써야 할까요?
2. 편지가 오는 과정에 대해서 이야기 나눈다.
   - 편지가 어떻게 집까지 배달될 수 있을까요?
   - 무엇이 필요할까요?
3. 우표에 대해서 이야기 나눈다.
   - 우표는 왜 필요할까요?
   - 우표를 본 적이 있나요?
   - 편지는 누가 가지고 오나요?
4. 우체부 아저씨가 하는 일에 대해 이야기 나눈다.
   - 우체부 아저씨는 어떤 일을 할까요?
   - 우리가 우체부 아저씨를 도우려면 어떻게 해야 할까요?
5. 우체부 아저씨께 고마운 마음으로 우체부 아저씨 노래를 부른 후 편지를 부쳐 본다.

활동의 유의점

•나라마다 주소를 표기하는 형식과 사용하는 우표의 종류는 다르지만 편지를 보내는 방법은 같음을 인식하도록 한다.

• 편지를 보내는 사람과 편지를 받는 사람의 거리에 따라서 편지를 배달하는 데 사용되는 요금이 달라짐을 이해한다.

확장 활동

• 여러 나라의 우표를 수집하고 편지를 나라별로 분류해 본다.
• 여러 나라 친구들에게 편지를 써 본다.
• 내가 좋아하는 우표를 그려 본다.

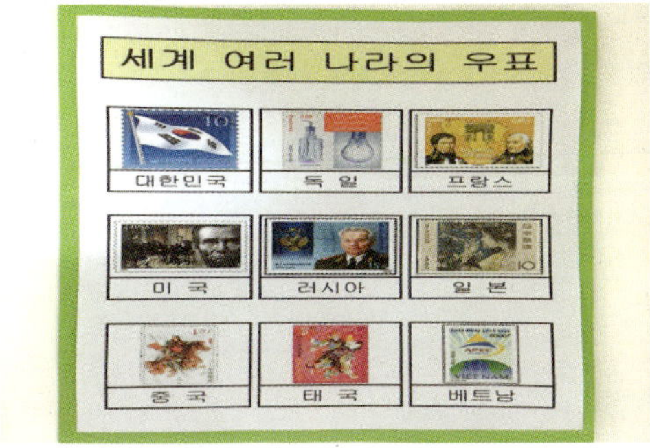

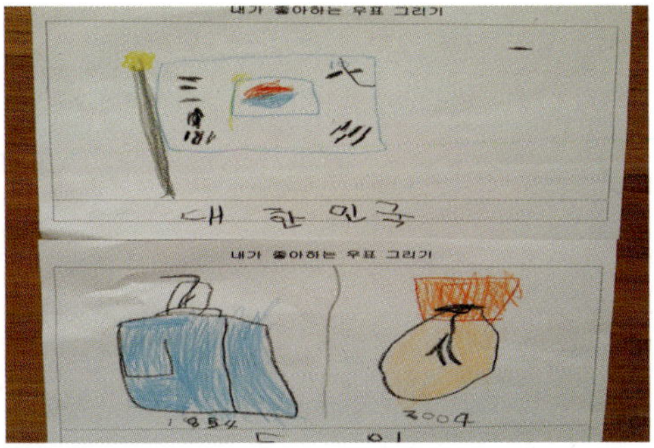

고마우신 분들

6월 우리 동네	2주 우리 동네 기관 1
대·소집단활동	음률

목표	•우리 동네에 고마우신 분들이 다양하게 있음을 안다. •고마우신 분들께 감사하는 마음을 갖는다.
누리과정 관련요소	•예술경험 > 예술적 표현하기 > 음악으로 표현하기 > 노래로 자신의 생각과 느낌을 표현한다. •의사소통 > 듣기 > 이야기 듣고 이해하기 > 다른 사람들의 이야기를 듣고 이해한다.

활동 자료

노랫말판, 악보, 피아노, 직업 관련 카드

활동 방법

1. 우리 동네에서 사시는 분들에 대해 이야기 나눈다.
   - 우리 동네에는 어떤 분들이 살고 있나요?
   - 그분들은 어떤 일을 하고 있나요?
   - 어디에서 일을 하고 있나요?
   - 어떤 옷차림으로 일을 하고 있나요?
   - (직업관련 카드를 보여 주며) 왜 그 옷을 입고 일을 할까요?
   - 아저씨는 왜 빨간 옷을 입고 일을 할까요?
2. '소방관' 노래를 소개한다.
   - (노랫말을 함께 읽어 보며) 소방관 아저씨는 어떤 일을 할까요?
   - 피아노 반주를 들어보고 허밍으로 불러본다.
3. '소방관' 노래에 다른 직업에 관한 노랫말을 넣어 개사해 본다.
   - 어떤 일을 하는 사람을 넣어 보면 좋을까요?
   - 우체부 아저씨를 넣어서 불러볼까요?
   - 또 어떤 아저씨를 넣어볼까요?
   - 또 고마우신 분은 누구일까요?
4. 우리 동네 고마우신 분들께 감사한 마음을 가지고 노래를 불러 본다.

활동의 유의점

• 우리 동네에서 일하시는 분들의 역할은 모두 다르지만, 우리에게 도움을 주시는 분들임을 인식하도록 한다.
• 멀리서 도움을 주시는 분들이 계심을 인식하도록 한다.

확장 활동

• 우리 동네에 사시는 고마우신 분들께 감사의 편지를 써 본다.
• 고마우신 분들의 얼굴 콜라주를 만들어 본다.

나는 특파원

6월 우리 동네	3주 우리 동네 기관 2
대·소집단활동	역할

목표	•특파원이 하는 일에 관심을 갖는다. •여러 나라의 특파원의 역할을 해본다.
누리과정 관련요소	•의사소통>말하기>느낌, 생각, 경험 말하기>자신의 느낌, 생각, 경험을 적절한 단어와 문장으로 말한다. •사회관계>사회에 관심 갖기>지역사회에 관심 갖고 이해하기>다양한 직업에 관심을 갖는다.

활동 자료

TV틀, 마이크, 카메라, 컴퓨터 화면, 뉴스 대본, 뉴스 동영상 자료 등

활동 방법

1. 뉴스를 본 경험에 대해 이야기를 나눈다.
   - 뉴스에서 어떤 소식을 들었나요?
   - 누구하고 뉴스를 보았나요?
   - 엄마(아빠)는 어떤 소식에 관심을 보였나요?
2. 뉴스를 진행하는 사람들에 대해서 이야기 나눈다.
   - 뉴스를 보았을 때 누가 나와서 말을 하였나요?
   - 그 사람을 무엇이라고 부를까요?
   - 또 누가 나왔나요?
   - 다른 나라 소식도 전해 주었나요?
   - 어떤 소식을 전해 주었나요?
   - 누가 그 소식을 전해 주었을까요?
3. 특파원이 하는 일에 대해서 이야기를 나눈다.
   - 뉴스에서 특파원이 하는 이야기를 들어본 적이 있나요?
   - 뉴스에서는 특파원은 어떤 소식을 전해 줄까요?
   - 뉴스를 들을 때 특파원이 어디에서 소식을 전했나요? (중국, 베트남, 미국, 일본…)
   - 특파원은 어떤 역할을 할까요?
   - ○○(이)네 엄마(아빠)가 살고 있는 ○○ 나라의 소식도 알 수 있을까요?
4. 뉴스를 전달하기 위해 필요한 준비에 대하여 알아본다.
   - 뉴스를 만들려면 어떻게 해야 할까요?
   - 어떤 준비가 필요할까요?

5. ○○ 나라 소식을 대본으로 만들어 특파원놀이를 해본다.

활동의 유의점

- 특파원을 통해 여러 나라의 소식을 우리나라에서도 들을 수 있고, 또한 우리 소식을 여러 나라에서도 알 수 있다는 것을 인식하도록 한다.
- 특파원 놀이를 해보면서 특파원에 대해 관심을 갖고 이해할 수 있도록 한다.

확장 활동

- 우리 반 뉴스를 만들어 본다.
- TV를 만들어 TV 속에 나오는 특파원이 되어 보도해 본다.
- 직업 이름을 따라 써 본다.

기상청

6월 우리 동네	3주 우리 동네기관 2
대·소집단활동	신체

목표	•나라마다 날씨와 기후가 다름을 안다. •날씨의 변화를 신체로 표현해 본다.
누리과정 관련요소	•자연탐구 > 과학적 탐구하기 > 자연현상 알아보기 > 날씨와 기후 변화에 관심을 갖는다. •신체운동·건강 > 신체활동에 참여하기 > 기구를 이용하여 신체활동하기 > 여러가지 기구를 이용하여 신체활동을 한다.

활동 자료

날씨를 나타내는 그림자료(해, 비, 구름, 눈), 지도, 리본 막대

활동 방법

1. 날씨에 대해서 이야기를 나눈다.
   - 오늘 날씨는 어떤가요?
   - 내일 날씨는 어떨까요?
   - 내일 날씨를 어떻게 알 수 있을까요?
2. 날씨를 알아보는 기상청에 대해 이야기를 나눈다.
   - 기상청은 어떤 일을 할까요?
   - 일기예보를 보도할 때 나오는 날씨는 어떤 날씨들이 있었나요?
3. 기상청에서 보도한 다양한 날씨에 대해서 알아본다.
   - 이 날씨는 어떤 날씨일까요? (비, 눈, 흐림, 바람, 맑음, 태풍)
   - 날씨의 변화는 어떻게 올까요?
   - ○○ 나라는 날씨가 어떨까요?
   - 왜 그럴까요?
4. 나라마다 기후에 따라 날씨가 다름을 이야기 나눈다.
   - 더운(추운) 나라에는 어떤 날씨일까요?
   - ○○ 나라는 어떤 날씨가 계속될까요?
   - 이런 날씨에는 어떻게 해야 할까요?
5. 날씨의 변화에 대해서 알아본 후 리본 막대를 이용하여 신체표현을 해본다.

활동의 유의점

- 기후에 따라 날씨가 변화될 수 있다는 것을 인식하도록 한다.
- 나라마다 기후가 다르고 기후에 따라 날씨가 다름을 인식하도록 한다.

확장 활동

- 날씨 지도를 그려 본다.
- 기상 캐스터 놀이를 해본다.

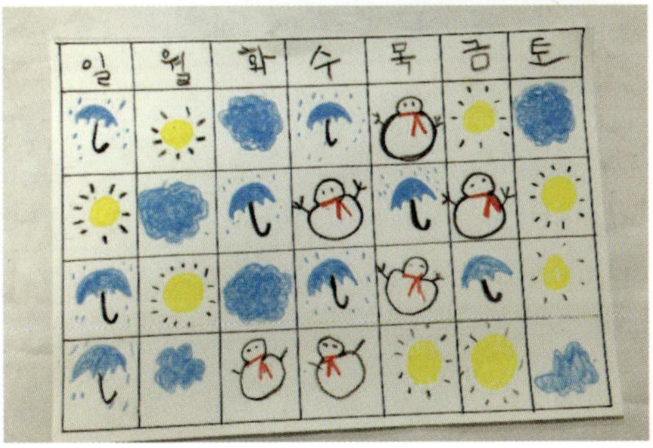

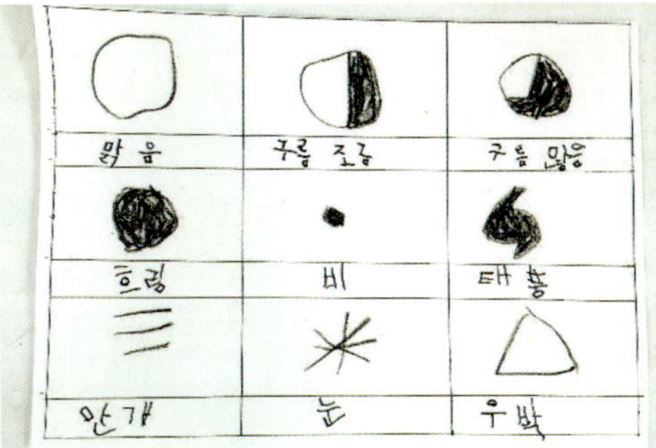

일하는 곳이 달라요

6월 우리 동네	4주 다양한 직업
대·소집단활동	이야기 나누기

목표	•사람마다 일하는 곳이 다르다는 것을 안다. •일할 수 있는 산촌, 농촌, 어촌에 관심을 갖는다.
누리과정 관련요소	•사회관계 > 사회에 관심갖기 > 지역사회에 관심 갖고 이해하기 > 다양한 직업에 관심을 갖는다. •의사소통 > 듣기 > 이야기 듣고 이해하기 > 다른 사람의 이야기를 듣고 이해한다.

활동 자료

농부, 어부, 수목업의 일하는 모습 사진

활동 방법

1. 일을 할 수 있는 곳에 대해서 이야기 나눈다.
   - 우리 부모님이 일하는 곳은 어디일까요?
   - 이 사진은 어디에서 일하는 모습일까요?
   - 이곳에는 어떤 일을 많이 하고 있을까요?
2. 우리나라의 지리적 특성에 따라 일하는 곳이 다름을 이야기 나눈다.
   - 산촌에 사는 사람들은 어떤 일을 할까요?
   - 농촌에 사는 사람들은 어떤 일을 할까요?
   - 어촌(바닷가)에 사는 사람들은 어떤 일을 할까요?
   - 산촌(농촌, 어촌)에서 일하는 사람을 뭐라고 부를까요?
3. 다른 나라의 지리적 특성에 대해 이야기 나눈다.
   - 논과 밭이 많아서 농사를 많이 하는 나라는 어느 나라일까요?
   - 산과 들이 많은 나라는 어디일까요?
   - 바다가 많은 나라는 어디일까요?
   - 일할 수 있는 곳이 이 외에 또 어떤 곳이 있을까요?
   - 만약 ○○에서 일하는 사람들이 없다면 어떻게 될까요?
4. 일하고 싶은 곳에 대해서 이야기 나눈다.
   - 어른이 되면 어디에서 일을 하고 싶나요?
   - 왜 그곳에서 일하고 싶나요?
   - 무슨 일을 하고 싶나요?
5. 지리적 특성에 따라 하는 일이 다름을 알고 일하시는 분들께 고마운 마음을 갖는다.

활동의 유의점

• 지리적 특성에 따라 일하는 곳은 다름을 알려 주기보다 일하는 사람에 대한 소중한 마음을 갖도록 지원한다.

확장 활동

• 농촌, 산촌, 어촌에서 일하는 모습에 대해 NIE 활동을 한다.
• 일하는 곳에 따라 생산되는 농·수산물 콜라주를 해본다.
• 우리집에서 즐겨 먹는 농·수산물을 조사해 온다.

외래어로 부르는 직업

6월 우리 동네	4주 다양한 직업
자유선택활동	언어

목표	•외래어로 부르는 직업이 있음을 안다. •외래어로 부르는 직업의 특성을 이해한다.
누리과정 관련요소	•사회관계＞사회에 관심 갖기＞지역사회에 관심 갖고 이해하기＞다양한 직업에 관심을 갖는다. •의사소통〉듣기＞이야기 듣고 이해하기＞다른 사람의 이야기를 듣고 이해한다.

활동 자료

그림 자료(네이미스트, 큐레이터, 아나운서, 패션 디자이너, 프리랜서, 스튜어디스, 코디네이터, 스턴트맨)

활동 방법

1. 준비된 그림 자료를 보여 주며 이야기 나눈다.
   - 어떤 일을 하는 사람일까요?
   - 어디에서 보았나요?
   - 어떤 사람이라고 부를까요?
   - 친구들이 부르기가 어떨까요?
   - 왜 이렇게 부를까요?
2. 외래어로 부르는 직업에 대해서 이야기 나눈다.
   - 외래어로 부르는 직업에는 무엇이 있을까요?
   (네이미스트, 큐레이터, 아나운서, 패션 디자이너, 프리랜서, 스튜어디스, 코디네이터, 스턴트맨 등)
   - 왜 이렇게 부를까요?
   (직업 이름이 만들어질 때 표현하기 힘든 단어를 다른 언어에서 가져와 자연스럽게 사용하게 되었다.)
   - 다른 나라에서도 이렇게 부를까요?
3. 직업의 다양함을 이해하고 부르는 호칭도 다름을 이해하며 불러 본다.

활동의 유의점

•외래어로 부르는 직업에 대한 편견을 갖지 않도록 하며, 부르는 언어는 다르지만 일의 소중함은 같다는 것을 인식하도록 한다.

확장 자료

- 아나운서 역할놀이를 해본다.
- 외래어 이름표를 만들어 본다.

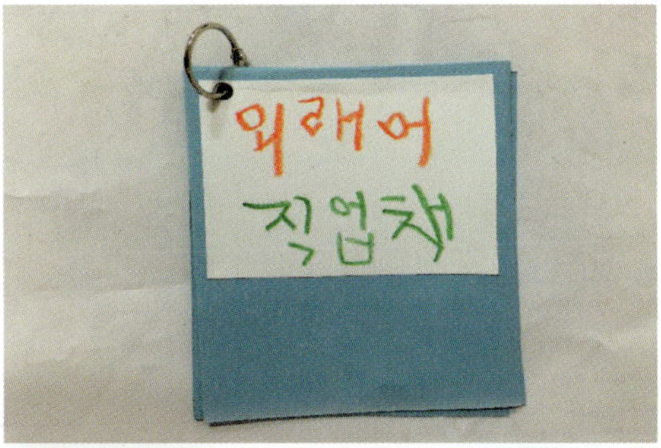

함께하는 공놀이

6월 우리 동네	5주 함께하는 우리 이웃
대·소집단활동	신체

목표	•공의 종류가 다양하게 있음을 안다. •다양한 공을 가지고 함께 놀이해 본다.
누리과정 관련요소	•자연탐구 > 탐구하는 태도 기르기 > 호기심을 유지하고 확장하기 > 주변 사물과 자연세계에 대해 지속적으로 호기심을 갖고 알고자한다. •신체운동·건강 > 신체활동에 참여하기 > 기구를 이용하여 신체활동하기 > 여러 가지 기구를 이용하여 신체활동을 한다.

활동 자료

여러 가지 공(축구, 배구, 배드민턴, 농구, 하키, 핸드볼, 야구)

활동 방법

1. 공을 가지고 놀 수 있는 방법에 대해서 이야기 나눈다.
   - 공으로 어떤 놀이를 할 수 있을까요? (축구, 배구, 농구, 핸드볼, 골프, 하키 등)
   - 어떤 놀이가 재미있을까요?
2. 다양한 공의 종류를 보며 이야기 나눈다.
   - 이 공은 어떤 놀이를 할 때 필요한 공일까요?
   - 이 공으로 다른 놀이도 할 수 있을까요?
   - 어떤 놀이를 할 수 있을까요?
3. 좋아하는 공놀이에 대해서 이야기 나눈다.
   - 어떤 공놀이를 좋아하나요?
   - 몇 명이서 할 수 있는 놀이일까요?
   - 왜 그 놀이를 좋아하나요?
4. 함께할 수 있는 공놀이에 대해서 이야기 나눈다.
   - 축구(농구, 배구…)는 몇 명이 함께할 수 있나요?
   - 친구들과 함께할 수 있는 공놀이에는 무엇이 있나요?
   - 어떻게 하면 재미있게 할 수 있을까요?
5. ○○(이)가 좋아하는 축구에 대해서 이야기 나눈다.
   - 축구는 어떻게 하는 놀이일까요?
   - 축구는 몇 명이 할 수 있는 놀이일까요?
   - 축구 경기를 본 적이 있나요?
   - 축구는 어느 나라에서 처음 시작했을까요?

6. 축구와 비슷한 놀이에 대해서 알아본다.

- 다른 나라에서도 축구놀이를 즐겨 할까요?
- 나라마다 축구와 비슷한 놀이에는 어떤 것이 있을까요?

7. 운동장에서 축구 놀이를 해본다.

축구와 비슷한 여러 나라의 놀이			
 중국	 태국	 영국	 미국
축국	세팍타크로	축구	럭비

활동의 유의점

- 공을 가지고 하는 놀이가 다양하게 있음을 알려주고 비슷한 공놀이지만 놀이마다 규칙과 참여 인원이 다름을 인식하도록 한다.

확장 활동

- 여러 가지 공놀이 규칙과 하는 방법에 대해서 이야기 나눈다.
- 공을 이용한 운동경기의 종류에 대해서 NIE 활동을 해본다.
- 여러 가지 공의 종류를 비교해 본다.

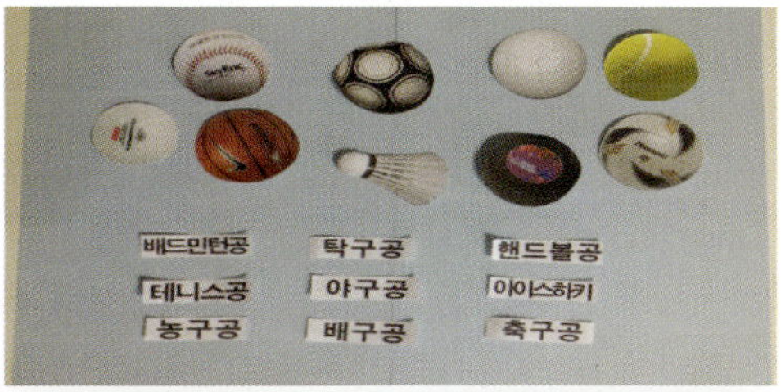

될 터이다

6월 우리 동네	5주 함께하는 우리 이웃
대·소집단활동	동시

목표	•여러 가지 직업이 있음을 안다. •직업의 귀천에 편견을 갖지 않는다.
누리과정 관련요소	•사회관계>다른 사람과 더불어 생활하기>공동체에서 화목하게 지내기>교사 및 주변 사람과 화목하게 지낸다. •의사소통>듣기>동요, 동시, 동화 듣고 이해하기>동요, 동시, 동화를 다양한 방법으로 듣고 즐긴다.

활동 자료

여러 가지 직업에 관한 그림 자료, 동시판

활동 방법

1. 그림 자료를 보면서 여러 가지 직업에 대해 이야기 나눈다.
   - 무슨 일을 하시는 분일까요?
   - 이 일을 하시는 분을 본 적 있나요?
   - 우리에게 어떤 도움을 줄까요?
2. '될 터이다' 동시를 감상한다.

될 터이다

나는 될 터이다
거리를 깨끗하게 하는
환경미화원이 될 터이다

나는 될 터이다
우리나라를 이끌어갈
대통령이 될터이다

나는 될 터이다
아파트를 지켜주는
경비아저씨가 될 터이다

나는 될 터이다
아픈 사람을 치료해 주는 의사가 될 터이다
하는 일은 달라도 모두모두 최고!!

3. 동시를 읽은 후 이야기를 나눈다.
   - 어떤 직업들이 있었나요?
   - 친구들은 커서 어떤 일을 하고 싶나요?
4. 직업에는 귀하고 천한 것이 없다는 것을 알려준다.
   - 또 다른 직업은 어떤 것이 있을까요?

- 만약에 거리를 청소하는 분이 안 계시다면 어떻게 될까요?
- 아파트를 지켜 주시는 경비아저씨가 안 계시면 어떨까요?

5. 어떤 일을 하던 최선을 다하면 최고가 될 수 있다는 것을 알려 준다.

활동의 유의점

• 직업은 자아발전을 위한 도구이며, 귀천 없이 모두 값진 것임을 인식하고 직업에 대한 편견을 갖지 않도록 한다.

확장 활동

• 의사, 소방관 역할놀이를 해본다.
• 직업을 소개하며 의상 패션쇼를 해본다.
• 다양한 직업을 소개해 본다.
• 『나는 나는 될 터이다』 동화책을 읽어 본다.

6월

우리 동네

7월 신나는 여름

실시기간 : 7월(총 4주)

'신나는 여름' 주제는 유아들이 여름의 날씨와 생활의 변화 등에 관심을 가지면서 더위를 이겨내고 건강하게 여름을 날 수 있는 다양한 방법을 알아보도록 한다. 또한 물을 이용한 다양한 놀이를 통해 더운 여름을 건강하고 신나게 지내도록 한다.

이 주제에서 달성하고자 하는 목표는 여름의 모습을 탐색하면서 더위, 바람, 비의 특성에 대한 지식을 얻고, 무더운 여름을 건강하고 시원하게 보낼 수 있는 방법을 알고 실천하도록 하는 것이다. 나아가 물을 이용한 다양한 놀이를 경험하고, 놀이방법을 고안해 보는 등 탐구과정을 즐길 수 있도록 한다.

이 주제를 통해 여름의 날씨와 생활의 변화에 대해 보다 구체적으로 반응하고 탐색할 수 있다. 여름 관련 활동을 깊게 탐구하고 심화함으로써 주변 사물과 자연세계에 대해 지속적으로 호기심을 유지, 확장하며 탐구과정 자체를 즐길 수 있게 된다. 따라서 여름을 건강하고 시원하게 보내는 방법을 구체적으로 탐색하게 되고, 여름철 물놀이를 안전하게 즐길 수 있다.

본 주제를 진행할 때는 더위로 인해 쉽게 지칠 수 있다는 점을 감안하여 날씨와 유아의 관심사에 따라 다른 주제 활동을 더욱 융통성 있고 여유 있게 진행하는 것이 바람직하다. 날씨가 점점 더워지면서 사람들의 옷차림이 달라지는 것을 자연스럽게 연결해 줌으로써 여름의 모습에 관심을 갖도록 한다. 무더운 여름을 건강하고 시원하게 보낼 수 있는 방법에 대해 이야기를 나누면서 비와 바람에 대해 탐색해 본다. 또한 물을 이용한 다양한 놀이와 실험, 관찰을 통해 물의 특성을 알고 여름을 신나게 보낼 수 있도록 한다.

주	누리 소주제	다문화활동	활동유형	다문화활동 내용
1	여름의 모습	•태풍과 장마 •여름철 과일	•이야기 나누기 •과학	태풍과 장마의 원인에 관심을 갖고 오는 시기가 나라마다 다름을 안다.
2	건강하게 여름나기	•맛의 표현이 달라요 •전통과자 만들기	•언어 •요리	나라마다 맛을 표현하는 방법과 전통과자의 종류가 다양함을 안다.
3	즐거운 물놀이 1	•여름철 음료 •다리 건너기	•과학 •신체	전통음료에 관심을 갖고 고유한 맛을 알아본다. 다리의 다양한 특성을 이해한다.
4	즐거운 물놀이 2	•낚시놀이 •물에서 하는 운동	•게임 •미술	물고기의 종류에 따라 사는 곳이 다름을 알고 즐거운 물놀이도 해본다.

다문화교육의 강조점

★ 다양성 전통과자의 종류가 다양함을 안다.
전통음료의 종류가 다양함을 안다.
물고기의 종류가 다양함을 안다.
물에서 하는 놀이의 종류와 공의 종류가 다양함을 안다.
맛을 표현하는 방법이 나라마다 다름을 안다.

★ 편 견 나라마다 잘하는 경기가 있음을 안다.

★ 문 화 다리의 역할을 이해하고 특성에 관심을 갖는다.

★ 평 등 직업은 모두 소중한 것임을 안다.

★ 협 력 물건을 사고파는 과정을 통해 더불어 살아간다는 것을 안다.

★ 정체성 태풍과 장마의 원인에 관심을 갖는다.
나라마다 전통과자와 전통음료가 있음을 안다.

태풍과 장마

7월 신나는 여름	1주 여름의 모습
대·소집단활동	이야기 나누기

목표	•태풍과 장마의 원인에 관심을 갖는다. •태풍과 장마가 오는 시기가 나라마다 다름을 안다.
누리과정 관련요소	•자연탐구 > 수학적 탐구하기 > 규칙성 이해하기 > 생활 주변에서 반복되는 규칙성을 알고 다음에 올 것을 예측해 본다. •자연탐구 > 탐구하는 태도 기르기 > 탐구과정 즐기기 > 궁금한 점을 알기 위해 비교하기, 예측하기 등 다양한 방법을 활용한다.

활동 자료

태풍과 장마 사진 자료

활동 방법

1. 여름 날씨에 대해서 이야기 나눈다.
   - 여름철 날씨는 어떤가요?
   - 왜 그럴까요?
   - 다른 나라는 어떤 날씨일까요?
2. 우리나라처럼 여름이 있는 나라에 대해 이야기 나눈다.
   - 여름이 있는 나라는 어떤 나라가 있을까요?
   - 여름만 있는 나라도 있을까요?
   - 왜 여름만 있을까요?
   - 여름만 있는 나라는 또 어떤 현상이 일어날까요?
3. 태풍과 장마 사진 자료를 보며 이야기 나눈다.
   - 이런 사진을 본 적이 있나요?
   - 언제 보았나요?
   - 무슨 일이 일어나고 있나요?
4. 태풍과 장마에 대해서 이야기 나눈다.
   - 태풍(장마)이 발생하는 이유는 무엇일까요?
   - 태풍과 장마는 언제 많이 올까요?
   - 태풍과 장마가 올 때 어떻게 해야 할까요?
5. 태풍과 장마를 대비하는 방법을 알아보고 발표해 본다.

태풍과 장마

태풍은 적도 부근에서 생성되는 기단으로 열로 인해 열대성 저기압을 형성하고 대규모의 비구름을 동반하며, 모든 태풍은 적도에서 생성되어 북상합니다.
장마는 여름에 우리나라에 주로 영향을 끼치는 북태평양기단입니다. 초여름에 오호츠크해기단과 북태평양기단이 부딪힙니다. 한 기단이 강해지면 비가 조금 오거나 가뭄이 되는데 이 싸움이 계속되면 장마가 됩니다.

활동의 유의점

- 태풍과 장마의 차이점을 알아보고 태풍과 장마의 시기가 나라마다 다름을 알도록 한다.
- 여러 종류의 태풍이 있음을 알아보고 태풍의 모습과 특징이 다름을 안다.

확장 활동

- 여러 나라의 태풍 이름을 조사해 본다.
- 태풍과 장마의 모습을 신체로 표현해 본다.
- 태풍과 장마에 관련된 동화를 들어 본다.

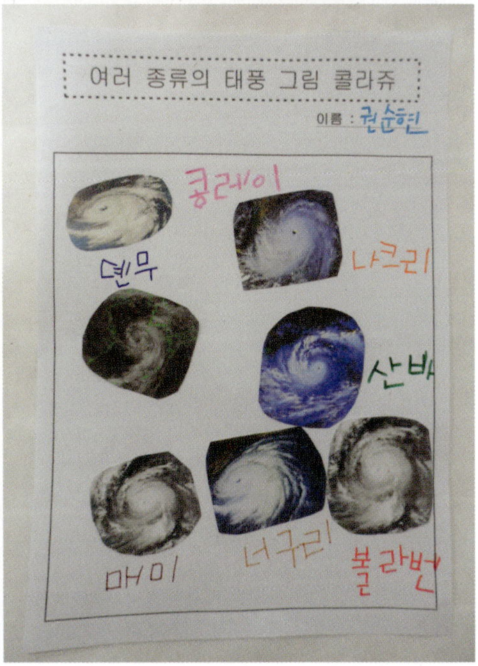

여름철 과일

7월 신나는 여름	1주 여름의 모습
대·소집단활동	과학

목표	•여름철 과일의 종류를 다양하게 알아본다. •과일들의 원산지에 대해 알고 맛을 알아본다.
누리과정 관련요소	•자연탐구 > 탐구하는 태도 기르기 > 탐구기술 활용하기 > 과정에서 탐색, 관찰, 비교, 예측, 비교, 예측 등의 탐구 기술을 활용해 본다. •의사소통 > 말하기 > 느낌, 생각, 경험 말하기 > 주제를 정하여 함께 이야기를 나눈다.

활동 자료

다양한 과일(수박, 포도, 복숭아, 사과, 참외, 키위, 바나나, 파인애플), 칼

활동 방법

1. 여러 가지 과일들을 보며 이야기 나눈다.
   - 이 과일의 이름은 무엇일까요?
   - ○○의 모양과 색깔은 어떤가요?
   - 이 과일을 먹어 본 적이 있나요?
   - 이 과일의 맛은 어떠했나요?
2. 과일의 원산지에 대해 이야기 나눈다.
   - 이 과일은 어디서 많이 나는 과일일까요?
   - 왜 거기에서 많이 날까요?
   - ○○는 어디서 많이 나는 과일일까요?
   - ○○는 우리나라에도 볼 수 있을까요?
   - 우리나라에서 볼 수 없는 과일도 있을까요?
3. 우리나라에서 볼 수 없는 과일에 대해서 이야기 나눈다.
   - 우리나라에서 볼 수 없는 과일은 어떤 과일일까요?
   - 왜 볼 수 없을까요?
   - 우리나라에서 볼 수 없는 과일도 먹을 수 있을까요?
   - 어떻게 먹을 수 있을까요?
   - 어느 나라에서 올까요?
4. 여러 가지 과일에 대해서 이야기 나눈다.
   - 망고(야자, 자몽)는 어디에서 많이 먹을 수 있을까요?
   - 과일의 모양과 맛은 어떤가요?

5. 여러 가지 과일을 보고 이야기 나눈 후, 과일의 모양과 맛을 비교해 본다.

활동의 유의점

- 나라마다 많이 나는 과일이 있음을 안다.
- 맛과 모양은 다르지만 비슷한 과일이 있음을 인식하도록 한다.

확장 활동

- 과일따기 게임을 해본다.
- 과일의 종류와 원산지를 분류해 본다.
- 과일의 다양한 맛을 표현해 본다.

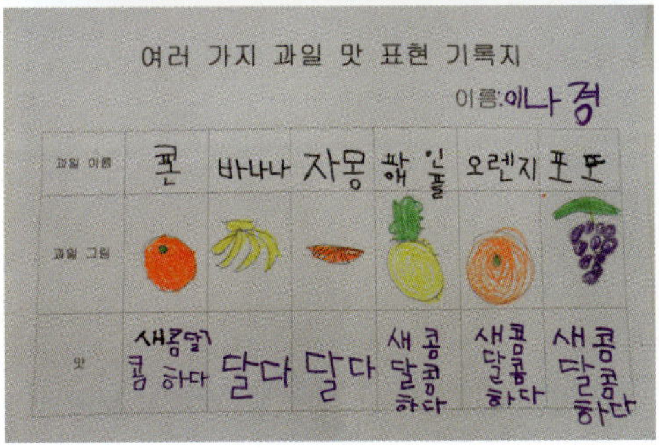

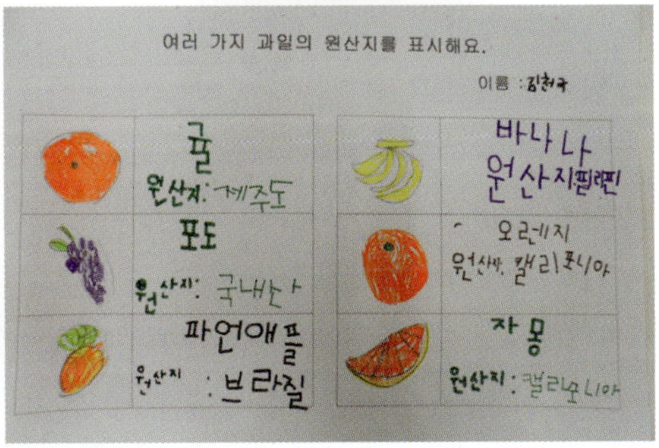

맛의 표현이 달라요

7월 신나는 여름	2주 건강하게 여름나기
자유선택활동	언어

목표	•맛을 표현하는 방법이 있음을 안다. •나라마다 맛을 표현하는 방법은 다르지만 뜻이 같음을 이해한다.
누리과정 관련요소	•예술경험 > 예술적 표현하기 > 미술활동으로 표현하기 > 다양한 미술활동으로 자신의 생각과 느낌을 표현한다. •의사소통 > 말하기 > 느낌, 생각, 경험 말하기 > 주제를 정하여 함께 이야기를 나눈다.

활동 자료

여름철 음식 그림 자료

활동 방법

1. 여름철 음식 그림 자료를 보며 이야기 나눈다.
   - 이 음식은 어떤 음식일까요?
   - 이 음식을 먹어 본 적이 있나요?
   - 이 음식은 언제 먹을 수 있는 음식일까요?
   - 맛이 어떠했나요?
2. 여러 가지 맛에 대해 이야기 나눈다.
   - 우리가 먹는 음식에는 어떤 맛이 있나요?
   - 어떤 맛의 음식을 가장 좋아하나요?
   - 왜 좋아하나요?
   - 음식의 맛이 또 어떤 것이 있을까요?
3. 여러 가지 맛의 음식에 대해서 이야기 나눈다.
   - 매운맛의 음식은 무엇이 있을까요?
   - 단맛(쓴맛, 신맛, 짠맛)의 음식에는 무엇이 있을까요?
4. 맛을 표현하는 말이 다를 수도 있음에 대해서 이야기 나눈다.
   - 고추의 맛이 어떨까요?
   - 일본(중국, 미국)에서는 이 맛을 어떻게 표현할까요?
   - 중국은 쓴 맛을 어떻게 표현할까요?
5. 음식점놀이를 통해 여러 가지 맛을 다양하게 표현해 본다.

언어					
한국어	맵다	쓰다	달다	시다	짜다
일본어	からい (카라이)	にがい (니가이)	あまい (아마이)	すっぱい (수빠이)	しょっぱい し おからい (쇼빠이 시오 가라이)
중국어	辣 (라)	苦 (쿠)	甜 (티안)	酸 (산)	口重 (코우홍)
영어	spicy (스파이시)	bitter (비터)	sweet (스위트)	sour (솔)	salty (설티)

활동의 유의점

- 음식의 맛을 표현하는 방법은 달라도 같은 맛임을 알고, 한 가지 음식에도 여러 가지 맛이 있을 수 있음을 인식하도록 한다.
- 나라마다 즐겨 먹는 음식이 있음을 알고 그 맛을 잘 표현할 수 있도록 한다.

확장 활동

- 여러 가지 맛의 표현을 여러 나라 말로 적어 본다.
- 여러 가지 맛의 음식을 콜라주해 본다.

전통과자 만들기

7월 신나는 여름	2주 건강하게 여름나기
대·소집단활동	요리

목표	•전통과자의 종류가 다양함을 안다. •나라마다 전통과자가 있음을 안다.
누리과정 관련요소	•자연탐구 > 과학적 탐구하기 > 생명체와 자연현상 알아보기 > 관심 있는 동식물의 특성과 성장과정을 알아본다. •의사소통 > 듣기 > 동요, 동시, 동화 듣고 이해하기 > 동요, 동시, 동화를 다양한 방법으로 듣고 이해한다.

활동 자료

세계 여러 나라의 전통과자 사진

활동 방법

1. 전통과자를 먹어 본 경험에 대해서 이야기 나눈다.
   - 전통과자를 먹어 본 적이 있나요?
     어떤 과자를 먹어 보았나요?
   - 어떤 맛이었나요?
2. 우리나라의 전통과자에 대해서 이야기 나눈다.
   - 우리나라 전통과자를 먹어 본 적이 있나요?
   - 언제 먹어 보았나요?
   - 전통과자가 무엇일까요? (옛 조상들이 즐겨 먹던 과자)
   - 전통과자의 종류는 어떤 것이 있을까요?
3. 세계 여러 나라의 전통과자 사진을 보며 다른 나라의 전통과자에 대해 알아본다.
   - 이 과자는 어느 나라의 전통과자일까요?
   - 중국에는 어떤 전통과자가 있을까요?
   - 무엇으로 만들었을까요?
   - 맛은 어떨까요?
   - 언제 즐겨 먹을까요?
4. 여러 나라의 전통과자에 대해서 알아본 후 이야기 나눈다.
   - 한국의 한과와 중국의 월병은 어떤 점이 같을(다를)까요?
   - 일본의 화과자와 베트남의 오마이는 어떤 점이 같을(다를)까요?
5. 전통과자 중 우리나라의 한과를 만들어 본다.

만드는 방법

① 일주일 정도 불린 찹쌀을 빻은 후 청주를 넣고 반죽을 해서 민다.
② 알맞은 크기로 자른 후 말린다.
③ 다 말린 과자를 먼저 기름에 불려 살짝 부풀린 다음 고온에서 튀긴다.
④ 과자가 커지면 건져서 기름을 뺀다.
⑤ 조청을 골고루 바르고 튀밥을 묻혀 흔들어 주면 된다.

나라	과자의 종류	만드는 방법
한국	한과	찹쌀가루를 반죽하여 물엿과 설탕을 바른 후 튀밥을 입힌 것
중국	월병	밀가루를 주재료로 설탕, 물엿, 달걀을 섞어 뜨거운 물로 반죽해서 껍질을 만들고, 팥소와 과일 말린 것, 견과류로 속을 넣은 것
일본	화과자	찹쌀가루를 가공한 분말에 설탕과 물을 넣고 치대어 밀대로 밀어서 반죽을 찍어 모양을 내는 것
베트남	바오히엔	녹두로 만든 과자

활동의 유의점

- 나라마다 전통과자의 종류는 다르지만 그 나라의 문화를 반영해 과자를 만든다는 것을 인식하도록 한다.
- 우리나라의 전통과자를 다른 나라에서도 맛 볼 수 있다는 것을 안다.

확장 활동

- 우리나라 전통과자 홍보책을 만들어 본다.
- 내가 좋아하는 전통과자를 그려 본다.

여름철 음료

7월 우리 동네	3주 즐거운 물놀이 1
대·소집단활동	과학

목표	•나라마다 즐겨먹는 전통음료가 있음을 안다. •전통음료가 다양하게 있음을 안다.
누리과정 관련요소	•자연탐구 > 탐구하는 태도 기르기 > 탐구과정 즐기기 > 궁금한 점을 알아보는 탐구과정에 참여하고 즐긴다. •신체운동·건강 > 건강하게 생활하기 > 바른 식생활하기 > 몸에 좋은 음식을 선택할 수 있다.

활동 자료

여러 나라 전통음료 사진

활동 방법

1. 여름철에 먹는 음료에 대해서 이야기 나눈다.
   - 여름철에는 어떤 음료를 먹을까요?
   - 엄마(아빠)는 어떤 음료를 즐겨 먹을까요?
   - 부모님들이 즐겨 먹는 음료를 먹어 보았나요?
   - 어떤 맛이었나요?
   - 음료를 먹고 난 후 어떤 느낌이 들었나요?
2. 우리나라의 전통음료에 대해서 이야기 나눈다.
   - 우리나라에서 즐겨 먹는 전통음료에는 어떤 것이 있나요?
   - 우리나라 전통음료를 먹어 본 적이 있나요?
   - 어떤 음료를 먹어 보았나요?
   - 어떤 맛이었나요?
3. 다른 나라의 전통음료 사진을 보며 이야기 나눈다.
   - 이 음료는 어느 나라의 전통음료일까요?
   - 중국에는 어떤 전통음료가 있을까요?
   - 무엇으로 만들었을까요?
   - 맛은 어떨까요?
   - 언제 즐겨 먹을까요?
4. 여러 나라의 전통음료를 먹어 본 후 맛을 비교해 본다.

나라 \ 종류	전통음료	만드는 방법
한국	수정과	계피와 생강, 대추, 설탕을 넣어 끓인 음료
인도	라씨	우유를 발효시킨 요거트에 물이나 우유, 설탕이나 꿀, 여기에 블루베리, 바나나 등 과일을 섞어 만듦
터키	아이란	소나 양 젖으로 만든 요구르트
대만	쩐쭈나이차	85℃ 소금커피
중국	쏸 메이탕	매실을 훈증시킨 약재와 설탕을 넣어 끓인 음료
일본	아마자케	멥쌀 또는 찹쌀을 죽 상태로 끓이고 쌀로 만든 누룩을 넣어 전분을 당화시켜 만든 음료
스페인	샹그리아	와인을 별도의 용기에 부은 다음 오렌지주스와 레몬주스, 설탕을 넣고 잘 섞은 뒤 썰어 놓은 과일들을 넣음

활동의 유의점

- 전통음료의 종류가 다양함을 알고 조리방법에 따라 음료의 종류가 달라짐을 안다.
- 같은 음료라도 만드는 방법은 지역마다 조금씩 다를 수 있음을 인식하도록 한다.

확장 활동

- 우리나라 전통 음료인 수정과를 만들어 본다.
- 전통음료 홍보책을 만들어 본다.

다리 건너기

7월 우리 동네	3주 즐거운 물놀이 1
대·소집단활동	신체

목표	•여러 지역의 다리에 관심을 갖는다. •다리의 특징을 이해하고 다리를 건너 본다.
누리과정 관련요소	•자연탐구 > 탐구하는 태도 기르기 > 탐구과정 즐기기 > 궁금한 점을 알아보는 탐구과정에 참여하고 즐긴다. •신체운동·건강 > 신체 조절하기 > 기본 운동하기 > 걷기, 달리기, 뛰기 등 다양한 이동운동을 한다.

활동 자료

여러 가지 다리 그림 자료

활동 방법

1. 강가에 가 본 경험에 대해서 이야기 나눈다.
   - 강가에 가 본 적이 있나요?
   - 누구랑 함께 갔나요?
   - 강가에서 무엇을 했나요?
   - 강가에서 무엇을 보았나요?
2. 강에서 볼 수 있는 것에 대해서 이야기 나눈다.
   강에서는 무엇을 볼 수 있을까요?
   - 물이 흐르고 있어서 건널 수 없는 곳을 어떻게 건널 수 있을까요?
   - 다리를 건너 본 적이 있나요?
3. 다리를 건너 본 경험에 대해 이야기 나눈다.
   - 다리를 언제 건너 보았나요?
   - 어떤 다리를 건너 보았나요?
4. 여러 가지 다리 사진을 보며 이야기 나눈다.
   - 이 다리는 무엇으로 만든 다리일까요?
   - 돌 외에도 다리를 만들 수 있는 것은 무엇일까요?
   - 이 다리의 이름은 무엇일까요?
   - 이런 다리 밑에는 무엇이 있나요?
   - 이런 다리를 본 적이 있나요?
   - 다리의 길이는 얼마나 될까요?

5. 다리의 길이에 대해서 이야기 나눈다.

- 이 다리는 길이가 어떠한가요?
- 왜 그럴까요?
- 만약 다리가 없다면 어떨까요?

6. 여러 가지 블록으로 다리를 놓아 건너 본다.

활동의 유의점

- 다리의 역할을 이해하고 다리가 많은 나라의 지형적 특징을 인식하도록 한다.
- 각 나라와 지역마다 다양한 모습의 다리가 있음을 알고 다리의 이름을 알도록 한다.

확장 활동

- 징검다리게임을 해본다.
- 우리 동네에서 가장 가까운 다리를 조사해 온다.
- 다른 나라의 다리에 대해서 알아본다.

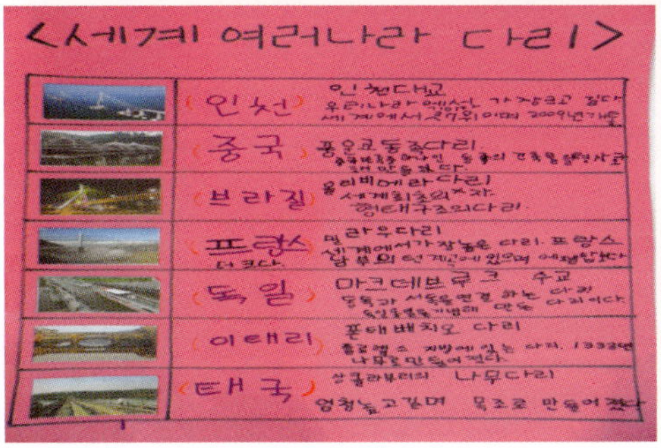

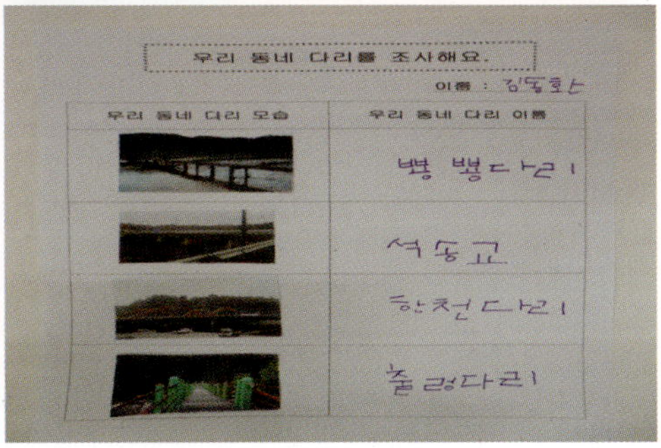

낚시놀이

7월 우리 동네	4주 즐거운 물놀이 2
대·소집단활동	게임

목표	•물고기의 종류가 다양함을 안다. •지역에 따라 잡히는 물고기가 다름을 안다.
누리과정 관련요소	•자연탐구 > 탐구하는 태도 기르기 > 탐구과정 즐기기 > 궁금한 점을 알아보는 탐구과정에 참여하고 즐긴다. •신체운동·건강 > 건강하게 생활하기 > 바른 식생활하기 > 몸에 좋은 음식을 선택할 수 있다.

활동 자료

여러 가지 물고기 그림 자료, 낚시놀이 교구

활동 방법

1. 지역마다 많이 살고 있는 물고기에 대해서 이야기 나눈다.
   - 우리 동네 강에는 어떤 물고기가 많이 살고 있나요?
   - 왜 이 곳에서 많이 살까요?
   - ○○고기는 어디에서 많이 살까요?
   - 왜 그곳에서 많이 살까요? (물 속 혼합 구조와 구조에 따른 차이로 인한 먹이생물균 변동)
2. 다른 강에서 살고 있는 물고기에 대해서 이야기 나눈다.
   - 메콩강에는 어떤 물고기들이 있을까요? (징기스칸, 로얄나이프, 크라운나이프, 골드너인디언나이프, 플라워혼, 레드펀바브, 플래그테일카라신, 토푸티토라, 자이안트구라미, 비타루스타이거피시 등)
   - ○○강에서 많이 살고 있는 물고기는 어떤 것이 있을까요?
   - 왜 그곳에서 많이 살까요?
   - 잡아 보고 싶은 물고기는 어떤 것이 있을까요?
   - 우리도 물고기를 한번 잡아 볼까요?
3. 강의 특성과 물고기의 종류를 알아본 후 낚시놀이 교구를 이용해 물고기를 잡아 본다.

활동의 유의점

•지형과 기후에 따라 물 속에 살고 있는 고기의 종류가 다양함을 알려 주도록 한다.

•해양의 특성에 따라 많이 잡히는 고기가 있음을 안다.

종류	강의 특성
메콩강 (동남아시아의 젖줄)	메콩강은 총길이가 약 4.180km에 이른다. 중국의 칭하이성 티베트에서 발원하여 미얀마, 타이, 라오스, 캄보디아, 베트남을 거쳐 남중국해로 흐를 정도로 긴 강이다. 계절에 따른 유량의 변화가 심하고 급류와 폭포가 많다.
아마존 (지구의 허파)	아마존은 총 길이가 약 7.062km로 세계에서 가장 긴 강이다. 페루 남부의 안데스에서 발원하고 하구는 대서양이다. 엄청난 면적의 열대우림과 습지는 우리 지구의 소중한 자원이며, 다양한 수생식물과 동물들의 서식지가 되고 있다.
말라위 (바다 같은 호수)	아프리카 동부 내륙에 위치한 말라위 호수는 길이 600km, 폭 85km, 최대 깊이는 700m로 해수면보다 472m가 높다. 수질은 아주 맑아서 가시거리가 20m 정도로 세계에서 가장 맑은 호수 중에 하나이다.

확장 활동

- 물고기를 잡는 낚시놀이를 해본다.
- 물고기 콜라주를 만들어 본다.
- 지역의 아쿠아리움을 견학해 본다.

물에서 하는 운동

7월 우리 동네	4주 즐거운 물놀이 2
대·소집단활동	미술

목표	•물에서 하는 운동이 다양하게 있음을 안다. •여러 종류의 물에서 하는 운동을 창의적으로 표현해 본다.
누리과정 관련요소	•사회관계 > 사회에 관심 갖기 > 세계 여러 문화에 관심 가지기 > 다양한 인종과 문화를 알아보고 존중한다. •의사소통 > 듣기 > 낱말과 문장 듣고 이해하기 > 일상생활과 관련된 낱말과 문장을 듣고 뜻을 이해한다.

활동 자료

물에서 하는 운동 종류 그림, 세계 수영 선수 사진, 다양한 편지지, 필기도구, 편지 예시문

방법자료

1. 물에서 하는 운동의 종류에 대해 이야기 나눈다.
   - 물에서 하는 운동에는 무엇이 있을까요? (수영, 다이빙, 수구, 조정, 요트, 수상스키, 싱크로나이즈 등)
   - 물에서 하는 운동을 본 적이 있나요?
   - 어떤 운동을 보았나요?
2. 그림 자료를 보며 여러 가지 운동에 대해서 이야기 나눈다.
   - 이 그림은 어떤 물놀이 운동일까요?
   - 이런 물놀이 운동을 해본 적이 있나요?
   - 어디에서 볼 수 있는 물놀이 운동일까요?
   - 이런 운동을 잘하는 사람을 무엇이라고 할까요?
   - 물놀이 운동을 잘하는 선수는 누가 있을까요?
3. 물놀이 운동선수에 대해서 이야기 나눈다.
   - 수영을 잘하는 선수는 누구일까요?
   - 수영에서 금메달을 딴 선수는 누가 있을까요?
   - 다이빙을 잘하는 선수는 누구일까요?
   - 누가 다이빙에서 금메달을 땄을까요?
   - 물놀이 운동 중 어떤 운동이 재미있을 것 같아요?
   - 어떤 운동을 해보고 싶나요?
4. 물에서 하고 싶은 물놀이 운동을 콜라주로 만들어 본다.

활동의 유의점

- 물에서 하는 운동의 종류가 다양함을 알려주고 물놀이 운동의 유의점을 인식하도록 한다.
- 열심히 노력하면 운동도 잘 할 수 있다는 것을 인식하도록 한다.

확장 활동

- 수영장에 가서 수영을 해본다.
- 색종이를 가지고 수영복을 오려 붙여 본다.
- 내가 좋아하는 운동경기를 콜라주해 본다.
- 물에서 하는 운동경기 책을 본다.
- 블록이나 상자로 배를 만들어 선장놀이를 해본다.

8월 교통과 안전

실시기간 : 8월(총 4주)

'교통'은 일상생활에서 접하는 중요한 수단이므로 본 주제를 확장하여 이해할 필요가 있다. 이전 연령에서 다양한 교통수단에 대한 이해를 하였다면, 만 5세아는 한 가지 교통수단에 대해서 궁금한 것을 깊이 있게 탐구하며, 이와 관련된 시설에 대한 지식과 경험까지 주제를 확장하도록 한다. 더불어 만 5세는 사회적 가치를 알고 지키는 것을 배워야 하는 시기이므로, 교통수단을 이용할 때 질서와 교통규칙을 지키고 길을 걸을 때 보행규칙을 지키는 등 공공규칙의 중요성을 배워야 한다. 또한 초등학교에 입학하기 전까지 교통안전에 대한 준비를 해야 하는 시기이다. 그러므로 교통수단과 교통시설뿐만 아니라 교통안전까지 연계하여 '교통과 안전'에 대해 포괄적으로 경험하도록 한다.

'교통과 안전' 주제에서는 다양한 교통수단과 교통시설, 미래의 교통수단을 탐색해 봄으로써 탐구하는 태도를 기르고, 안전한 교통문화를 경험해 봄으로써 공공규칙을 지키고 안전하게 생활하는 것을 습득하게 한다. 즉, 다양한 교통수단과 교통시설 및 교통안전에 대한 지식을 알고, 미래의 교통수단을 상상하여 구성하는 기술을 익힌다. 또한 교통수단과 시설을 탐구하고 안전하게 생활하는 태도를 기르며, 교통안전 규칙이 중요함을 이해한다.

본 주제를 진행할 때는 여러 교통수단을 단순하게 열거하여 습득하는 것이 아니라 유아들이 관심 있는 교통수단을 선택하여 깊이 있게 탐색한다. 그리고 이들 교통수단을 위한 교통시설을 탐색하여 연계하여 활동을 진행한다. 또한 현재 이용하는 교통수단에 대한 생각을 확장하여 미래의 교통수단을 상상해 보고 이를 구성하는 능력을 기른다. 나아가 교통수단을 이용할 때 주의해야 하는 안전에 대한 문제를 생각해 보고 이를 경험하여 습득하도록 한다.

주	누리 소주제	다문화활동	활동유형	다문화활동 내용
1	내가 궁금한 교통수단	•최초의 교통기관 •과거와 현재의 교통기관	•견학 •조작	교통수단에 관심을 갖고 과거와 현재의 교통수단 발달과정을 이해한다.
2	편리한 교통시설	•내가 좋아하는 교통기관 •교통기관 분류하기	•수 •수, 과학	여러 가지 육상, 해상, 항공 교통기관의 종류와 특성을 알고 교통기관을 분류해 본다.
3	미래의 교통수단	•미래의 교통기관 •특별한 교통기관	•미술 •쌓기	현재의 교통수단을 편리하게 이용하고 미래의 특별한 교통수단에 대해 알아본다.
4	안전한 교통문화	•운전석과 스쿨존이 달라요 •양보해야 해요	•이야기 나누기 •역할	다양한 교통문화에 관심을 갖고 대중교통을 이용 시 양보문화에 대해서 이해한다.

다문화교육의 강조점

★ 다양성 다양한 교통수단에 관심을 갖는다.
육상, 해상, 항공 교통기관의 종류를 안다.

★ 편 견 교통문화의 다름에 편견을 갖지 않는다.

★ 문 화 과거와 현재의 교통기관에 대해서 알아보고 교통기관의 발달과정을 안다.
특별한 교통수단이 생긴 이유에 관심을 갖는다.
자리를 양보하는 예절문화가 있음을 안다.

★ 평 등 자리를 양보해야 하는 사람에게 평등하게 자리를 양보한다.

★ 협 력 현재의 교통수단을 편리하게 이용하는 방법을 알아본다.

★ 정체성 나라의 지리적 특성에 따라 발달하는 교통기관이 다름을 안다.
나라마다 특별한 교통수단이 있음을 안다.
나라마다 스쿨존이 있음을 안다.

최초의 교통기관

8월 교통과 안전	1주 내가 궁금한 교통수단
대·소집단활동	견학

목표	•여러 가지 교통수단에 대해서 안다. •최초의 교통기관에 대해 관심을 갖는다.
누리과정 관련요소	•자연탐구 > 탐구하는 태도 기르기 > 탐구과정 즐기기 > 궁금한 점을 알기 위해 비교하기, 예측하기 등 다양한 방법을 활용한다. •의사소통 > 말하기 > 느낌, 생각, 경험 말하기 > 주제를 정하여 함께 이야기를 나눈다.

활동 자료

교통수단 그림 자료, 필기도구

활동 방법

1. 여러 가지 교통수단에 대해 이야기 한다.
   - 우리가 알고 있는 교통수단에는 무엇이 있을까요?
   - 무엇을 타 보았나요?
   - 또 어떤 교통수난이 있나요? (자동차 오토바이, 자전거, 버스, 기차, 비행기, 배, 인력거 트램, 모노레일, 케이블카, 바이시클택시, 오토바이택시, 카누, 지하철 등)
2. 교통수단의 이름과 특성에 대해서 이야기 나눈다.
   - 이런 교통수단을 본 적이 있나요?
   - 어디서 보았나요?
   - 이 교통수단은 어떨 때 이용하면 편리할까요?
   - 왜 그렇게 생각해요?
   - 내가 가장 타보고 싶은 교통수단은 무엇인가요?
   - 이런 교통수단은 언제 처음으로 생겼을까요?
3. 최초의 교통수단에 대해서 이야기 나눈다.
   - 최초의 교통수단은 무엇일까요?
   - 누가 만들었을까요?
   - 오늘날 어떻게 변화되었을까요?
4. 교통수단의 발달과정에 대해서 이야기 나눈다.
   - 배(자동차, 기차)는 처음에 어떻게 만들어졌을까요?
   - 비행기는 어떻게 만들어졌을까요?
   - 교통수단이 왜 점점 발달하게 될까요?
   - 미래에는 또 어떤 교통수단이 있을까요?

5. 교통수단이 우리에게 주는 이로움에 대해서 이야기 나눈다.

- 만약에 교통수단이 없다면 어떻게 될까요?
- 교통수단이 우리에게 주는 이로운 점은 무엇일까요?

6. 최초의 교통수단을 이해하고 교통박물관을 견학한다.

활동의 유의점

- 교통박물관 견학으로 교통수단의 발달과정을 알아보고, 미래의 교통수단에도 관심을 갖도록 한다.
- 과거와 미래의 교통수단에 대해 다양한 방법을 활용하여 알아보고 경험하도록 한다.

호가장 활동

- 교통수단을 그려 본다.
- 자동차 그림에 여러 가지 블록으로 구성해 본다.
- 채소로 교통기관을 구성해 본다.

과거와 현재의 교통기관

8월 교통과 안전	1주 내가 궁금한 교통수단
자유선택활동	조작

목표	•과거와 현재의 교통기관에 대해 알아본다. •교통기관의 발달과정을 이해한다.
누리과정 관련요소	•자연탐구 > 탐구하는 태도 기르기 > 탐구과정 즐기기 > 궁금한 점을 알기 위해 비교하기, 예측하기 등 다양한 방법을 활용한다. •의사소통 > 말하기 > 느낌, 생각, 경험 말하기 > 자신의 느낌, 생각, 경험을 적절한 단어와 문장으로 말한다.

활동 자료

옛날과 오늘날의 교통기관 그림 자료

활동 방법

1. 과거의 교통기관에 대해서 이야기 나눈다.
   - 옛날에는 어떻게 다녔을까요?
   - 할아버지(할머니)는 무엇을 타고 다니셨을까요?
   - 어떤 점이 좋았을까요?
   - 요즘 우리가 타고 다니는 자동차 하고는 어떻게 다를까요?
2. 오늘날의 교통기관에 대해서 이야기 나눈다.
   - 요즘은 무엇을 많이 타고 다닐까요?
   - 빨리 가려면 무엇을 타고 가야 할까요?
   - 친구들이 타 보고 싶어하는 교통수단에는 무엇이 있나요?
3. 오늘날과 옛날의 교통기관을 알아본 후 이야기를 나누어 본다.
   - 자동차가 없을 때 사람들은 어떤 교통수단을 타고 다녔을까요? (말 → 마차 → 자동차)
   - 배에 모터가 달려 있지 않았을 때 사람들은 어떤 교통수단을 이용했을까요? (통나무배 → 카누 → 여객선)
5. 오늘날과 옛날의 교통수단의 유래를 알아보고 교통수단을 짝지어 본다.

인력거와 자전거의 유래

인력거는 일본에서 시작되었으며, 1869년 '다카야마 코스케'란 일본인이 서양의 마차를 보고 와서 응용하여 최초로 만든 것으로, 우리나라에는 1883년 박영효에 의해 처음으로 국내에 선을 보이게 되었다.
자전거는 동력원이 기계장치가 아닌 사람의 힘으로 굴러가는 차 또는 수레로 기원전 5,000년 경 메소포타미아에서 발명되어 수메르인이 발전시킨 것으로 무거운 물건을 옮기는 수레의 용도로 사용되었지만, 점차 전차나 자동차 등 다양한 운송수단으로 발전하였고, 종래에는 인간의 힘으로 이동이 가능한 자전거가 되었다.

활동의 유의점

• 옛날과 오늘날의 교통수단의 변천과정을 알고 교통수단의 편리함을 인식하도록 한다.

확장 활동

• 과거와 현재의 교통기관을 벤다이어그램으로 나타내어 본다.
• 자전거와 인력거를 만들어 본다.

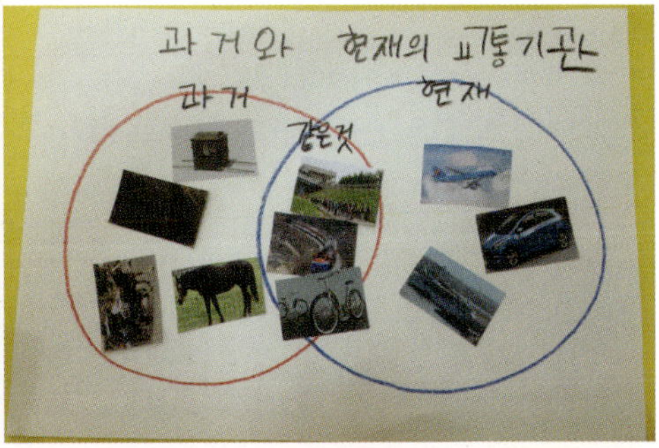

8월

교통과 안전

내가 좋아하는 교통기관

8월 교통과 안전	2주 편리한 교통시설
자유선택활동	수

목표	• 다양한 교통수단에 관심을 가진다. • 경험해 본 교통수단의 종류와 특성을 안다.
누리과정 관련요소	• 자연탐구 > 탐구하는 태도 기르기 > 탐구과정 즐기기 > 궁금한 점을 알기 위해 비교하기, 예측하기 등 다양한 방법을 활용한다. • 의사소통 > 말하기 > 느낌, 생각, 경험 말하기 > 자신의 느낌, 생각, 경험을 적절한 단어와 문장으로 말한다.

활동 자료

여러 가지 교통기관 그림 카드, 전지, 쓰기도구, 풀, 가위

활동 방법

1. 교통수단을 이용해 본 경험에 대해서 이야기 나눈다.
   - 어린이집에 올 때 무엇을 타고 왔나요?
   - ○○할머니, 할아버지 집에 갈 때는 무엇을 타고 갔나요?
   - 왜 그것을 타고 갔나요?
   - 다르게 갈 수 있는 방법은 무엇이 있을까요?
2. 여행을 할 때 이용해 본 교통수단에 대해서 이야기 나눈다.
   - 어디를 여행해 본 적이 있나요?
   - 누구와 함께 갔나요?
   - 무엇을 타고 갔나요?
3. 특별한 교통기관 사진을 보고 이야기 나눈다.
   - 특별한 교통기관은 어떤 것이 있을까요? (잠수함, 열기구, 케이블카)
   - 타 본 적이 있나요?
   - 어디에서 많이 볼 수 있을까요?
   - 왜 이런 교통기관이 생겨나게 되었을까요?
4. 내가 이용해 본 교통수단 중 좋아하는 교통수단에 대해서 이야기 나눈다.
   - 내가 이용해 본 교통수단 중에서 어떤 교통수단이 좋았나요?
   - 왜 그 교통수단이 좋은가요?
5. 좋아하는 교통수단을 그림으로 그린 후 그래프를 만들어 본다.
   - 비행기(자동차, 오토바이, 배, 기차…)를 좋아하는 친구들은 몇 명인가요?

- 친구들이 가장 좋아하는(좋아하지 않는) 교통수단은 무엇인가요?
- 왜 좋아하지 않을까요?

6. 유아들이 좋아하는 교통수단을 알아보고, 그래프를 보며 좋아하는 순서대로 나열해 본다.

활동의 유의점

- 유아들이 이용해 본 교통수단이 많지 않을 경우, 많이 이용해 본 유아들의 경험을 이야기 나누도록 한다.

확장 자료

- 채소로 교통기관 바퀴를 만들어 물감으로 찍어 본다.
- 내가 좋아하는 교통기관 그래프를 만들어 본다.
- 물감으로 자동차 바퀴를 굴려 본다.
- 채소로 교통기관을 구성해 본다.

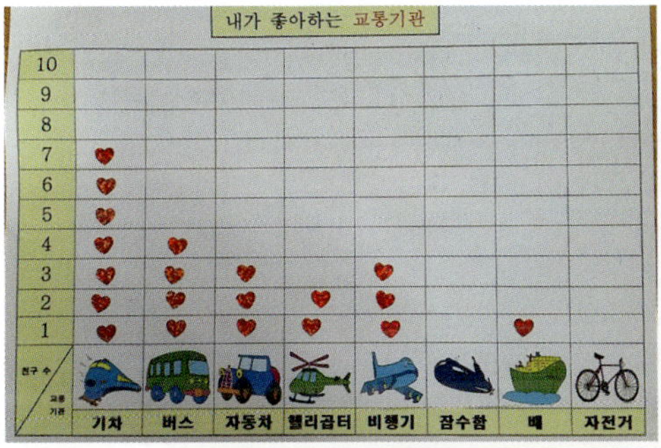

교통기관 분류하기

8월 교통과 안전	2주 편리한 교통시설
자유선택활동	수, 과학

목표	•교통기관의 종류가 다양함을 안다. •육상, 해상, 항공 교통기관을 분류해 본다.
누리과정 관련요소	•자연탐구 > 탐구하는 태도 기르기 > 탐구과정 즐기기 > 궁금한 점을 알기 위해 비교하기, 예측하기 등 다양한 방법을 활용한다. •의사소통 > 말하기 > 느낌, 생각, 경험 말하기 > 주제를 정하여 함께 이야기를 나눈다.

활동 자료

여러 가지 교통기관 그림 카드

활동 방법

1. 여러 가지 교통기관 그림 카드를 보며 이야기 나눈다.
   - 이 교통기관을 본 적이 있나요?
   - 어디에서 보았나요?
   - 어디로 다니는 교통기관일까요?
2. 육지의 교통기관 사진을 보며 이야기 나눈다.
   - 어떤 교통기관이 있을까요?
   - 어떻게 생겼나요?
3. 해상 교통기관에 대해서 이야기 나눈다.
   - 물에서 다니는 교통기관에는 어떤 것이 있을까요?
   - 배를 타 본 적이 있나요?
   - 언제, 누구랑 타 보았나요?
   - 기분이 어땠나요?
4. 항공 교통기관 사진을 보여 주며 이야기 나눈다.
   - 하늘로 다니는 교통기관은 어떤 것이 있을까요?
   - 비행기를 타 본 적이 있나요?
   - 언제 누구랑 타 보았나요?
   - 어디를 갔었나요?
5. 여러 가지 교통기관 그림 카드를 보며 분류해 본다.

활동의 유의점

- 교통기관의 종류가 다양함을 알고 목적지에 따라 가는 방법이 다름을 인식하도록 한다.
- 지형적 특성에 따라 교통기관의 종류가 달라짐을 안다.

확장 활동

- 교통기관 이름으로 끝말잇기를 해본다.
- 교통기관 수수께끼를 해본다.
- 우리집 자동차 그리기를 해본다.

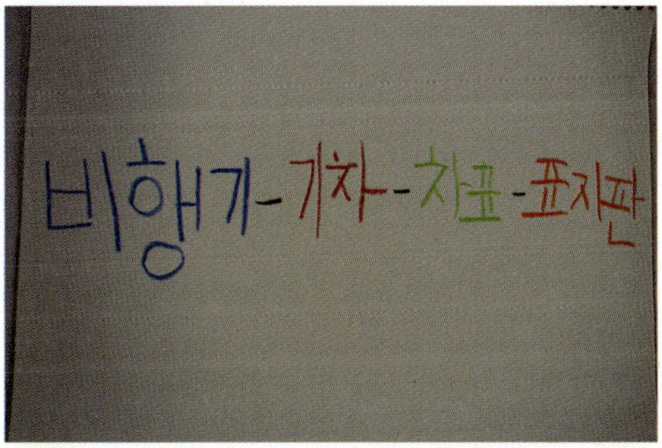

미래의 교통기관

8월 교통과 안전	3주 미래의 교통수단
자유선택활동	미술

목표	•미래의 교통기관을 상상해 본다. •현재의 교통수단을 편리하게 이용할 수 있는 방법에 관심을 갖는다.
누리과정 관련요소	•의사소통>말하기>느낌, 생각, 경험 말하기>자신의 느낌, 생각, 경험을 적절한 낱말과 문장으로 말한다. •자연탐구>탐구하는 태도 기르기>탐구과정 즐기기>궁금한 점을 알기 위해 비교하기, 예측하기 등 다양한 방법을 활용한다.

활동 자료

교통수단의 그림 또는 사진이 있는 잡지, 광고지, 종이, 연필, 사인펜, 볼펜, 크레파스, 지우개

활동 방법

1. 우리가 이용하고 있는 교통수단에 대해서 이야기 나눈다.
   - 우리가 현재 이용하고 있는 교통수단에는 어떤 것이 있나요?
   - 할아버지, 할머니 집에 갈 때는 어떤 교통수단을 이용하나요?
2. 우리가 이용하고 있는 교통수단의 불편한 점에 대해서 이야기 나눈다.
   - 교통수단을 이용하면서 어떤 점이 불편했나요?
   - 좀 더 편리하게 이용하려면 어떻게 하면 좋을까요?
3. 불편한 점을 편리하게 바꿀 수 있는 방법에 대해서 이야기 나눈다.
   - 편리한 교통수단이 되려면 무엇을 바꾸어야 할까요?
   - 그 부분이 바뀌면 어떤 점이 편리해질까요?
4. 편리하게 이용할 수 있는 교통수단을 생각하며 이야기 나눈다.
   - 어떤 교통수단이 나오면 편리할까요?
   - 미래에 그런 교통수단이 나올까요?
   - 미래에는 어떤 것을 타고 다닐까요?
   - 또 어떤 교통수단들이 나올까요?
5. 여러 교통수단의 부분들을 조합하여 미래의 교통수단을 만들어 본다.
   - 어떤 것을 만들어 볼까요?
   - 이 교통수단의 이름은 무엇이라고 할까요?

- 지금 우리가 타고 다니는 교통수단과 어떻게 다를까요?
- 스포츠카에 비행기의 날개를 붙인다면 어떻게 될까요?
- 기차에 바퀴를 여러 개 붙이면 어떻게 될까요?

6. 내가 만든 미래의 교통기관을 친구들에게 소개하며 느낌을 이야기해 본다.

활동의 유의점

- 미래의 교통기관을 자유롭게 구성해 보면서 교통기관의 특징을 이해하고 다양하게 상상할 수 있도록 한다.

확장 활동

- 우주왕복선 놀이를 해본다.
- 미래의 교통수단을 만들어 본다.

특별한 교통기관

8월 교통과 안전	3주 미래의 교통수단
자유선택활동	쌓기

목표	•나라마다 특별한 교통수단이 있음을 안다. •특별한 교통수단이 생긴 이유에 관심을 갖는다.
누리과정 관련요소	•사회관계 > 다른 사람과 더불어 생활하기 > 친구와 사이좋게 지내기 > 친구와 협동하며 놀이한다. •자연탐구 > 탐구하는 태도 기르기 > 탐구과정 즐기기 > 궁금한 점을 알기 위해 비교하기, 예측하기 등 다양한 방법을 활용한다.

활동 자료

다른 나라의 특별한 교통수단 사진 자료

활동 방법

1. 유아들이 타 보았거나 들어 보았던 특별한 교통수단에 대해서 이야기 나눈다.
   - 특별하게 생각하는 교통수단이 있나요?
   - 어떤 교통수단이 있을까요?
   - 타 본 경험이 있나요?
   - 어떻게 생겼나요?
2. 다른 나라의 특별한 교통수단 사진 자료를 보며 이야기 나눈다.
   - 이런 교통수단을 본 적이 있나요?
   - 어디에서 보았나요?
   - 왜 이런 교통수단을 만들어 이용하게 되었을까요?
3. 다른 나라의 특별한 교통수단에 대해서 이야기 나눈다.
   - 나라마다 어떤 특별한 교통수단이 있을까요? (베네치아 -곤돌라, 타이 - 툭툭, 필리핀 - 지프니, 리스본 - 시가전차)
   - 높고 길이 좁은 산이 있는 나라인 네팔에서는 어떤 교통수단을 이용할까요? (케이블카)
   - 호주는 왜 수상 택시를 만들었을까요?
   - 타이의 툭툭을 이용하면 무엇이 좋을까요?
   - 다른 나라의 특별한 교통수단은 어떤 점이 좋을까요?
4. 우리나라 교통수단 중 소개해 주고 싶은 교통수단에 대해서 이야기 나눈다.
   - 어떤 것을 소개해 주고 싶나요?
   - 왜 소개해 주고 싶나요?
5. 각자 타 보고 싶은 교통수단을 알아보고 블록을 이용하여 교통수단을 만들어 본다.

활동의 유의점

- 여러 가지 교통수단에 대해 관심을 갖고 나라마다 교통발달과 문화의 차이가 있음을 인식하도록 한다.

확장 활동

- 여러 가지 재료로 세계 여러 나라 글자 기차를 만들어 본다.
- 교통기관 실 꿰기를 해본다.
- 여권을 만들어 본다.
- 교통 카펫 위에서 교통기관 놀이를 해본다.

8월

교통과 안전

운전석과 스쿨존이 달라요

8월 교통과 안전	4주 안전한 교통문화
대·소집단활동	이야기 나누기

목표	•교통문화가 다름을 안다. •스쿨존에 관심을 갖고 다름을 이해한다.
누리과정 관련요소	•의사소통 > 말하기 > 느낌, 생각, 경험 말하기 > 자신의 느낌, 생각, 경험을 적절한 낱말과 문장으로 말한다. •자연탐구 > 탐구하는 태도 기르기 > 탐구과정 즐기기 > 궁금한 점을 알기 위해 비교하기, 예측하기 등 다양한 방법을 활용한다.

활동 자료

운전석이 다른 자동차 그림 자료, 스쿨존 표지판

활동 방법

1. 자동차 운전하는 모습을 보며 이야기 나눈다.
   - 운전 수는 어디 있나요?
   - 우리는 아빠(엄마)가 어느 쪽에서 운전하나요?
   - 운전석이 오른쪽 (왼쪽)일 수도 있나요?
   - 왜 우리나라의 운전석과 다를까요?
2. 운전석의 위치가 다름에 대해서 이야기 나눈다.
   - 왜 오른쪽(왼쪽)에서 운전할까요?
   - 운전석이 달라도 운전은 어떻게 해야 할까요?
   - 학교 앞에서는 어떻게 운전하는 것이 좋을까요?
3. SCHOOL ZONE(스쿨존, 어린이 보호 구역)에 대해서 이야기 나눈다.
   - SCHOOL ZONE(스쿨존, 어린이 보호 구역)이란 말을 들어 본 적이 있나요?
   - 어디서 들어보았나요?
   - 어떤 곳을 SCHOOL ZONE(스쿨존, 어린이 보호 구역)으로 지정할까요?
   - SCHOOL ZONE(스쿨존, 어린이 보호 구역)에는 어떤 표시가 되어 있을까요?
4. SCHOOL ZONE(스쿨존, 어린이 보호 구역)에서 지켜야 할 규칙에 대해서 이야기 나눈다.
   - SCHOOL ZONE(스쿨존, 어린이 보호 구역)에서는 자동차가 어떻게 가야 할까요?
   - SCHOOL ZONE(스쿨존, 어린이 보호 구역)에서는 주차나 정차를 할 수 있을까요?
5. 다른 나라의 SCHOOL ZONE(스쿨존, 어린이 보호 구역)에 대해서 이야기 나눈다.
   - 다른 나라의 SCHOOL ZONE(스쿨존, 어린이 보호 구역)은 어떻게 지정할까요?

- SCHOOL ZONE(스쿨존, 어린이 보호 구역) 에서는 어떤 표시가 되어 있을까요?
- 우리나라의 SCHOOL ZONE(스쿨존, 어린이 보호 구역)과 어떻게 다를까요?

6. 차량이 통행하는 방식이나 교통문화에 따라서 운전석과 스쿨존이 달라짐을 안다.

활동의 유의점

- 우리와 다른 교통문화를 이해하고 다른 문화에 대한 편견을 갖지 않도록 한다.

확장 활동

- 스쿨존에 있는 교통 표지판을 만들어 본다.
- 교통표지판 퀴즈를 풀어 본다.

SCHOOL ZONE(스쿨존, 어린이 보호 구역)

규정 \ 나라	한국	일본	미국	독일
거리	학교 교문을 중심으로 300m 내외	학교를 중심으로 반경 500m 내외	학교를 중심으로 500m	학교 주변에 표지판이 설치되어 있음
속도	30km/h 이하	30km로 제한	30km/h 이하	30km/h 이하
금지	주정차 금지	시차제로 차량통행 금지	흡연, 스쿨버스 추월 금지	-
특이사항	위반 시 벌금과 벌점이 2배	모자 어머니회 교통안전교육 실시	위반 시 범칙금 2배 부과	감시 카메라 설치

양보해야 해요

8월 교통과 안전	4주 안전한 교통문화
자유선택활동	역할

목표	•자리를 양보하는 예절문화가 있음을 안다. •대중교통을 이용할 때 양보해야 하는 사람에게 양보를 한다.
누리과정 관련요소	•의사소통>말하기>느낌, 생각, 경험 말하기>자신의 느낌, 생각, 경험을 적절한 낱말과 문장으로 말한다. •사회관계>사회적 관심 갖기>사회적 가치를 알고 지키기>다른 사람과 한 약속이나 공공규칙을 지킨다.

활동 자료

대중교통, 그림 자료, 스쿨존 표지판

활동 방법

1. 대중교통을 이용해본 경험에 대해서 이야기 나눈다.
   - 어떤 대중교통을 이용해본 적이 있나요?
   - 대중교통을 이용할 때 어려웠던 점이나 불편한 점이 있었나요?
   - 어떤 점이 있었나요?
2. 대중교통을 이용할 때 주의 점에 대해서 이야기 나눈다.
   - 버스(지하철, 기차)를 타고 내릴 때는 어떻게 해야 할까요?
   (친구와 장난치지 않기, 창 밖으로 손 내밀지 않기, 휴지 버리지 않기, 자리 양보하기)
   - 이런 것을 지키지 않으면 어떻게 될까요?
   - 또 어떤 일을 할 수 있을까요?
3. 대중교통을 이용할 때 자리를 양보해야 하는 사람들에 대해서 이야기 나눈다.
   - 지하철을 탔을 때 할아버지에게 어떻게 해야 할까요?
   - 또 다리가 불편한 사람이 옆에 있으면 어떻게 해야 할까요?
   - 또 어떤 사람들에게 자리를 양보해야 할까요?
   - 왜 자리를 양보해야 할까요?
4. 자리를 양보해 본 경험에 대해서 이야기 나눈다.
   - 자리를 양보해 본 적이 있나요?
   - 누구에게 양보해 보았나요?
   - 양보 후 마음은 어땠나요?
5. 자리를 양보하는 사람이 있음을 알고 양보하는 놀이를 해본다.

활동의 유의점

- 양보를 할 수 있는 인성을 기르고 연령, 성, 장애에 대한 편견을 갖지 않도록 한다.
- 대중교통을 이용할 때 자리를 양보하는 예절문화가 있음을 인식하도록 한다.

확장 활동

- 기차표를 만들어 본다.
- 교통표지판을 만들어 본다.
- 교통표지판을 탐색해 본다.
- 여러 가지 재료로 신호등을 꾸며 본다.
- 신호등 색깔 맞추기를 해본다.

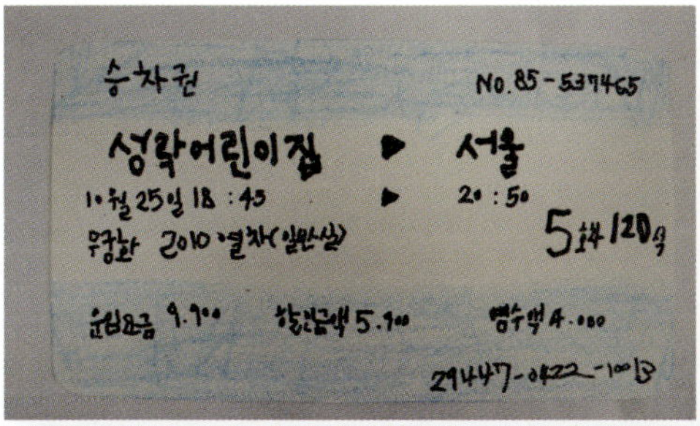

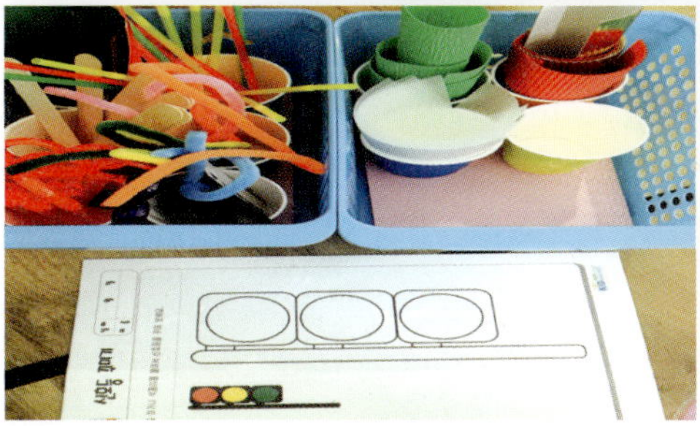

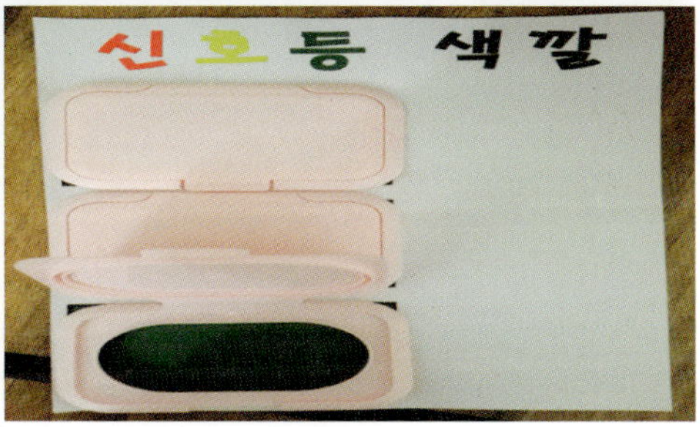

9월 세계 속의 우리나라

실시기간 : 9월(총 5주)

미래의 우리나라를 이끌어 갈 유아들은 나라에 대한 자긍심과 문화의 정체성을 먼저 확립할 필요가 있다. 따라서 우리나라의 상징, 자랑거리 및 문화유산을 알고, 세계 여러 나라의 생활과 문화를 경험하여 새로운 문화를 창조하고 나아가 평화롭게 사는 세계를 만들어 갈 수 있는 소양을 형성하는 것이 중요하다.

'세계 속의 우리나라'주제는 우리나라의 상징이나 우리의 자랑스러운 문화유산을 통해 한국인으로서의 긍지를 갖고 나라를 사랑하는 마음을 갖도록 한다. 동시에 세계 여러 나라와 사람을 친근하게 여기고 다른 나라의 생활과 문화에 관심을 갖도록 하여 유아들이 다른 나라 사람과 문화를 존중하며 더불어 사는 세상을 만들어 갈 수 있도록 한다.

본 주제를 진행할 때는 먼저 우리나라의 상징과 우리의 자랑거리가 무엇인지 살펴보고 우리나라의 문화유산을 통해 자연스럽게 나라에 대한 자부심을 갖게 한다. 그리고 세계 여러 나라와 사람들, 세계 여러 나라의 고유한 생활방식과 문화 등을 살펴보고 체험해 보면서 우리와 비슷하거나 다른 문화가 있음을 이해하고 존중하는 태도를 가지게 한다. 나아가 다른 나라와 교류하며 함께 협력하고 더불어 평화롭게 살 수 있는 방안을 모색해 본다.

주	누리 소주제	다문화활동	활동유형	다문화활동 내용
1	우리나라의 생활	•우리와 달라요 •전통놀이	•동시 •신체	서로 다른 생활모습을 이해하고 우리와 비슷한 전통놀이도 있음을 안다.
2	우리나라의 문화유산	•여러 나라의 건축물 •우리나라와 비슷한 속담	•쌓기 •언어	나라를 대표하는 문화유산과 우리나라와 비슷한 속담의 의미를 이해한다.
3	세계 여러 나라와 사람들	•존경하는 위인들 •국화와 국기 잇기	•조작 •미술	나라마다 존경받는 위인과 나라를 상징하는 국기와 국화가 있음을 안다.
4	세계 여러 나라의 생활	•까매서 안 더워? •세계 여행 디오라마	•동화 •이야기 나누기	사람마다 피부색이 다름을 알고 편견을 갖지 않고 여러나라 사람의 모습을 이해한다.
5	함께하는 세계	•세계 여러 나라를 찾아라 •세계지도 캐치볼	•게임 •신체	여러 나라의 고유한 문화에 관심을 가지고 대륙별 나라 이름을 알아본다.

다문화교육의 강조점

★ 다양성
우리의 생활모습과 다른 모습을 이해한다.
다른 나라에도 우리나라와 비슷한 전통놀이가 있음을 안다.
우리와 다른 여러 나라의 생활 모습이 있음을 안다.
사람마다 피부색이 다름을 안다.

★ 편 견
피부색이 다른 것에 대한 편견을 갖지 않는다.
서로 다른 생활을 수용하고 존중한다.

★ 문 화
나라마다 고유한 문화가 있음을 안다.
여러 나라의 전통놀이에 관심을 갖는다.

★ 평 등
직업은 모두 소중한 것임을 안다.

★ 협 력
사람들의 생활 모습을 이해하며 서로 돕고 살아간다는 것을 안다.

★ 정체성
나라마다 대표하는 위인들과 건축물이 있음을 안다.
우리와 비슷한 속담이 다른 나라에도 있음을 안다.
나라마다 상징하는 국기와 국화가 있음을 이해한다.

우리와 달라요

9월 세계 속의 우리나라	1주 우리나라의 생활
대·소집단활동	동시

목표	•우리의 생활모습과 다른 모습을 이해한다. •서로 다른 생활을 수용하고 존중한다.
누리과정 관련요소	•의사소통>듣기>동요, 동시, 동화 듣고 이해하기>동요, 동시, 동화를 다양한 방법으로 듣고 즐긴다. •사회관계>사회에 관심 갖기>세계와 여러 문화에 관심 가지기>세계 여러 나라에 대해 관심을 갖고 서로 협력해야 함을 안다.

활동 자료

동시판, 그림 카드, 여러나라 음식 모형

활동 방법

1. 우리의 생활에 대해서 이야기 나눈다.
   - 어른들은 예전에 어떤 옷을 입었을까요?
   - 엄마는 어릴 때 어떤 옷을 입었을까요?
   - 아빠는 어릴 때 어떤 옷을 입었을까요?
   - 어떤 음식을 먹었을까요?
2. 어른들이 즐겨 먹은 음식에 대해서도 이야기 나눈다.
   - 우리나라 사람들은 어떤 음식을 즐겨 먹을까요?
   - 가까이 있는 일본(중국, 베트남, 필리핀)은 어떤 음식을 즐겨 먹을까요?
   - 우리가 먹는 음식과 어떻게 다를까요?
3. 준비한 동시판을 보고 이야기 나눈다.

서로 달라요

나라마다 입는 옷이
서로 달라요.
일본은 기모노
중국은 치파오
한국은 한복!

나라마다 먹는 음식이
서로 달라요.
일본은 생선회와 초밥
중국은 만두와 밀전병
한국은 김치와 불고기!

입는 것과 먹는 것이 달라도
우리는 친구!

4. 동시를 읽은 후 다른 나라의 생활에 대해서 이야기 나눈다.
   - 또 어떤 나라에 대해서 알고 싶나요?
   - 또 어떤 생활에 대해서 알고 싶나요?

5. 다문화가정 부모님을 초청하여 부모참여 수업을 해본다.

활동의 유의점

• 나라마다 고유한 음식과 의복이 있음을 알고 서로 다른 문화에 편견을 갖지 않도록 한다.

확장 활동

• 세계 여러 나라 음식을 만드는 조형활동을 해본다.
• 여러 가지 의상과 장신구를 전시해 본다.
• 의상 포토존 놀이를 해본다.

전통놀이

9월 세계 속의 우리나라	1주 우리나라의 생활
대·소집단활동	신체

목표	•우리의 전통놀이를 알아본다. •다른 나라에도 우리나라와 비슷한 전통놀이가 있음을 안다.
누리과정 관련요소	•신체운동·건강 > 신체 인식하기 > 감각능력 기르고 활용하기 > 여러 감각기관을 협응하여 활용한다. •예술경험 > 예술적 표현하기 > 극놀이로 표현하기 > 소품, 배경, 의상 등을 사용하여 협동적으로 극놀이를 한다.

활동 자료

나무판, 한지 10장, 목공풀, 밀가루풀, 박스, 짚, 조롱박 3개, 지끈, 지점토, 니스, 골판지, 글루건

활동 방법

1. 우리나라의 전통놀이에 대해서 이야기 나눈다.
   - 전통놀이란 무엇일까요?
   - 전통놀이의 종류에는 어떤 것이 있을까요?
   - 부모님들은 어떤 놀이를 하고 놀았을까요?
2. 전통놀이를 해본 경험에 대해 이야기 나눈다.
   - 전통놀이를 경험해 본 적이 있나요?
   - 누구하고 해보았나요?
   - 어디에서 해보았나요?
   - 재미있었나요?
3. 전통놀이 교구를 보며 이야기 나눈다.
   - 이 놀이를 본 적이 있나요?
   - 어떻게 하는 놀이일까요?
   - 고무줄놀이를 해본 적이 있나요?
   - 사방치기를 해본 적이 있나요?
   - 어떤 방법으로 사방치기를 했나요?
4. 사방치기의 방법이 다양함에 대해서 이야기 나눈다.
   - 동그라미 모양의 사방치기를 해본 적이 있나요?

- 달팽이 모양의 사방치기를 해본 적이 있나요?
- 어떤 방법이 더 재미있을까요?

5. 여러 가지 방법으로 사방치기를 해본다.

여러 나라의 사방치기		
프랑스	나이지리아	중국
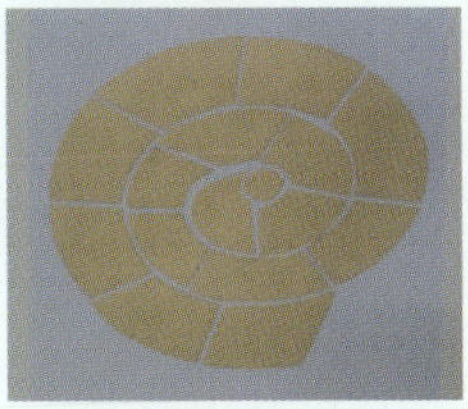	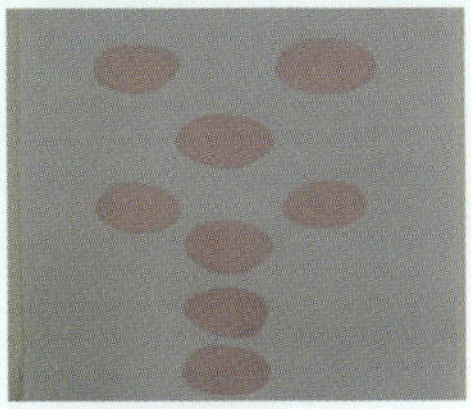	
한국	미국	영국
	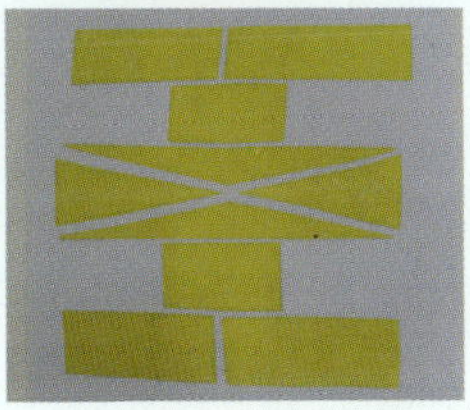	

활동의 유의점

- 조상의 얼이 담긴 전통놀이도 다양한 방법이 있다는 것을 인식하도록 한다.
- 요즘 놀잇감과는 다르지만 고유한 놀이문화가 있음을 인식하도록 한다.

확장 활동

- 베트남의 네이샵 놀이를 해본다.
- 투호놀이를 해본다.
- 전통놀이를 한 영역에 꾸며 본다.

여러 나라의 건축물

9월 세계 속의 우리나라	2주 우리나라의 문화유산
자유선택활동	쌓기

목표	•나라마다 대표하는 건축물이 있음을 안다. •세계에는 비슷한 문화유산도 있음을 이해한다.
누리과정 관련요소	•자연탐구 > 탐구하는 태도 기르기 > 호기심을 유지하고 확장하기 > 주변 사물과 자연에 대해 지속적으로 관심을 갖고 궁금해한다. •예술경험 > 예술적 표현하기 > 미술활동으로 표현하기 > 다양한 미술활동으로 자신의 생각과 느낌을 표현한다.

활동 자료

여러 나라의 다양한 건축물 사진

활동 방법

1. 문화에 대해서 이야기 나눈다.
   - 문화라는 말을 들어 본 적이 있나요?
   - 문화란 무엇일까요?
   - 어떤 문화들이 있을까요?
   - 오랫동안 남아 있는 문화를 무엇이라고 할까요?
2. 우리나라의 문화유산에 대해서 이야기 나눈다.
   - 우리나라를 대표하는 문화유산에는 어떤 것이 있을까요?
   - 우리나라 문화유산 중에서 세계문화유산으로 알려진 것도 있을까요?
   - 다른 나라에도 우리나라처럼 문화유산이 있을까요?
3. 여러 나라의 문화유산에 대해서 이야기 나눈다.
   - ○○나라에는 어떤 문화유산이 있을까요?
   - 또 ○○나라는 어떤 문화유산이 있을까요?
   - 많은 문화유산을 남기려면 어떻게 해야 할까요?
   - 우리나라를 대표하는 건축문화에는 어떤 것이 있을까요?
4. 우리나라 대표 건축물 사진을 보며 이야기 나눈다.
   - 이곳은 어디일까요?
   - 이곳에 가본 적이 있나요?
   - 무엇을 하는 곳일까요?
   - 우리나라와 비슷한 곳을 또 어디에서 볼 수 있을까요?

5. 여러 나라의 대표적인 건축물 사진을 보면서 이야기 나눈다.
   - 이곳은 어느 나라 건축물일까?
   - 무엇을 하는 곳일까요?
   - 우리나라 건축물과 비슷(다른)한 점은 어떤 것이 있을까요?
6. 여러 나라 건축물 중 가장 보고 싶은 곳에 대해서 이야기 나눈다.
   - 어떤 건축물을 가장 보고 싶나요?
   - 왜 그것을 보고 싶나요?
7. 종이컵으로 만들어 보고 싶은 건축물을 쌓아 본다.

활동의 유의점

- 나라마다 그 나라를 대표하는 건축물이 있음을 알도록 한다.
- 건축물에 나타나는 문화적 특성을 인식하도록 한다.

확장 활동

- 협동작품으로 건축물 피라미드를 만들어 본다.
- 신문으로 에펠탑을 만들어 본다.
- 세계 여러 나라 건축물 그리기와 편지쓰기를 해본다.
- 펠트지로 세계의 건축물을 만들어 본다.
- 우리나라의 건축물을 알아본다.

우리나라와 비슷한 속담

9월 세계 속의 우리나라	2주 우리나라의 문화유산
자유선택활동	언어

목표	• 우리와 비슷한 속담이 다른 나라에도 있음을 안다. • 속담의 의미를 이해하고, 어휘는 다르지만 의미는 같음을 이해한다.
누리과정 관련요소	• 의사소통 > 말하기 > 느낌, 생각, 경험 말하기 > 자신의 느낌, 생각, 경험을 적절한 단어와 문장으로 말한다. • 사회관계 > 다른 사람과 더불어 생활하기 > 친구와 사이좋게 지내기 > 친구와 협동하며 놀이한다.

활동 자료

우리나라의 속담과 비슷한 속담 그림 자료, 가위, 코팅지, 마분지, 우드락, 색 테이프

활동 방법

1. 속담의 의미와 유래에 대해서 이야기 나눈다.
   - '속담'이란 말을 들어 본 적이 있나요?
   - 어떨 때 속담을 쓸까요?

• 속담에는 옛날 사람들의 생각과 지혜가 담겨 있다.
• 속담에는 소중한 교훈이 담겨 있어서 우리에게 가르침을 준다.
• 속담을 통해 옛날 사람의 생활모습을 알 수 있다.
• 조상들의 지혜가 담겨 과학적인 내용과 관련이 깊은 속담도 있다.
• 간결하지만 많은 의미가 있어 잘 활용하면 큰 효과를 올릴 수 있다.

2. 우리나라의 속담에 대해서 이야기 나눈다.
   - 부모님들이 말씀하시는 속담을 들어 본 적이 있나요?
   - 친구들은 어떤 속담을 알고 있나요?
   - 다른 나라에도 속담이 있을까요?
3. 준비된 속담 카드를 보며 이야기 나눈다.
   - 이 속담을 읽어 볼 수 있나요?
   - 어떤 의미가 있을까요?
   - 또 다른 속담을 들어 본 적이 있나요?
4. 다른 나라의 속담에 대해서 이야기 나눈다.
   - 다른 나라에서도 우리나라와 비슷한 속담이 있을까요?

- '세 살 버릇 여든까지 간다.' 라는 속담을 들어 본 적이 있나요?
- 이 속담은 어떤 의미를 담고 있을까요?
- 이와 비슷한 속담은 어떤 것이 있나요? (세 살 아이의 습성, 백 살까지 - 일본 / 요람에서 무덤까지 - 미국)

5. 우리나라와 비슷한 속담에 대해 알고, 속담카드를 만들어 본다.

활동의 유의점

- 나라마다 같은 뜻을 가진 속담이 있음을 안다.
- 어느 나라 속담이 더 좋은지 비교하지 말고, 속담마다 고유의 특성이 있음을 인식하도록 한다.

확장 활동

- 같은 뜻을 가진 여러 나라 속담을 조사해 본다.
- 국가별 속담 카드를 만들어 본다.
- 여러 나라의 암호풀기놀이를 해본다.

존경하는 위인들

9월 세계 속의 우리나라	3주 우리나라의 문화유산
자유선택활동	조작

목표	•나라마다 존경받는 위인들이 있음을 안다. •나라를 대표하는 위인들을 알아본다.
누리과정 관련요소	•의사소통 > 말하기 > 느낌, 생각, 경험 말하기 > 자신의 느낌, 생각, 경험을 적절한 단어와 문장으로 말한다. •자연탐구 > 탐구하는 태도 기르기 > 탐구과정 즐기기 > 궁금한 점을 알기 위해 비교하기, 예측하기 등 다양한 방법을 활용한다.

활동 자료

세계의 위인 사진

활동 방법

1. 위인에 대해서 이야기 나눈다.
   - '위인'이란 말을 들어 본 적이 있나요?
   - '위인'은 누구를 가리키는 말일까요?
   - '위인'은 어떤 일을 했을까요?

   (위인이란? 살아있는 도중 뛰어난 업적을 남겨 역사에 이름을 남기거나 후세에 그 이름이 전해지는 사람의 총칭. 위인이라는 평가는 대상이 되는 인물의 사후에 붙여지며, 살아있는 사람을 위인이라 부를 수는 없음)
2. 우리나라 '위인'들에 대해서 이야기 나눈다.
   - 우리나라 '위인'은 누가 있을까요?
   - 어떤 일을 했을까요?
   - 또 어떤 위인이 있나요?
   - 그 분은 어떤 일을 했을까요?
3. 다른 나라의 위인 사진을 보고 이야기 나눈다.
   - 이 사람은 어느 나라 사람일까요?
   - 어떤 일을 했을까요?
   - 우리나라 이순신 장군처럼 나라를 지키다 돌아가신 분들은 누가 있을까요?
   - 우리나라 세종대왕처럼 글자를 만들고 보존하신 분들은 누가 있을까요?
   - 우리나라 장영실처럼 편리한 기계와 도구를 발명한 분은 누구일까요?
4. 친구들이 좋아하는 위인에 대해서 이야기 나눈다.
   - ○○(이)가 좋아하는 '위인'은 누구인가요?
   - 왜 그 '위인'을 좋아하나요?

5. 여러 나라 위인을 알아본 후 교구로 퍼즐 맞추기를 해본다.

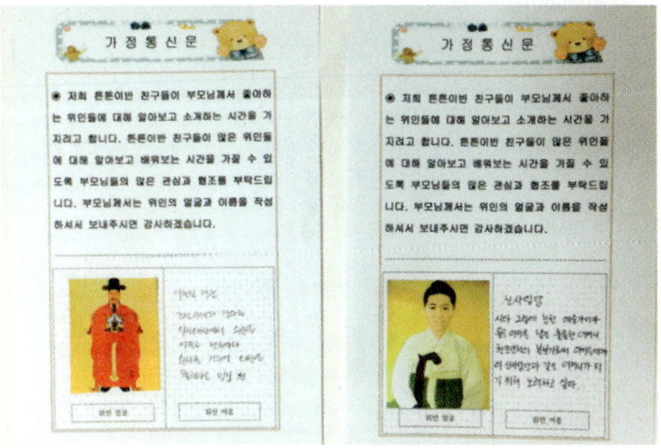

활동의 유의점

• 나라를 빛낸 위인들이 있음을 안다.
• 위인마다 업적이 다름을 인식하도록 한다.

확장 활동

• 위인들의 이야기를 듣고 위인 사진 퍼즐을 맞추어 본다.
• 부모님들이 존경하는 위인을 조사 해온다.
• 위인 퍼즐 사진을 맞추어 본다.

국화와 국기 잇기

9월 세계 속의 우리나라	3주 세계 여러 나라와 사람들
자유선택활동	미술

목표	•나라를 상징하는 국기와 국화가 있음을 안다. •국기와 국화, 국가는 모두 다르지만 그 나라를 대표하는 것임을 이해한다.
누리과정 관련요소	•자연탐구 > 탐구하는 태도 기르기 > 탐구과정 즐기기 > 궁금한 점을 알기 위해 비교하기, 예측하기 등 다양한 방법을 활용한다. •의사소통 > 말하기 > 느낌, 생각, 경험 말하기 > 자신의 느낌, 생각, 경험을 적절한 단어와 문장으로 말한다.

활동 자료

국기, 국화 사진, EVA 펠트지, 까슬이, 고무끈, 할핀, 가위, 코팅지

활동 방법

1. 여러 나라의 국기에 대해 이야기 나눈다.
   - 이 국기는 어느 나라 국기일까요?
   - 어디서 본 적이 있나요?
   - 우리나라 국기와 어떻게 다른가요?
2. 다른 국기의 모양에 대해서 이야기 나눈다.
   - 일본(중국, 베트남)의 국기는 어떤 모양과 색깔로 되어 있나요?
   - 국기의 색깔과 모양은 어떤 의미를 가지고 있나요?
   - 나라를 대표하는 것에는 또 어떤 것이 있을까요?
3. 나라마다 대표하는 꽃에 대해서 이야기 나눈다.
   - 나라를 대표하는 꽃을 무엇이라고 부를까요?
   - 우리나라의 국화는 무엇일까요?
   - 나라를 대표하는 것에는 또 어떤 것이 있을까요?
4. 나라를 대표하는 국가에 대해서 이야기 나눈다.
   - 애국가를 들어 본 적이 있나요?
   - 언제 들어 보았나요?
   - 또 다른 국가를 들어 본 적이 있나요?
   - 애국가와 다른 나라의 국가를 들어보니 느낌이 어떤가요?
5. 아이 클레이로 나라를 대표하는 국화를 만들어 본다.

활동의 유의점

- 나라를 대표하는 국기와 국화, 국가가 있음을 안다.
- 국기와 국화, 국가는 모두 다르지만 정체성을 이루고 있다는 것을 인식하도록 한다.

확장 활동

- 세계 여러 나라의 국기와 이름 맞추기 놀이를 해본다.
- 여러 나라 국가 악보를 보고 감상해 본다.
- 여러 나라 국기를 물감으로 꾸며 본다.

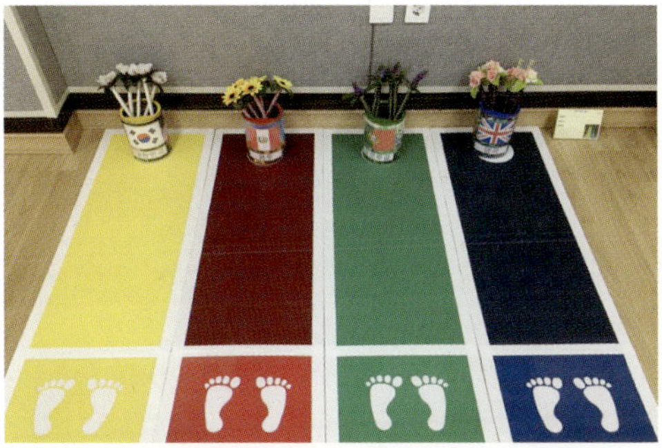

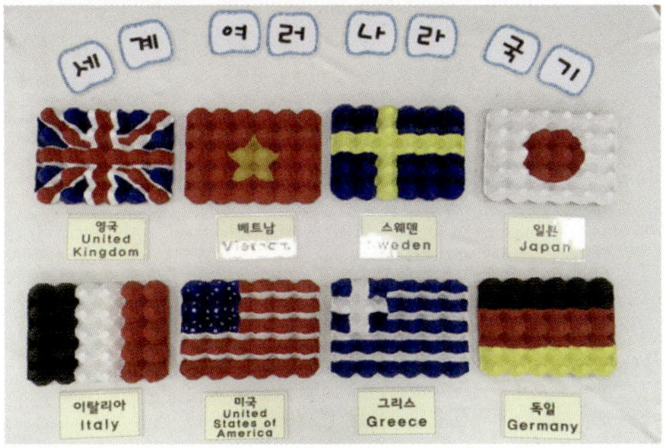

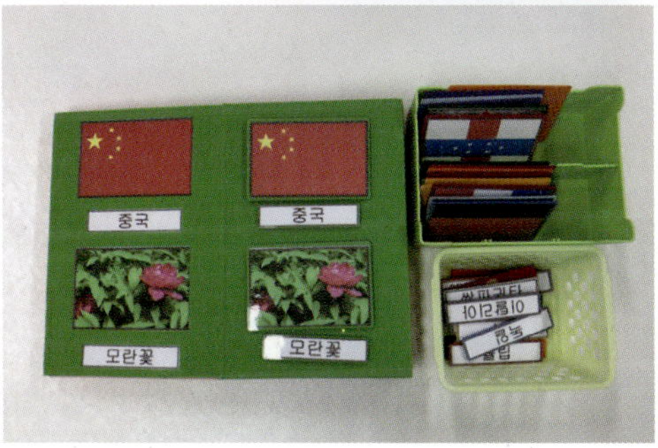

까매서 안 더워?

9월 세계 속의 우리나라	4주 세계 여러 나라의 생활
대·소집단활동	동화

목표	•사람마다 피부색이 다름을 안다. •피부색이 달라도 서로 존중해야 함을 안다.
누리과정 관련요소	•의사소통 > 듣기 > 동요, 동시, 동화 듣고 이해하기 > 동요, 동시, 동화를 다양한 방법으로 듣고 즐긴다. •의사소통 > 말하기 > 느낌, 생각, 경험 말하기 > 자신의 느낌, 생각, 경험을 적절한 단어와 문장으로 말한다.

활동 자료

여러 나라 사람들 그림 자료, 동화 『까매서 안 더워?』(박채란 지음·이상권 그림, 파란자전거, 2007)

활동 방법

1. 여러 나라 사람들 그림 자료를 보며 이야기를 나눈다.
   - 우리 주변에서 모습이 다른 사람을 본 적이 있나요?
   - 어디에서 보았나요?
   - 어떤 모습이 달랐나요?
2. 다양한 인종에 대해서 이야기 나눈다.
   - 어떤 인종들이 있을까요?
   - 백(황·흑)인들의 특징은 무엇이 있나요?
   - 인종이 왜 다를까요?
   - 서로 다르지만 어떻게 지내야 할까요?
   - 인종에 대한 편견을 갖지 않으려면 어떻게 해야 할까요?
3. '까매서 안 더워?' 동화를 듣고 이야기를 나눈다.
   - 동화책에 나오는 동규와 윤서는 무엇을 준비했을까요?
   - 동규는 늘 들고 다니던 '만물노트'에 뭐라고 적었을까요?
   - 정준이를 대신 해 왕자님 역할을 한 동규는 학예발표회를 잘했을까요?

4 동화를 듣고 난 후 느낀 점을 이야기해 본다.
   - 어떤 느낌이 들었나요?
   - 동규의 마음은 어땠을까요?

5. 친구들 앞에서 자신 있게 느낀 점을 발표한다.

활동의 유의점

• 사람마다 피부색이 다름을 안다.
• 피부색이 다른 인종에 대한 편견이 생기지 않도록 유의한다.

확장 활동

• 여러 나라 인형으로 관찰해 보고 역할놀이를 해본다.
• 세계의 친구들 조작놀이를 해본다.

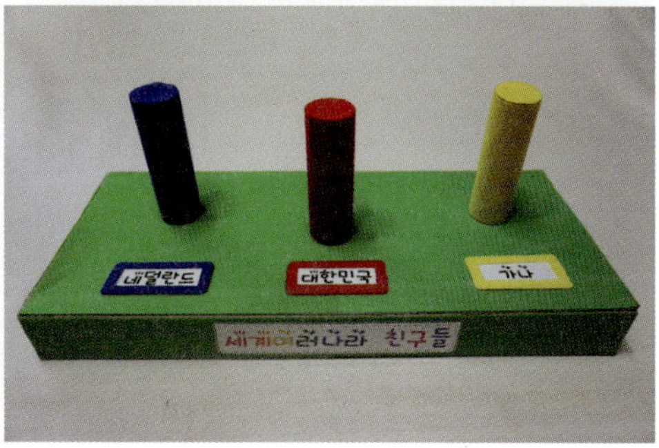

세계여행 디오라마

9월 세계 속의 우리나라	4주 세계 여러 나라의 생활
대·소집단활동	이야기 나누기

목표	•우리나라와 여러 나라의 생활에 관심을 갖는다. •세계 여러 나라 사람의 생활모습을 이해한다.
누리과정 관련요소	•예술경험 > 예술적 표현하기 > 움직임과 춤으로 표현하기 > 신체를 이용하여 주변의 움직임을 다양하게 표현한다. •의사소통 > 말하기 > 느낌, 생각, 경험 말하기 > 자신의 느낌, 생각, 경험을 적절한 단어와 문장으로 말한다.

활동 자료

디오라마 상자틀, 세계 여러 나라 막대 인형

활동 방법

1. 세계지도를 보며 이야기를 나눈다.
   - 세계지도를 본 적이 있나요?
   - 세계에는 어떤 나라들이 있나요?
2. 세계 여러 나라의 생활에 대해서 이야기 나눈다.
   - 이곳 ○○나라는 어떤 생활을 할까요?
   - 또 ○○나라는 어떤 생활을 할까요?
   - 이 나라는 어떤 옷을 입을까요?
   - 무엇을 먹을까요?
3. 여러 나라의 생활에 대해서 조사해 온 것을 이야기 나눈다.
   - ○○이는 어떤 것을 조사해 보았나요?
   - ○○이는 무엇을 알 수 있었나요?
   - ○○나라의 유명한 관광지는 어디일까요?
4. 세계지도를 보며 여행하고 싶은 나라를 말해 본다.
   - 어느 나라를 여행하고 싶나요?
   - 왜 그 나라에 가고 싶어요?
   - 누구랑 가고 싶어요?
5. 여행하고 싶은 나라에 대해 친구들 앞에서 발표해 본다.

활동의 유의점

- 외국에 다녀온 경험에 대해서 이야기해 보도록 한다.
- 외국을 다녀오지 않은 유아들이 더 많을 것이므로 외국에서의 경험에 치우쳐서 이야기하지 않도록 주의한다.

확장 활동

- 세계여행을 떠나는 놀이를 해본다.
- 부직포로 세계지도를 오려 본다.
- 세계여행 디오라마를 만들어 본다.

세계 여러 나라를 찾아라

9월 세계 속의 우리나라	5주 함께하는 세계
대·소집단활동	게임

목표	•세계 여러 나라에 관심을 갖는다. •나라마다 고유한 문화가 있음을 안다.
누리과정 관련요소	•예술경험 > 예술적 표현하기 > 움직임과 춤으로 표현하기 > 신체를 이용하여 주변의 움직임을 다양하게 표현한다. •사회관계 > 다른 사람과 더불어 생활하기 > 친구와 사이좋게 지내기 > 친구와 협동하며 놀이한다.

활동 자료

악보, 노래판, 세계 여러 나라의 의상

활동 방법

1. 여러 나라의 국기, 화폐, 국화, 의상, 음식에 대해서 이야기 나눈다.
   - 이것은 어느 나라의 꽃일까요?
   - 이것은 어느 나라의 국기일까요?
   - 이것은 어느 나라 화폐일까요?
   - 이것은 어느 나라 의상일까요?
   - 이것은 어느 나라 음식일까요?
2. 여러 나라에 대해서 알아본 후 게임을 해본다.

게임방법

① 나라 이름과 국기, 화폐, 국화, 의상, 음식 카드를 모은 후 나눠 갖는다.
② 세계 여러 나라 중 가고 싶은 나라를 정해 게임판은 가진다.
③ 가위바위보를 해서 이긴 사람이 게임판 위에 가지고 있는 나라 이름, 국기, 화폐, 국화, 의상, 음식 카드를 나라별로 놓는다.
④ 먼저 다 놓은 사람이 이긴다.

활동의 유의점

• 여러 나라에 관심을 갖고 게임방법을 다양하게 활용할 수 있도록 한다.
• 문화는 서로 비슷할수도, 서로 다를수도 있음을 인식하도록 한다.

확장 활동

- 국기 벽돌 블록을 쌓아보기도 하고 도미노놀이도 해본다.
- ‘세계 여러 나라가 궁금해요’ 교구놀이를 해본다.

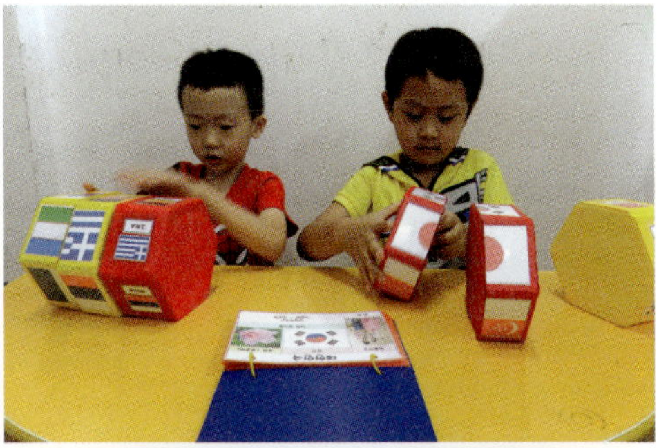

9월

세계 속의 우리나라

세계지도 캐치볼

9월 세계 속의 우리나라	5주 함께하는 세계
대·소집단활동	신체

목표	•세계지도의 모양에 관심을 갖는다. •대륙별 나라 이름을 알아본다.
누리과정 관련요소	•의사소통>말하기>느낌, 생각, 경험 말하기>자신의 느낌, 생각, 경험을 적절한 단어와 문장으로 말한다. •신체운동·건강>신체 조절과 기본 운동하기>신체 조절하기>신체 각 부분의 움직임을 조절한다.

활동 자료

펠트지, 바늘, 실, 폼보드, 솜, 글루건, 기화성 펜, 가위, 칼, 까슬이, 보들이

활동 방법

1. 5대양 6대주에 대해서 이야기 나눈다.
   - 5대양 6대주라는 말을 들어 본 적이 있나요?
   - 5대양이 무엇일까요?
   - 6대주는 무엇일까요?
2. 우리나라의 위치와 지리적 특성에 대해서 이야기 나눈다.
   - 우리나라는 어디에 위치해 있을까요?
   - 우리나라는 어떤 특징이 있을까요?
   - 어떤 대륙에 있을까요?
3. 대륙별 지리적 위치와 특징에 대해 이야기 나눈다.
   - 아시아에는 어떤 나라들이 있나요?
   - 유럽에는 어떤 나라들이 있나요?
   - 아프리카에는 어떤 나라들이 있나요?
   - 북(남)아메리카에는 어떤 나라들이 있나요?
   - 오세아니아에는 어떤 나라들이 있나요?
4. 대륙과 대표 나라 이름을 캐치볼을 던져 맞춰 본다.

활동의 유의점

•대륙별로 속해 있는 나라를 알아보고 지리적 위치와 특징에 대해서 관심을 갖도록 한다.

확장 활동

- 세계지도 캐치볼 놀이를 해본다.
- 세계지도에 각국의 대표 친구들을 꽂아 본다.

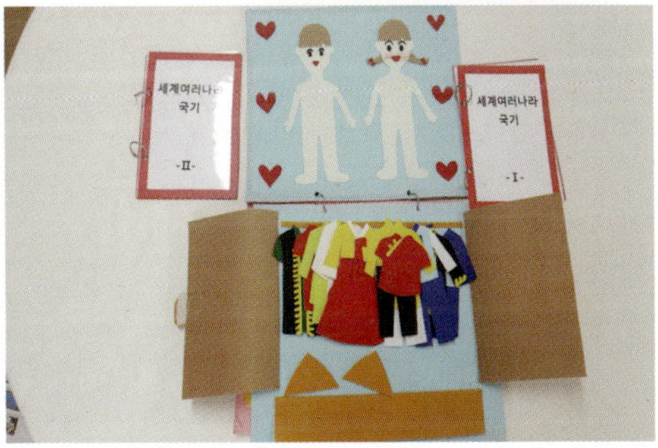

10월 가을과 자연

실시기간 : 10월(총 4주)

'가을과 자연'이라는 주제를 통하여 유아들은 사계절의 순환과 자연세계의 변화에 따른 가을의 특징과 생활에 관련된 지식을 구성한다. 아울러 유아는 가을의 날씨에 따른 자연과 생활의 변화를 관찰하고 관련짓고 표상하며 소통하는 기술을 익힌다. '가을과 자연' 주제를 통해 유아가 가을의 풍요로움에 대해 고마움을 느끼고 소중히 여기도록 한다.

만 5세아는 계절의 변화를 일상생활 속에서 다양하게 경험하며 인지한다. 10월이 되면 유아는 가을 날씨에 따라 나타나는 옷차림, 놀이, 음식 등의 일상생활뿐만 아니라 꽃, 곤충, 나무 등의 자연 변화에 흥미를 갖고 탐구하고자 한다. 특히 가을은 곡식과 열매를 수확하고 숲의 변화가 다양한 계절이므로 자연 속에서 가을의 풍요로움을 경험하는 것이 중요하다.

본 주제를 진행할 때는 우선 유아들이 가을의 계절적 특징을 여름과 비교하고 가을에 따른 생활의 변화에 관심을 갖도록 한다. 유아의 계절적 특징과 생활의 변화에 대한 관심은 점차 자연의 변화에 관련된 활동과 경험으로 확장되도록 한다. 이를 위해 가을 곡식과 열매로 주제를 전개한 후에 가을 곡식과 열매 활동에서의 종류와 모양, 색깔의 다양함을 이해한다. 그리고 수확은 추석 명절로 연계하여 지역이나 나라마다 고유한 추석 풍습이 있음을 알아본다.

주	누리 소주제	다문화활동	활동유형	다문화활동 내용
1	가을의 변화	•모네의 포플러 나무 •커다란 무	•신체 •동화	계절에 따라 변하는 나무의 모습과 가을의 변화에 관심을 가진다.
2	가을 곡식과 열매	•곡식 마라카스 •아르침볼도의 '봄, 여름, 가을, 겨울'	•음률 •요리	계절마다 즐겨먹는 과일과 곡식이 있음을 알고 곡식의 종류와 모양, 색깔이 다름을 이해한다.
3	우리들의 가을 이야기	•할로윈데이 놀이 •여러 가지 호박 요리	•역할 •요리	할로윈데이 놀이를 통해 다양한 문화에 관심을 갖고 호박을 이용한 요리도 경험해 본다.
4	가을 나무와 숲	•여러 나라의 추석 풍습 •세계의 명산	•이야기 나누기 •언어	여러 나라의 추석 풍습을 알아보고, 세계의 명산에 대해서도 관심을 갖는다.

다문화교육의 강조점

★ **다양성**
명화 감상으로 가을의 변화를 안다.
계절에 따라 변하는 나무의 다양한 모습에 관심을 갖는다.
곡식의 종류가 다름을 알고 모양과 색깔도 다양함을 이해한다.
가을에 볼 수 있는 열매, 과일, 채소가 다르다는 것을 이해한다.
호박을 이용한 여러 가지 음식이 있음을 안다.
나라마다 산의 모습이 다름을 이해한다.

★ **문 화**
호박을 이용한 할로윈데이 놀이를 알고 나른 문화를 이해한다.
여러 나라의 추석 풍습을 이해한다.

★ **협 력**
가족은 연령 차이는 있지만 서로 돕고 살아간다는 것을 안다.

★ **정체성**
나라마다 유명한 산이 있음을 안다.

모네의 포플러 나무

10월 가을과 자연	1주 가을의 변화
대·소집단활동	신체

목표	•명화 감상으로 가을의 변화를 안다. •계절에 따라 변하는 나무의 모습에 관심을 갖는다.
누리과정 관련요소	•신체운동·건강 > 신체활동에 참여하기 > 기구를 이용하여 신체활동하기 > 여러 가지 기구를 이용하여 신체활동을 한다. •의사소통 > 듣기 > 이야기 듣고 이해하기 > 다른 사람의 이야기를 듣고 이해한다.

활동 자료

모네의 '포플러 나무' 명화 사진, 활동지

활동 방법

1. 모네의 '포플러 나무' 명화를 보며 이야기 나눈다.
   - 이 그림을 본 적이 있나요?
   - 이 그림을 보면서 무엇이 생각나요?
   - 이 그림에 있는 나무는 어떻게 보일까요?
2. 명화를 감상한 후 이야기 나눈다.
   - 이 그림을 보니 어떤 느낌이 드나요?
   - 그림 속에 있는 나무는 어떤 계절에 볼 수 있을까요?
   - 왜 그 계절에 볼 수 있다고 생각해요?
   - 그림 속의 날씨는 어떤 날씨인 것 같아요?
3. '포플러 나무' 명화를 소개한다.

> 모네는 나뭇가지와 나뭇잎, 풀잎과 뒤로 보이는 산이나 밝은 하늘, 빛의 흐름과 바람에 따라 변하는 하늘의 모습, 화창한 어느 한낮과 해질 무렵 노을에 물든 포플러 나무의 움직임을 표현하였고 날씨와 밤낮에 따라 변하는 포플러의 모습을 표현을 주로 그렸다.

4. 포플러 나무와 내가 좋아하는 나무를 이야기 해보고 신체로 표현해 본다.

활동의 유의점

•그림을 교실 벽면에 제시하여 관심을 가질 수 있도록 한다.

•다양한 나무의 사진을 제공하여 활동을 지원한다.

확장 활동

- 포플러 나무를 그려 본다.
- 여러 가지 나무 책을 만들어 본다.

커다란 무

10월 가을과 자연	1주 가을의 변화
대·소집단활동	동화

목표	•가족이 다양한 연령대로 구성되어 있음을 안다. •연령 차이는 있지만 협력해서 살아감을 안다.
누리과정 관련요소	•의사소통 > 듣기 > 동요, 동시, 동화 듣고 이해하기 > 동요, 동시, 동화를 다양한 방법으로 듣고 이해한다. •사회관계 > 나를 알고 존중하기 > 나를 알고 소중히 여기기 > 나와 다른 사람의 신체적, 사회적, 문화적 차이를 존중한다.

활동 자료

동화 『커다란 무』(헬린 옥슨버리 글·그림, 박향주 옮김, 시공주니어, 1997)

활동 방법

1. '커다란 무' 융판 자료를 보며 이야기를 나눈다.
   - 이 동화는 어떤 이야기일까요?
   - 이 동화책에는 어떤 사람들이 나올까요?
   - 할아버지가 계시는 친구들이 있나요?
   - 할머니가 계시는 친구들이 있나요?
   - 할아버지, 할머니는 어떤 일을 하실까요?
2. 동화 '커다란 무'를 듣고 이야기를 나눈다.
   - 동화 속에는 어떤 사람들이 나왔어요?
   - 할아버지가 무를 혼자 힘으로 뽑을 수 있었을까요?
   - 혼자 힘으로 뽑지 못해서 누구를 불렀을까요?
   - 여러 사람들이 모이니 어떻게 되었나요?
   - 모두 함께 힘을 모아 뽑은 무로 무엇을 했을까요?
3. 동화를 듣고 난 후 어떤 느낌이 들었는지 이야기를 나누어 본다.
   - 동화를 듣고 난 후 어떤 느낌이 들었나요?
   - 할아버지, 할머니 힘으로 할 수 없는 일을 우리가 어떻게 할 수 있을까요?
4. 무슨 일이든 함께하면 힘든 일도 할 수 있다는 것을 안다.

활동의 유의점

•'커다란 무'에 나오는 인물 그림을 교실 벽면에 제시하여 관심을 가질 수 있도록 한다.

• 역할을 바꿔가며 다양한 활동을 할 수 있도록 지원한다.

확장 활동

• '커다란 무' 등장인물 머리띠 쓰고 동극해 보기

• 옛날 전통놀이 작은 책 만들기

곡식 마라카스

10월 가을과 자연	2주 가을 곡식과 열매
대·소집단활동	음률

목표	•나라마다 즐겨먹는 곡식이 있음을 안다. •곡식의 종류가 다름을 알고 모양과 색깔도 다름을 이해한다.
누리과정 관련요소	•자연탐구 > 탐구하는 태도 기르기 > 탐구과정 즐기기 > 궁금한 점을 알아보는 탐구과정에 참여하고 즐긴다. •예술경험 > 예술적 표현하기 > 움직임과 춤으로 표현하기 > 신체를 이용하여 주변의 움직임을 다양하게 표현한다.

활동 자료

여러 가지 곡식, 콩, 수수, 팥, 쌀, 옥수수, 바나나, 우유통, 펠트지

활동 방법

1. 나라마다 즐겨 먹는 곡식에 대해서 이야기 나눈다.
   - 우리나라는 주로 어떤 곡식을 많이 먹고 있나요?
   - ○○나라에서는 어떤 곡식을 많이 먹을까요?
   - 또 어떤 곡식이 많이 날까요?
2. 여러 가지 곡식이 나는 곳에 대해서 이야기 나눈다.
   - 이 곡식은 어디에서 많이 날까요?
   - 왜 거기에서 많이 날까요?
3. 여러 가지 곡식의 색깔과 모양을 비교하여 이야기 나눈다.
   - 이 곡식은 어떤 색깔일까요?
   - 여러 가지 곡식의 색깔을 비교하여 볼까요?
4. 여러 가지 곡식의 소리를 들어 본다.
   - 이 소리는 어떤 곡식의 소리일까요?
   - 또 이 소리는 어떤 곡식일까요?
   - 곡식의 크기와 양에 따라서 소리가 어떻게 다를까요?
5. 곡식을 가지고 마라카스를 만들어 연주해 본다.
   (아시아 - 쌀, 유럽 - 밀, 오세아니아 - 옥수수, 미국, 캐나다, 멕시코 - 밀, 쌀)

활동의 유의점

•똑같은 곡식이라도 양에 따라 소리가 달라짐을 이해하도록 한다.

•여러 나라의 곡식의 종류를 알 수 있도록 지원한다.

확장 활동

•곡식의 색깔과 모양을 비교, 관찰해 본다.

•곡식 모자이크를 해본다.

•곡식으로 얼굴을 구성해 본다.

아르침볼도의 '봄·여름·가을·겨울'

10월 가을과 자연	2주 가을 곡식과 열매
대·소집단활동	요리

목표	•가을에 볼 수 있는 열매와 곡식이 있음을 안다. •계절마다 열매, 과일, 채소가 다르다는 것을 이해한다.
누리과정 관련요소	•의사소통 > 듣기 > 이야기 듣고 이해하기 > 다른 사람의 이야기를 듣고 이해한다. •자연탐구 > 탐구하는 태도 기르기 > 탐구과정 즐기기 > 궁금한 점을 알아보는 탐구과정에 참여하고 즐긴다.

활동 자료

아르침볼도의 '봄', '여름', '가을', '겨울' 명화 사진

활동 방법

1. 가을에 볼 수 있는 과일과 채소에 대해 이야기 나눈다.
   - 지금은 어떤 계절일까요?
   - 가을에는 어떤 과일을 먹을 수 있을까요?
   - 가을에만 볼 수 있는 과일과 채소에는 무엇이 있을까요?
2. 아르침볼도의 '가을' 명화를 보며 이야기를 나눈다.
   - 명화 속에 있는 사람은 무엇으로 만들었을까요?
   - 어떤 채소나 과일로 만들었을까요?
   - 명화 속에 나온 과일과 채소의 이름을 알아볼까요?
   - 또 다른 과일과 채소는 무엇일까요?
3. 명화 속에 나온 가을 과일과 채소에 대해 이야기 나눈다.
   - 밤송이는 어디에 있는지 말해 볼까요?
   - 또 어떤 채소가 있나요?
   - 포도는 어디에 있나요?
   - 혹시 이름은 모르는 과일과 채소가 있나요?
     처음 보는 과일과 채소도 있나요?
4. 우리나라에서 볼 수 있는 가을 과일과 채소에 대해서 이야기 나눈다.
   - 우리나라 가을철에 볼 수 있는 과일과 채소에는 어떤 것이 있나요?
   - 우리나라에서 나지 않는 과일도 있나요?
   - 우리나라에서 나지 않지만 먹을 수 있는 과일도 있나요?
   - 어떻게 먹을 수 있을까요?
   - 어떤 과일을 가장 먹어 보고 싶나요?

5. 여러 나라에서 볼 수 있는 가을 과일과 채소에 대해서 이야기 나눈다.

- 이 과일은 우리나라에서 날까요?
- 이 과일은 우리나라에서 왜 나지 않을까요?
- ○○과일은 나지는 않지만 어떻게 우리나라에서 먹을 수 있을까요?
- 바나나(망고, 파인애플, 자몽, 오렌지)는 어느 나라에서 많이 날까요?

6. 여러 가지 과일과 채소로 샐러드를 만들어 본다.

활동의 유의점

• 활동 전 교실 벽면에 아르침볼도의 '봄·여름·가을·겨울'을 제시하여 관심을 가질 수 있도록 지원한다.

확장 활동

• 모형과일을 담아 본다.
• 명화를 감상해 본다.

출처 : https://ko.wikipedia.org/wiki/%EC%A3%BC%EC%84%B8%ED%8E%98_%EC%95%84%EB%A5%B4%EC%B9%A8%EB%B3%BC%EB%8F%84

할로윈데이

10월 가을과 자연	3주 가을 곡식과 열매
자유선택활동	역할

목표	•호박을 이용한 놀이의 의미와 유래를 안다. •할로윈데이에 관심을 갖고 다른 문화를 이해한다.
누리과정 관련요소	•사회관계 > 사회에 관심 갖기 > 세계와 여러 문화에 관심 가지기 > 다양한 인종과 문화를 알아보고 존중한다. •예술경험 > 예술적으로 표현하기 > 극놀이로 표현하기 > 소품, 배경, 의상 등을 사용하여 협동적으로 극놀이를 한다.

활동 자료

큰 호박으로 된 등 모형, 호박으로 잘라 놓은 얼굴, 모자, 옷, 초콜릿, 사탕 바구니 등의 할로윈데이 물품

활동 방법

1. 할로윈데이 사진을 보며 이야기 나눈다.
   - 이 사진 속에 누가 있나요?
   - 무엇을 하고 있는 사진일까요?
   - 이런 모습을 본 적이 있나요?
   - 어디에서 보았나요?
2. 호박을 이용해 놀이할 수 있는 할로윈데이의 유래를 알아본다.

할로윈데이의 유래

10월 31일에 죽은 유령들이 모든 무덤에서 일어나 자기가 살던 집으로 찾아 간다는 이야기. 사람들은 유령들을 물리치거나 악마나 괴물로 가면을 쓰고 변장해서 놀이한다. 변장을 한 어린이들은 집집마다 돌아다니면서 과자나 사탕을 어른들께 받아온다. 또한 호박 등을 만들어 도깨비 얼굴을 새기고 안에 양초를 넣어 둔다는 미국에서 행하는 풍습의 놀이이다.

3. 할로윈데이 놀이에 대해서 이야기 나눈다.
   - 이 놀이를 하려면 무엇이 필요할까요? (호박에 얼굴 모습을 새기기, 도깨비, 해적, 마녀 등의 옷과 모자 초콜릿, 캔디 바구니 등)
   - 이것은 어디서 구할 수 있을까요?
4. 할로윈데이의 놀이방법에 대해서 이야기 나눈다.
   - 이 놀이는 어떻게 하는 것일까요?
   - 역할은 어떻게 정할까요?

5. 할로윈데이 놀이의 역할을 정하여 놀이해 본다.

활동의 유의점

- 자료(의상, 가면 등)를 충분히 제공한다.
- 할로윈데이의 사용하는 호박(Jack of the Lantern)은 유아들이 밑그림을 그린다.

확장 활동

- 할로윈 축제에 하는 놀이를 해본다.
- 독일의 가을 축제 : 호박 페스티벌 동영상을 감상한다(http://tvpot.daum.net/clip/ClipView.do?clipid=10179122).
- 농수산물 판매장을 견학하여 호박 종류 관찰 및 구입을 한다.

10월

가을과 자연

여러 나라의 호박요리

10월 가을과 자연	3주 가을 곡식과 열매
대·소집단활동	요리

목표	•호박을 이용한 여러 가지 음식이 있음을 안다. •나라마다 호박요리가 다양함을 이해한다.
누리과정 관련요소	•사회관계>사회에 관심 가지기>우리나라에 관심 갖고 이해하기>우리나라의 전통, 역사, 문화에 관심을 갖는다. •사회관계>사회에 관심 가지기>세계와 여러 문화에 관심 가지기>다양한 인종과 문화를 알아보고 존중한다.

활동 자료

여러 가지 종류의 호박 사진

활동 방법

1. 여러 가지 종류의 호박 사진을 보며 이야기 나눈다.
   - 호박을 좋아하나요?
   - 호박의 맛은 어떨까요?
   - 이 호박의 이름은 무엇일까요?
   - 호박은 어떤 계절에 많이 날까요?
2. 호박의 모양과 색깔에 대해서 이야기 나눈다.
   - 이 호박의 모양과 색깔은 어떨까요?
   - 왜 모양과 색깔이 다를까요?
   - 모양과 색깔에 따라 맛도 다를까요?
3. 호박으로 만든 요리에 대해서 이야기 나눈다.
   - 호박으로 만든 요리에는 어떤 것이 있을까요?
   - 호박으로 만든 요리를 좋아하나요?
   - 어떤 요리를 좋아하나요?
   - 집에서 즐겨 먹는 호박요리에는 어떤 것이 있나요?
4. 여러 가지 호박요리에 대해 알아본다.
   - 우리나라에는 어떤 호박요리가 있을까요?
   - 호박요리가 유명한 나라는 어떤 나라일까요? (호박수프-미국 / 호박스튜-슬로베니아 / 호박죽, 호박떡, 호박전&볶음 -한국)
5. 호박을 이용하여 호박죽을 만들어 본다.

활동의 유의점

- 호박은 썰어서 말린다.
- 호박을 재료로 한 요리가 조리의 형태와 방법에 따라 여러 가지 형태의 음식으로 변한다는 것을 인식하도록 한다.

확장 활동

- 호박씨의 숫자를 세어 본다.
- 호박을 썰어서 말린다.
- 단호박샐러드를 만들어 본다.

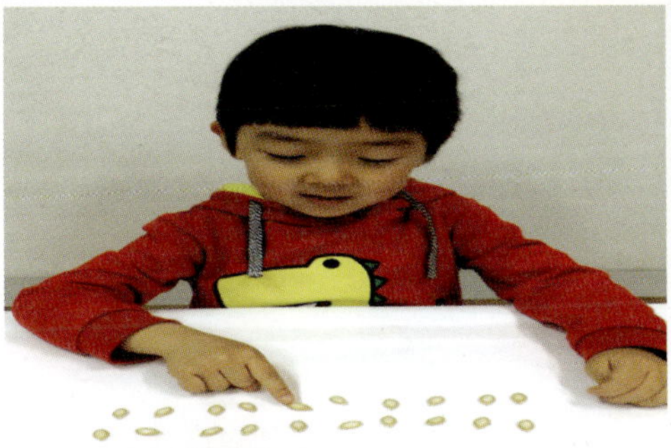

여러 나라의 추석 풍습

10월 가을과 자연	4주 가을 나무와 숲
대·소집단활동	이야기 나누기

목표	•우리나라의 명절인 추석에 대해 안다. •여러 나라의 추석풍습도 이해한다.
누리과정 관련요소	•사회관계>사회에 관심 가지기>우리나라에 관심 갖고 이해하기>우리나라의 전통, 역사, 문화에 관심을 갖는다. •사회관계>사회에 관심 가지기>세계와 여러 문화에 관심 가지기>다양한 인종과 문화를 알아보고 존중한다.

활동 자료

추석 PPT 자료, 동화 '솔이의 추석 이야기', 세계 여러 나라 추석 풍습 관련 사진 및 동영상 자료

활동 방법

1. 동화 '솔이의 추석이야기'를 들려준다.
2. 우리나라의 추석에 대해 이야기 나눈다.
   - 추석 때 무엇을 할까요?
   - 어떤 음식을 먹을까요?
3. 여러 나라의 추석 풍습에 대해 이야기 나눈다.
   - 다른 나라에는 어떤 추석 풍습이 있을까요?
   - 우리와 비슷한 추석 풍습이 있는 나라는 어느 나라일까요?
4. 부모님들이 어린 시절에 보낸 추석 풍습에 대해서 이야기 나눈다.
   - ○○엄마, □□아빠는 어릴 때 추석에 무엇을 했을까요?
   - ○○엄마와 □□아빠의 추석 이야기가 어떻게 다를까요?
5. 우리나라와 다른 나라의 추석 풍습에 대해서 이야기 나눈다.

활동의 유의점

- 각 나라마다 가지고 있는 추석의 풍습을 이해할 수 있는 동영상 자료를 제공한다.
- 세계 여러 나라에 관심을 가질 수 있도록 환경을 구성하여 지원한다.

확장 활동

- 송편 만들기를 해본다.
- 성묘를 해본다.

추석풍습 / 나라	명칭	추석 풍습
 러시아	성 드리트미 토요일 (11월 8일 직전 토요일)	조상들의 묘소에 가서 성묘를 하고 주변 사람들에게 음식을 나누며 새들에게 햇곡식을 던져 주기도 한다. 조상들에 대한 옛 이야기를 나눈다.
 일본	오봉 (양력 8월 15일)	묘를 찾아가 벌초를 하기도 하고, 조상신이 집에 잘 찾아오도록 묘에 향을 피우고 쌀을 얹어 놓는다. 동네의 친분 있는 집들을 돌아다니며 인사를 나누기도 한다. 절이나 신사 안에서 불을 피워 놓고 단체로 춤을 춘다.
 중국	중추절 (음력 8월 15일)	가족 친지들끼리 간단한 선물을 주고받으며, 달떡이라는 월병(보름달처럼 둥근 모양)을 먹는다. 온가족이 모여 달을 구경하고 달에 제사를 지내며 달을 보고 절을 하면서 가족의 안녕을 빈다.
 미국	추수감사절 (11월 넷째 목요일)	한 해 동안 농사를 지어 거둔 농작물에 대한 감사를 신에게 표한다. 집안 구석구석 청소하고 허수아비, 칠면조 모형, 호박, 해바라기 등으로 집 안팎을 꾸민다.

세계의 명산

10월 가을과 자연	4주 가을 나무와 숲
대·소집단활동	언어

목표	•세계 여러 나라의 유명한 산이 있음을 안다. •나라마다 산의 모습이 다름을 이해한다.
누리과정 관련요소	•사회관계 > 사회에 관심 갖기 > 세계 여러 문화에 관심 가지기 > 다양한 인종과 문화를 알아보고 존중한다. •자연탐구 > 수학적 탐구하기 > 규칙성 이해하기 > 스스로 규칙성을 만들어 본다.

활동 자료

세계 여러 나라의 산 그림 각 2장씩, 활동판

활동 방법

1. 산에 가본 경험에 대해 이야기 나눈다.
   - 산에 가본 적이 있나요?
   - 어느 산에 가 보았나요?
2. 우리나라 유명한 산에 대해서 이야기 나눈다.
   - 우리나라에 유명한 산은 어떤 산이 있나요?
   - 다른나라의 유명한 산은 어떤 것이 있나요?
3. 기후에 따라 산의 모양이 다름을 이야기 나눈다.
   - 추운(더운)지방의 산의 모양은 어떨까요?
   - 추운(더운)지방의 나뭇잎의 모양은 어떨까요?
4. 여러나라의 명산에 대해서 이야기 해본다.

활동의 유의점

•유명한 명산 자료를 다양하게 준비해 본다.

•자료 준비 시 유명한 명산 그림자료와 동영상 자료가 골고루 준비될 수 있도록 한다.

확장 활동

•부모님과 명산에 가서 산을 관찰한다.

•우리나라 산의 종류와 높이를 조사해 본다.

추석풍습 / 나라	명칭	높이
 한국	 한라산	1,950m
 일본	 후지산(화산)	3,776m
 네팔	 에베레스트	8848m
 중국	 황산	1873m
 파키스탄	 케이투봉(k2)	8611m

11월 ▶ 지구와 환경

실시기간 : 11월(총 4주)

유아들은 우리 생활에서 발생하는 자연환경의 변화를 느끼고 경험하며, 다양한 매체를 통해 지구에 대해 알아간다. 지구를 둘러싸고 있는 환경은 인간의 삶의 질에 영향을 주므로 미래의 행복한 삶을 위해서는 지구의 환경을 잘 보존하고 가꾸어야 한다. 유아에게 지구 환경을 이해하는 것이 다소 생소하고 어려운 주제일 수 있으나, 다양한 매체를 통해 지구에 대한 정보를 알고 주변 환경의 변화를 탐색하고 관찰함으로써 지구의 소중함을 느끼고 보호하고자 하는 마음을 갖는 것이 중요하다.

'지구와 환경'이라는 주제를 통해 지구는 우리가 사는 공간이라는 사실을 인식하고 지구의 모습과 자연환경의 구성물인 흙, 물, 공기, 바람 등 자연물의 특성과 변화를 탐색하고 관찰하는 태도를 기르고자 한다. 또한 환경의 중요성에 관심을 가지고 이해할 수 있도록 도와주며, 환경오염에 대해 인식한 후 환경을 보호하는 마음을 갖고 유아 주변에서 실천할 수 있는 방법을 찾아 보고 경험할 수 있도록 한다.

본 주제를 진행할 때는 우선 유아가 주변에서 발견할 수 있는 자연의 모습과 지구의 변화에 관심을 갖도록 한다. 지구에 대한 관심을 다양한 활동을 통해 탐색하고, 자연현상에 대해 관찰하고, 조사하여 확장될 수 있도록 한다. 아울러 지구의 소중함을 알고, 이를 가꾸고 보존하기 위한 실천적인 방법을 찾아 유아 스스로 실천하는 태도를 기를 수 있도록 돕는다.

주	누리 소주제	다문화활동	활동유형	다문화활동 내용
1	우리가 사는 지구	•전기없는 하루 •쓰레기 산 쓰레기 괴물	•이야기 나누기 •수, 과학	전기의 소중함과 우리가 살고 있는 지구에 대해 관심을 갖고 환경에 대해 알아본다.
2	지구의 변화	•하늘에 뚫린 구멍 •부글부글 화산이 펑	•신체 •과학	지구의 변화와 자연재해에 대한 안전하게 대피할 수 있는 방법을 알아본다.
3	고마운 지구	•지구의 희망 나무 •**세계의 환경 마크**	•과학 •미술	나무가 우리에게 주는 이로움을 알고 환경보호 마크가 나라마다 다름을 안다.
4	지구의 보호	•환경미화원 놀이 •인도의 똥 에너지	•역할 •이야기 나누기	지구를 보호하는 방법과 에너지를 재활용하는 다양한 방법을 안다.

다문화교육의 강조점

★ 다양성 에너지를 재활용할 수 있는 다양한 방법에 관심을 갖는다.
인도 사람들의 에너지 재활용에 대하여 안다.

★ 편 견 다양한 직업이 있음을 알고 직업에 대한 편견을 갖지 않도록 한다.

★ 문 화 전기를 사용함에 있어 문화적 차이를 이해한다.
나무가 우리에게 주는 이로움을 알고 소중히 생각한다.
인도 사람들의 에너지 재활용에 대하여 안다.
환경보호를 권장하는 마크가 있음을 안다.

★ 협 력 환경미화원의 역할을 알고 서로 협력하여 깨끗한 지구를 보호한다.
사람은 나무와 더불어 살아감을 안다.

★ 정체성 마크에 표시된 모양이 나라마다 다름을 이해한다.

전기 없는 하루

11월 지구와 환경	1주 우리가 사는 지구
대·소집단활동	이야기 나누기

목표	•전기의 소중함을 안다. •전기를 사용함에 있어 문화적 차이를 이해한다.
누리과정 관련요소	•의사소통 > 말하기 > 느낌, 생각, 경험 말하기 > 자신의 느낌, 생각, 경험을 적절한 단어와 문장으로 말한다. •자연탐구 > 탐구하는 태도 기르기 > 탐구과정 즐기기 > 궁금한 점을 알기 위해 비교하기, 예측하기 등 다양한 방법을 활용한다.

활동 자료

전깃불이 있는 나라와 없는 나라의 사진

활동 방법

1. 교실에서 전깃불을 꺼놓고 이야기 나눈다.
   - 이렇게 불이 꺼진 적이 있나요?
   - 왜 전깃불이 꺼졌을까요?
   - 이렇게 전깃불이 꺼지니 어떤 느낌이 드나요?
2. 전깃불을 켜 놓고 이야기 나눈다.
   - 전깃불이 꺼져 있었을 때와 어떻게 다른가요?
   - 전깃불이 켜져서 어떤 점이 편리한가요?
   - 전깃불이 없으면 어떻게 될까요?
3. 전깃불이 없는 나라에 대해서 이야기 나눈다.
   - 전깃불이 없는 나라가 있을까요?
   - 왜 그 나라는 전깃불이 없을까요?
   - 전깃불이 없으면 깜깜한 밤에는 어떻게 앞을 볼 수 있을까요?
4. 전기를 만드는 방법에 대해서 이야기 나눈다.
   - 전기 불을 만들어 낼 수 있을까요?
   - 우리가 그 전기를 어떻게 사용하나요?
   - 우리가 사용하는 또 다른 전기는 어떤 것이 있을까요?
5. 우리가 사용하는 전기에 대해서 이야기 나눈다.
   - 우리가 사용하는 전기에는 어떤 것이 있을까요?

6. 전깃불의 필요성에 대해서 이야기 나눈 후, 전기의 소중함을 알고 전기를 아끼는 습관을 가지도록 한다.

활동의 유의점

- 전기가 있는 나라와 없는 나라를 알아보고 전기의 소중함을 알도록 한다.

확장 활동

- 전기가 만들어지는 과정을 알아본다.
- 전기가 있어 고마운 점과 불편한 점을 적어 본다.

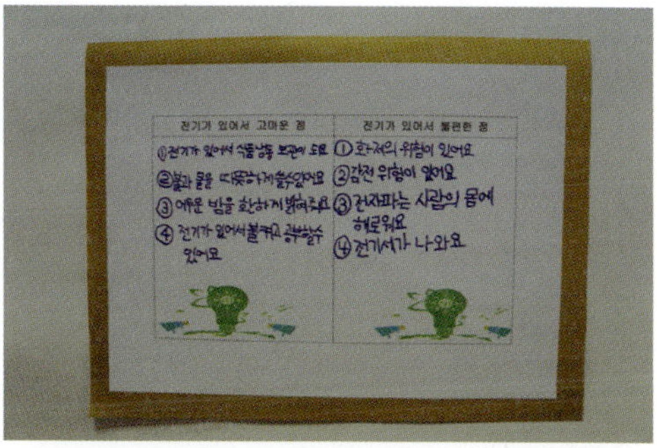

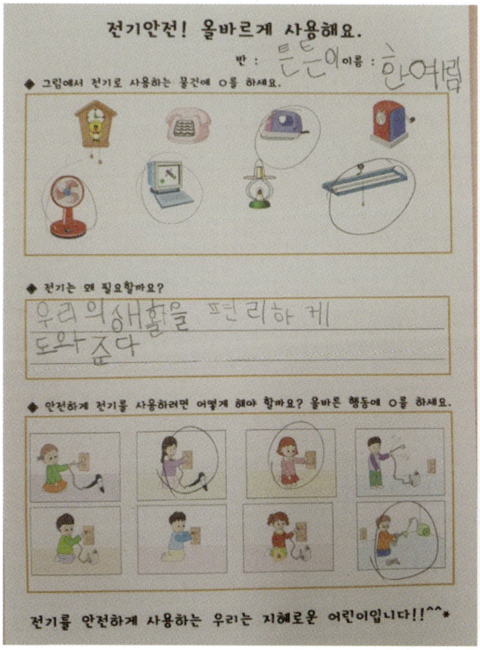

전기안전! 올바르게 사용해요.

반 : 튼튼이 이름 : 한여름

◆ 그림에서 전기로 사용하는 물건에 ○를 하세요.

◆ 전기는 왜 필요할까요?

우리의 생활을 편리하게 도와준다

◆ 안전하게 전기를 사용하려면 어떻게 해야 할까요? 올바른 행동에 ○를 하세요.

전기를 안전하게 사용하는 우리는 지혜로운 어린이입니다!!^^*

쓰레기 산 쓰레기 괴물

11월 지구와 환경	1주 우리가 사는 지구
자유선택활동	수, 과학

목표	•생활 쓰레기로 지구의 환경이 오염되어 감을 안다. •환경을 보존하며 지구를 맑고 깨끗하게 지켜야 함을 안다.
누리과정 관련요소	•의사소통 > 말하기 > 느낌, 생각, 경험 말하기 > 자신의 느낌, 생각, 경험을 적절한 단어와 문장으로 말한다. •자연탐구 > 과학적 탐구하기 > 생명체와 지구환경 알아보기 > 생명체의 소중함을 알고, 생명체가 살아가기에 좋은 환경에 대해 알아본다.

활동 자료

'MBC 일요일 일요일 밤에-단비' 중 리핀 쓰레기 산 파야타스 영상 자료

활동 방법

1. 필리핀 '파야타스'의 이야기를 들려 준다.
   - 원래 산이 없던 곳에 어떻게 산이 생겼을까요?
   - 무엇으로 되어 있는 산일까요?
   - 어떻게 쓰레기로 산이 될 수 있었을까요?
2. 필리핀 파야타스 산의 어린이들의 생활을 동영상으로 본 후 이야기 나눈다.
   - 이 어린이들은 무엇을 먹고 생활할까요?
   - 어디에서 목욕을 할까요?
   - 어떤 물을 먹고 마실까요?
3. 만일 우리가 사는 집이 파야타스에 있다면 어떻게 될지 생각해 본다.
   - 우리집이 파야타스에 있다면 우리의 생활은 어떨까요?
   - 무엇을 먹고 어떤 냄새 속에 살고 있을까요?
4. 우리 동네에 파야타스처럼 쓰레기 산이 생긴다면 어떨지 이야기해 본다.
   - 원래 처음부터 파야타스에 쓰레기 산이 있었을까요?
   - 파야타스의 쓰레기 산은 어떻게 생겨난 것일까요?
   - 우리 동네에 파야타스 산처럼 쓰레기 산이 생긴다면 어떻게 될까요?
5. 우리가 사는 지구를 깨끗하게 지키려면 어떻게 해야 할지 이야기 나눈다.
   - 지구를 깨끗하게 하려면 어떻게 해야 할까요?
   - 쓰레기를 어떻게 처리해야 할까요?

- 분리수거는 왜 하는 것일까요?
- 분리수거를 하면 어떤 점이 좋을까요?

6 쓰레기를 재활용하는 방법을 알아보고 쓰레기를 분리해 본다.

활동의 유의점

- 쓰레기를 처리하는 방법을 알아보고 나라마다 분리수거를 하는 문화가 있음을 안다.
- 분리수거를 함으로써 환경을 보호할 수 있다는 점을 인식한다.

확장 활동

- 쓰레기 분리수거를 해본다.
- '지구야 아프지마' 포스터를 그려 본다.
- '깨끗한 지구' 동시를 들어 본다.

하늘에 뚫린 구멍

11월 지구와 환경	2주 지구의 변화
대·소집단활동	신체

목표	•지구를 둘러싸고 있는 오존층에 관심을 갖는다. •환경을 지킬 수 있는 방법을 안다.
누리과정 관련요소	•의사소통 > 말하기 > 느낌, 생각, 경험 말하기 > 자신의 느낌, 생각, 경험을 적절한 단어와 문장으로 말한다. •자연탐구 > 과학적 탐구하기 > 생명체와 지구환경 알아보기 > 생명체의 소중함을 알고, 생명체가 살아 가기에 좋은 환경에 대해 알아본다.

활동 자료

동화 『지구야 아프지마』 (실비 지라르데 글·그림, 도서출판 초록 개구리, 2006)

활동 방법

1. 오존층에 대해서 이야기 나눈다.

- 오존층이란 말을 들어 본 적이 있나요?
- 언제 누구한테 들어 보았나요?
- 오존층에 대해 좀 더 자세히 알아볼까요?

(오존층이란 태양에서 나오는 자외선이 우리 몸에 너무 많이 닿지 못하게 막아 줘요. 그런데 칙칙 뿌리는 에어로졸 제품이나 냉장고나 에어컨에서 나오는 가스들은 오존층을 뚫어버려요.)

2. '지구야 아프지마' 동화를 듣고 이야기 나눈다.

> 작은 새들이 어느 작은 섬에 갔을 때, 구름처럼 생긴 파라솔이 있었단다. 날씨가 점점 더워지자 구름처럼 생긴 파라솔에 바람이 잘 통하게 하려고 새들은 파라솔에 구멍을 내기 시작했대. 그렇지만 구멍으로 들어온 햇볕 때문에 새들은 모두 불에 구운 닭처럼 되었어. 깜짝 놀란 동물들은 모두 저마다 달라지기로 했어. 달팽이는 공기를 더럽히는 두꺼비 침보다 꿀을 쓰고 새들은 빨리 나는 기계를 쓰지 않고 자신의 날개로 파닥거리며 날기로 했어. 소들도 자기 방귀가 공기를 덥게 하는 것을 알고 방귀를 덜 끼기로 했지. 모두들 스스로 노력을 하자 세상은 좋아지기 시작했대. (중략)

- 동화를 들으니 어떤 느낌이 드나요?

3. 오존층이 파괴되지 않도록 막으려면 어떤 점을 주의해야 할지 이야기해 본다.

- 오존층이 파괴되면 어떻게 될까요?
- 오존층을 파괴하지 않으려면 어떻게 해야할까요? (가까운 거리는 걸어다니기, 자동차 카풀하기, 에어로졸 제품(스프레이, 프레온 가스 제품 쓰지 않기, 에어컨 사용 줄이기 등)

4. 환경오염을 줄일 수 있는 방법을 발표해 본다.

활동의 유의점

• 환경을 보호하기 위해 우리가 노력해야 할 점이 있음을 인식하도록 한다.

확장 활동

• '지구야 아프지마' 동화를 들어본다.
• 풍선 위에 지구를 그려본다.
• '숲속을 걸어요' 노래를 부르면서 신체표현을 해본다.
• 옥수수 콩으로 지구를 구성해서 세계의 친구들을 세워 본다.

부글부글 화산이 펑

11월 지구와 환경	2주 지구의 변화
자유선택활동	과학

목표	•지각변동이 지진의 원인임을 안다. •지진에 안전하게 대피할 수 있는 방법을 알아본다.
누리과정 관련요소	•의사소통>말하기>느낌, 생각, 경험 말하기>자신의 느낌, 생각, 경험을 적절한 단어와 문장으로 말한다. •자연탐구>과학적 탐구하기>생명체와 지구환경 알아보기>생명체의 소중함을 알고, 생명체가 살아 가기에 좋은 환경에 대해 알아본다.

활동 자료

폼보드판, 찰흙, 고무찰흙, 요구르트 병, 소다, 식용색소, 약스푼, 식초 등

활동 방법

1. 화산에 대해 이야기 나눈다.
   - 화산이 일어나면 어떤 현상이 생길까요?
   - 화산이 분출할 때 나오는 물질을 무엇이라고 할까요?
   - 그 물질이 굳어지면 어떻게 될까요?
2. 우리나라 제주도의 '한라산' 사진을 보며 이야기 나눈다.
   - 한라산은 다른 산과 어떻게 다를까요?
   - 한라산에 있는 바위의 모양은 어떤가요?
   - 이런 바위의 이름을 무엇이라고 할까요?
3. 화산이 일어나는 과정에 관심을 갖고 실험해 본다.

실험방법

① 요구르트 병을 판 위에 놓고 찰흙으로 주위를 덮는다.
② 고무찰흙으로 바다 등 주변 지형을 꾸민다.
③ 약스푼을 사용하여 소다를 요구르트 병 안에 넣는다.
④ 식용색소를 넣고, 식초를 조금씩 붓는다.

4. 우리나라의 한라산 외에 다른 나라에서 일어난 화산활동에 대해 알아본다.

•콜리마 화산 (Colima Volcano) – 멕시코 중서부 •이살코 화산(Izalco Volcano) – 엘살바도르 서부
•세인트헬레나(Saint Helena) – 남대서양 •마욘화산(Mayon Volcano) – 필리핀 마닐라 근처 루손섬
•피나투보 화산(Pinatibo Volcano) – 필리핀 •후지산 – 일본 스즈오카현 북동부와 야마나시현 남부

활동의 유의점

• 여러 나라의 화산 활동에 대해 탐색하면서 유명한 화산들의 특징을 찾아 이야기해 본다.
• 화산활동이 잘 일어나는 지형의 특성을 이해한다.

확장 활동

• 화산이 폭발하는 과정을 신체로 표현해 본다.

지구의 희망 나무

11월 지구와 환경	3주 고마운 지구
대·소집단활동	과학

목표	•나무가 우리에게 주는 이로움을 알고 소중히 생각한다. •사람이 살아가는 데 나무가 필요한 이유를 안다.
누리과정 관련요소	•의사소통 > 말하기 > 느낌, 생각, 경험 말하기 > 자신의 느낌, 생각, 경험을 적절한 단어와 문장으로 말한다. •자연탐구 > 과학적 탐구하기 > 생명체와 지구환경 알아보기 > 생명체의 소중함을 알고, 생명체가 살아 가기에 좋은 환경에 대해 알아본다.

활동 자료

나무가 많은 산간지역의 사진 자료, 해안·평야 지역의 사진

활동 방법

1. 나무가 울창한 숲 그림을 보며 이야기 나눈다.
   - 여기는 어디 일까요?
   - 무엇이 많이 있나요?
   - 나무는 우리에게 어떤 이로움을 줄까요?
2. 나무가 없어서 일어나는 현상에 대해서 이야기 나눈다.
   - 만약에 나무가 많이 없다면 어떤 일이 일어날까요? (산사태, 지구 온난화, 사막화현상)
   - 우리가 살고 있는 곳에는 나무가 많이 있나요?
   - 나무가 많은 곳을 무엇이라고 부를까요?
   - 산간지역에 살면 어떤 좋은 점이 있을까요?
   - 나무는 공기를 어떻게 정화시킬까요?
   - 이곳에 살면 어떤 이로움이 있을까요?
3. 나무가 우리에게 주는 이로움에 대해서 이야기 나눈다.
   - 나무는 또 우리에게 어떤 이로움을 줄까요?
   - 계절에 따라 나무는 어떤 도움을 줄까요?

•4~6월 : 봄에서 초여름 가뭄의 피해를 막는다.
•6~9월 : 여름철 집중호우로 홍수의 피해를 막는다.
•8~10월 : 여름에서 초가을 태풍과 호우 피해를 막는다.
•12~2월 : 겨울철 폭설과 눈사태를 막는다.

4. 계절에 따라 나무가 주는 이로움이 다름을 이야기 나눈다.

활동의 유의점

- 사람이 살아가는 데 나무의 필요성을 이해하도록 하며, 나무를 함부로 베지 않고 보호하는 마음을 갖도록 지도한다.

확장 활동

- 나무가 있어서 고마운 점을 이야기 하고 적어 본다.
- 나무를 심어 본다.
- 나무 그려 숲을 구성해 본다.
- '나무를 심자' 노래를 불러 본다.

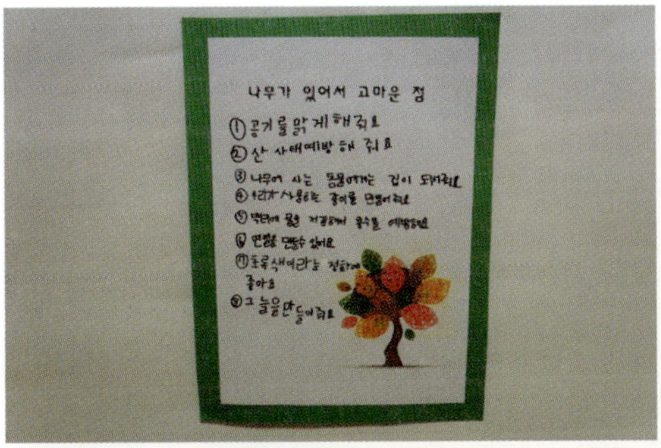

세계의 환경 마크

11월 지구와 환경	3주 고마운 지구
대·소집단활동	미술

목표	•환경 보호를 권장하는 마크가 있음을 안다. •마크에 표시된 모양이 나라마다 다름을 이해한다.
누리과정 관련요소	•의사소통 > 말하기 > 느낌, 생각, 경험 말하기 > 자신의 느낌, 생각, 경험을 적절한 단어와 문장으로 말한다. •자연탐구 > 과학적 탐구하기 > 생명체와 지구환경 알아보기 > 생명체의 소중함을 알고, 생명체가 살아 가기에 좋은 환경에 대해 알아본다.

활동 자료

활동지, 색종이, 풀, 색연필,

활동 방법

1. '사람은 자연보호', '자연은 사람보호'라는 표어를 유아들에게 제시한다.
   - 이것은 무슨 뜻일까요?
   - 사람이 할 수 있는 자연보호를 이야기해 볼까요?
   - 자연은 어떻게 사람을 보호해 줄까요? (시원한 나무 그늘을 만들어 더위로부터 사람을 보호해 준다. 나무가 각광 받고 산소는 사람들에게 맑은 공기를 준다.)
   - 이런 뜻을 의미하는 표시에는 어떤 것이 있을까요?
2. 환경을 보호하는 여러 가시 표어를 보며 이야기 나눈다.
   - 이런 표어를 본 적이 있나요?
   - 어디서 보았나요?
   - 환경을 보호하는 표어에는 어떤 것이 있을까요?
   - 이 표어는 어떤 의미를 담고 있을까요?
   - 표어는 사람들이 어떤 생각을 가지도록 하는 걸까요?
   - 이 표어를 한눈에 알아볼 수 있도록 표시하는 방법이 있을까요?
3. 우리나라의 환경 보호 마크에 대해서 이야기 나눈다.
   - 우리나라의 환경 보호 마크는 어떤 모양일까요?
   - 마크의 모양은 무엇을 상징할까요?
   - 우리나라 환경 보호 마크와 비슷한 마크도 있을까요?
   - 어디에서 볼 수 있을까요?
4. 환경을 보호하는 마크가 나라마다 다름을 이야기 나눈다.
   - 이 마크는 어느 나라 환경 보호 마크일까요?

- 어떤 의미를 담고 있을까요?
- 우리나라 마크와 어떻게 다를까요?

5. 여러 나라의 환경 마크에 대해 이야기 나눈다.
   - 이것은 어느 나라 환경 보호 마크일까요?
   - 무엇을 상징할까요?
6. 환경 보호 마크를 알아본 후 환경 마크를 다양하게 꾸며 본다.

활동의 유의점

• 나라마다 환경 마크는 달라도 지구의 환경을 보호하자는 뜻을 지니고 있음을 안다.
• 환경마크를 통해 자원, 에너지를 아끼고, 오염물질 배출을 최소화할 수 있도록 한다.

확장 활동

• 환경 마크 모자이크를 해본다.
• 좋은 환경과 나쁜 환경을 분류해 본다.
• 환경 마크를 따라 그려 본다.

환경미화원 놀이

11월 지구와 환경	4주 지구의 보호
자유선택활동	역할

목표	• 환경미화원의 역할을 알고 감사하는 마음을 가진다. • 다양한 직업이 있음을 알고 직업에 대한 편견을 가지지 않도록 한다.
누리과정 관련요소	• 의사소통 > 말하기 > 느낌, 생각, 경험 말하기 > 자신의 느낌, 생각, 경험을 적절한 단어와 문장으로 말한다. • 사회관계 > 사회에 관심 갖기 > 지역사회에 관심 갖고 이해하기 > 다양한 직업에 관심을 갖는다.

활동 자료

환경미화원의 조끼와 안전모

활동 방법

1. 환경미화원을 본 경험에 대해서 이야기 나눈다.
   - 환경미화원을 본 적이 있나요?
   - 무엇을 하고 계셨나요?

2 환경미화원 사진을 보며 이야기 나눈다.
   - (리어카로 쓰레기를 줍는 사람의 사진을 보며) 누구일까요?
   - 무엇을 하고 있나요?
   - 어떤 일을 하는 사람일까요?
   - (쓰레기를 수거하는 사진 자료를 보며) 이 차는 어떤 차일까요?
   - 누가 타고 다닐까요?
   - 무엇을 싣고 다닐까요?

3 환경미화원의 역할에 대해서 이야기 나눈다.
   - 환경미화원은 어떤 일을 하는 사람일까요?
   - 왜 필요할까요?

4. 환경미화원이 없다면 우리가 사는 곳은 어떻게 될지 이야기 나눈다.
   - 환경미화원은 우리에게 어떤 도움을 줄까요?
   - 환경미화원이 없다면 거리는 어떻게 될까요?

5. 우리 동네 환경미화원께 감사하는 마음을 갖고 역할놀이를 해본다.

활동의 유의점

- 환경미화원의 역할을 알아보고 감사한 마음을 갖도록 하며, 직업에 편견을 갖지 않도록 지도한다.
- 다양한 직업이 있음을 알고, 각 직업에 따라 주어진 역할을 알고 감사한 마음을 가질 수 있도록 한다.

확장 활동

- 재활용 쓰레기통을 만들어 본다.
- 환경미화원께 편지를 써 본다.

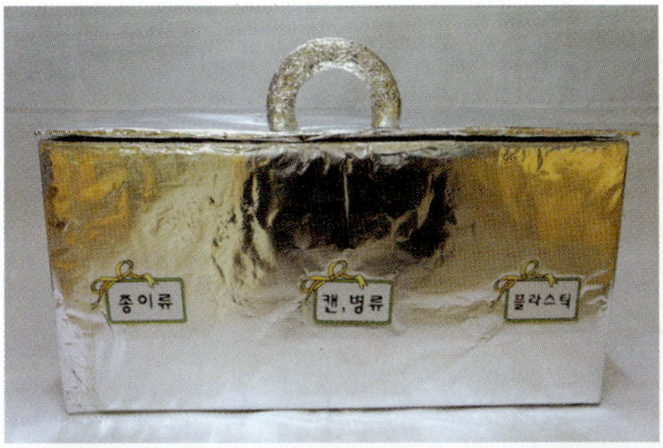

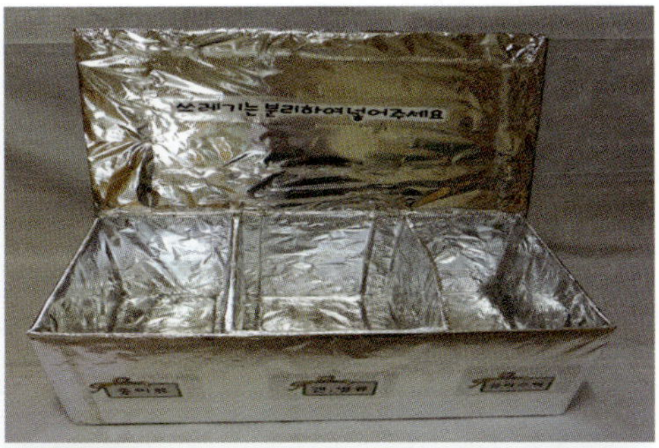

인도의 똥 에너지

11월 지구와 환경	4주 지구의 보호
대·소집단활동	이야기 나누기

목표	•에너지를 재활용할 수 있는 다양한 방법에 관심을 갖는다. •인도 사람들의 에너지 재활용에 대하여 안다.
누리과정 관련요소	•의사소통 > 말하기 > 느낌, 생각, 경험 말하기 > 자신의 느낌, 생각, 경험을 적절한 단어와 문장으로 말한다. •자연탐구 > 과학적 탐구하기 > 생명체와 지구환경 알아보기 > 생명체의 소중함을 알고, 생명체가 살아가기에 좋은 환경에 대해 알아본다.

활동 자료

소똥 그림 자료

활동 방법

1. 소똥 그림 자료를 보면서 이야기 나눈다.
   - 이것은 무엇일까요?
   - 이것을 보면 어떤 느낌이 드나요?
   - 똥은 모두 같은 모양일까요?
   - 소똥은 어떤 모양인가요?
   - 소똥을 먹고 사는 곤충이 있을까요?
   - 누가 소똥을 먹고 살까요?
2. 쇠똥구리 이야기를 들려 준다.
   - 쇠똥구리를 본 적이 있나요?
   - 쇠똥구리는 왜 소똥을 좋아할까요?
   - 소똥은 어떻게 쓰일 수 있을까요?
3. 소똥의 쓰임에 대해서 이야기 나눈다.
   - 인도 사람들은 소똥을 어떻게 사용할까요?
   - 어떻게 소똥으로 에너지를 만들 수 있을까요?

인도의 똥 에너지의 유래

인도에서 가축의 분뇨를 연료로 사용하는 이유는 그만큼 난방이나 취사에 사용하는 연료가 부족하기 때문이다. 가장 보편적으로 쓰이는 연료인 나무조차도 부족하다. 그래서 가축의 분뇨에서 발생하는 메탄을 이용한 바이오매스발전은 일반 가스발전과 비슷한 에너지 발전량을 낼 수 있고 오염물질이 거의 발생하지 않을 뿐만 아니라 수질오염이나 환경오염을 유발하는 분뇨를 처리할 수 있어 각광 받고 있다. 또한 에너지 대체 효과까지 볼 수 있는 장점이 있다.

- 소똥으로 만들어진 에너지는 어떤 색깔일까요?
- 어떤 냄새가 날까요?

4. 소똥 에너지의 좋은 점에 대해서 이야기 나눈다.
   - 소똥은 우리에게 어떤 에너지를 줄까요? (전기에너지, 가스 에너지)
   - 소똥을 에너지로 사용하면 어떤 점이 좋을까요? (소똥 쓰레기가 줄어요. 냄새가 덜 나요)
5. 인도 사람들의 지혜로움을 생각하며 우리나라의 농촌에서도 사용하면 어떨지 이야기 나눈다.

활동의 유의점

•가축의 분뇨를 에너지로 재활용할 수 있는 방법이 될 수 있다는 것을 이해하도록 한다.

확장 활동

• '강아지 똥' 동화를 듣고 강아지 똥의 쓰임에 대해서 이야기 나누어 본다.
• '누가 내 머리에 똥 쌌어?' 동화를 듣는다.
• 찰흙으로 강아지랑 강아지 똥을 조형활동으로 만들어 본다.

12월 겨울과 놀이

실시기간 : 12월(총 5주)

유아는 계절의 변화를 인식하고 겨울의 특징을 이해할 수 있으며, 어려운 이웃에 대해서 관심을 갖게 된다. 동식물과 사람들이 겨울철 추위에 대처하는 방법을 알고 건강하고 안전하게 생활하도록 한다. 또한 겨울철 놀이와 새해맞이 민속놀이에 흥미를 갖고 다양한 방법으로 즐기도록 선정하였다.

'겨울과 놀이' 주제는 유아가 겨울 날씨의 특징을 알고 그에 따른 동식물의 겨울나기는 어떠한지 호기심을 가지고 탐색해 보며, 사람들은 추운 겨울에 건강하고 안전하게 보내기 위해 어떻게 행동하는지를 알아보고, 어려운 이웃에게 관심을 가지고 더불어 사는 태도를 지니도록 한다. 새해의 의미를 알고 설날에 하는 다양한 민속놀이를 알고 즐기며 우리의 전통문화에 자부심을 갖도록 한다.

본 주제를 진행할 때 유아가 겨울철 날씨의 특징을 알 수 있도록 바깥 풍경을 관찰할 기회를 제공하고, 추운 겨울에 동식물이 어떻게 겨울을 보내는지 호기심을 가지고 책과 인터넷을 통해 조사해 보도록 한다. 또한 우리가 건강하고 안전하게 겨울을 나기 위해서 어떠한 노력을 해야 하는지 이야기를 나누고 실천할 수 있는 행동도 알아본다. 어려운 이웃에게 도움을 주는 기관을 알아보고 주변의 어려운 이웃에게 관심을 가지고 도울 수 있는 방법을 찾아 보도록 한다. 가정과 연계하여 새해의 의미와 세배하는 방법을 익히며, 지역사회의 기관을 활용하여 다양한 민속놀이를 체험하도록 한다.

주	누리 소주제	다문화활동	활동유형	다문화활동 내용
1	겨울의 모습	•겨울 옷을 입혀 주어요 •겨울 풍경 꾸미기	•이야기 나누기 •미술	겨울나무의 종류가 다양함을 알고 나라마다 겨울 풍경이 다름을 살펴본다.
2	동식물의 겨울나기	•쿨쿨 겨울잠 자요 •겨울을 떠나는 철새	•게임 •언어	동물의 겨울잠을 이해하고 철새들이 추위를 이기는 방법을 안다.
3	겨울철 건강과 안전	•겨울철 놀이 •겨울철 옷차림	•실외 •과학	겨울을 따뜻하게 보낼 수 있는 방법과 화재를 예방할 수 있는 안전에 대해 알아본다.
4	이웃과 함께 하는 겨울	•사랑을 나누어요 •메리크리스마스	•언어 •음률	성탄절의 유래와 인사말에 대해서 알아보고, 서로 함께 도울 수 있는 방법을 알아본다.
5	새해맞이와 놀이	•만두를 빚어요 •설날 민속 한마당	•요리 •신체	나라마다 즐겨 먹는 음식과 전통놀이가 있음을 알고 고유성을 이해한다.

다문화교육의 강조점

★ 다양성
나무가 겨울을 나는 방법이 다양함을 안다.
추운 겨울을 따뜻하게 보낼 수 있는 여러 가지 용품이 있음을 안다.
크리스마스 인사말이 나라마다 다름을 안다.

★ 편 견
가난에 대한 편견을 갖지 않는다.

★ 문 화
철새들이 날아가는 나라들과 그곳의 기후에 대해 이해한다.
겨울잠을 자는 동물들의 이름을 알고, 세계적인 서식지를 안다.
성탄절의 유래를 안다.

★ 협 력
어렵고 힘든 친구들에게 관심을 가지고 서로 더불어 살아가야 함을 안다.
함께 만든 음식을 나누어 먹으며 가족의 소중함을 안다.

★ 정체성
나라마다 겨울 풍경이 다름을 안다.
나라마다 즐겨 먹는 만두가 있음을 안다.

겨울 옷을 입혀 주어요

12월 겨울과 놀이	1주 겨울의 모습
대·소집단활동	이야기 나누기

목표	•나무가 추운 겨울을 나는 방법을 안다. •나뭇잎의 종류도 다양함을 이해한다.
누리과정 관련요소	•의사소통 > 말하기 > 느낌, 생각, 경험 말하기 > 자신의 느낌, 생각, 경험을 적절한 단어와 문장으로 말한다. •자연탐구 > 과학적 탐구하기 > 생명체와 지구환경 알아보기 > 생명체의 소중함을 알고, 생명체가 살아 가기에 좋은 환경에 대해 알아본다.

활동 자료

겨울나무 사진 자료, 침엽수와 활엽수 잎, 돋보기, 침엽수 나무와 활엽수 나무 사진

활동 방법

1. 겨울나무 사진 자료를 보며 이야기 나눈다.
   - 겨울나무의 모습이 어떤가요?
   - 왜 이렇게 하고 있을까요?
   - 겨울에 꽃이 피는 나무도 있을까요?
   - 어떤 나무가 꽃이 필까요?
   - 겨울에도 잎이 초록색인 나무도 있을까요?
2. 사철나무에 대해서 이야기 나눈다.
   - 사철나무란 말을 들어 본 적이 있나요?
   - 무엇을 사철나무라고 하나요?
   - 사철나무는 어디에서 볼 수 있을까요?
3. 나무가 추위를 이기는 방법에 대해 이야기 나눈다.
   - 나무도 추위를 탈까요?
   - 나무는 추위를 어떻게 견딜까요?
   - 우리가 어떤 도움을 줄 수 있나요?
4. 우리가 나무를 도와줄 수 있는 방법에 대해서 이야기 나눈다.
   - 나무가 추운 겨울을 나려면 무엇이 필요할까요?
   - 우리가 어떻게 나무를 도와줄 수 있을까요?
5. 나무의 사진을 보고 추위에 강한 나무와 추위에 약한 나무를 이야기해 본다.

활동의 유의점

- 여러 종류의 나무 사진이나 그림 자료를 준비해서 유아들이 충분히 탐색할 수 있도록 배려한다.
- 나라마다 서로 다른 겨울나무가 있음을 알고 침엽수와 활엽수의 차이를 인식하도록 한다.

확장 활동

- 우리 원 나무들에게 겨울 옷 입혀 주기, 겨울나무의 눈을 살펴 본다.
- '겨울나무' 노래를 불러 본다.

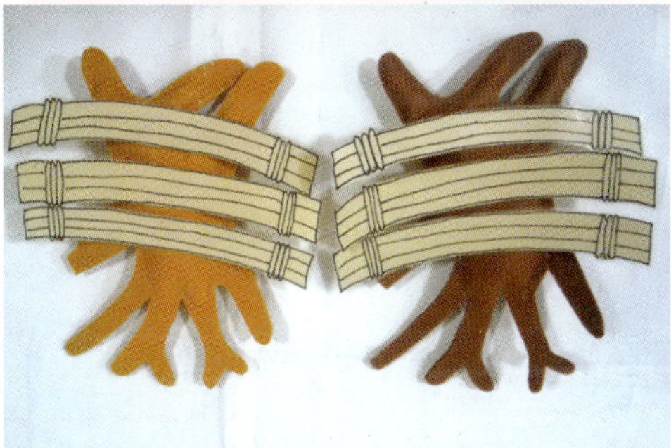
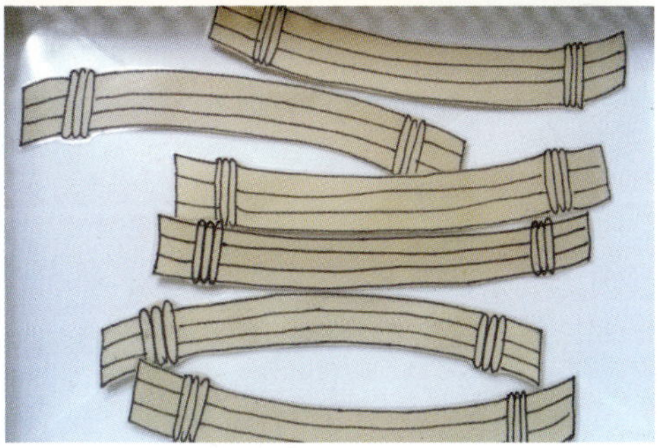

겨울 풍경 꾸미기

12월 겨울과 놀이	1주 겨울의 모습
자유선택활동	미술

목표	•추운 겨울의 특징을 안다. •나라마다 겨울 풍경이 다름을 이해한다.
누리과정 관련요소	•의사소통 > 말하기 > 느낌, 생각, 경험 말하기 > 자신의 느낌, 생각, 경험을 적절한 단어와 문장으로 말한다. •예술경험 > 예술적 표현하기 > 미술활동으로 표현하기 > 다양한 미술활동으로 자신의 생각과 느낌을 표현한다.

활동 자료

두부, 접시, 물감, 스티로폼, 지점토, 밀가루, 솜, 여러 나라의 겨울 풍경 사진

활동 방법

1. 겨울 풍경 사진을 보며 이야기 나누어 본다.
   - 겨울의 모습이 어떤가요?
   - 다른 계절과 무엇이 다를까요?
   - 이런 풍경을 어디서 볼 수 있나요?
2. 우리나라의 겨울철 모습에 대해서 이야기 나눈다.
   - 우리나라 겨울철 모습은 어떨까요?
   - 겨울에만 볼 수 있는 것은 무엇이 있을까요?
   - 겨울만 있는 곳도 있을까요?
3. 겨울만 있는 나라에 대해서 이야기 나눈다.
   - 겨울만 있는 나라는 어느 나라일까요?
   - 왜 겨울만 있을까요?
   - 어떻게 생활할까요?
4. 우리나라와 다른 나라의 겨울에 대해 알아본 후 겨울 풍경에 대해서 이야기 나눈다.
   - 겨울 풍경은 어떻게 다를까요?
   - 무엇을 많이 볼 수 있나요?
   - 겨울을 한 번 꾸며 볼까요?
5. 겨울 풍경을 꾸미는 방법에 대해서 이야기 나눈다.
   - 무엇으로 겨울 풍경을 꾸미면 좋을까요? (두부, 스티로폼, 지점토, 밀가루, 솜…)
   - 무엇을 만들면 좋을까요? (이글루, 눈사람, 썰매, 펭귄, 얼음…)

6. 겨울 풍경을 여러 가지 재료로 다양하게 꾸며 본다.

활동의 유의점

- 다양한 소재로 겨울의 풍경을 느낄 수 있도록 하되, 소재의 특성을 유의해서 꾸며 보도록 한다.
- 겨울에 피는 꽃들을 살펴보고 탐색하도록 한다.

확장 활동

- 겨울나무를 꾸며 본다.
- 이글루를 만들어 본다.
- 겨울에 피는 꽃을 스크랩한다.

12월

겨울과 놀이

쿨쿨 겨울잠 자요

12월 겨울과 놀이	2주 동식물의 겨울나기
대·소집단활동	게임

목표	•겨울잠을 자는 동물들의 이름을 알고, 세계적인 서식지를 안다. •동물들이 추위를 이겨내는 방법이 다양함을 이해한다.
누리과정 관련요소	•의사소통 > 말하기 > 느낌, 생각, 경험 말하기 > 자신의 느낌, 생각, 경험을 적절한 단어와 문장으로 말한다. •자연탐구 > 수학적 탐구하기 > 규칙성 이해하기 > 생활 주변에서 반복되는 규칙성을 알고 다음에 올 것을 예측해 본다.

활동 자료

겨울잠을 자는 동물 사진

활동 방법

1. 겨울잠을 자는 동물들의 사진을 보며 이야기 나눈다.
   - 동물들이 무엇을 하고 있을까요?
   - 어떤 동물들이 겨울잠을 잘까요?
   - 어디서 잘까요?
   - 겨울에 볼 수 없는 동물들도 있을까요?
2. 동물들의 겨울철 서식지를 알아보고 이야기 나눈다.
   - 곰은 어디에서 겨울을 보낼까요?
   - 도마뱀은 어디에 겨울을 보낼까요?
3. 동물들의 서식지를 알아본 후 여러 나라에 살고 있는 동물들을 맞춰 본다.

동물	주요 서식지
곰	아시아, 유럽
너구리	아시아, 유럽
박쥐	아시아, 유럽, 남아메리카
개구리	아시아, 유럽, 아프리카, 북아메리카, 남아메리카
고슴도치	아시아, 유럽
도마뱀	아시아, 북아메리카, 남아메리카, 오세아니아

활동방법

① 각자 동물의 서식지를 먼저 익힌다.
② 가위바위보를 통해 이긴 친구가 동물 주사위를 던진다.
③ 주사위 윗면에 나온 동물의 사진을 보고 서식지를 말해 본다.
④ 맞으면 다시 한 번 주사위를 던진다.
⑤ 많이 맞춘 유아가 이기게 된다.

활동의 유의점

• 기후와 날씨의 특성에 따라 서식하는 동물이 다름을 인식하도록 한다.
• 동물의 서식지가 다양함을 알고 겨울에 잠을 자는 동물이 있음을 알도록 한다.

확장 활동

• '굴 속의 곰' 책을 읽어 본다.
• '굴 속의 곰' 노래를 불러 본다.
• 겨울철 동물 빙고 게임을 해본다.

12월 겨울과 놀이

겨울을 떠나는 철새

12월 겨울과 놀이	2주 동식물의 겨울나기
자유선택활동	언어

목표	•겨울이 되면 따뜻한 나라로 떠나는 새들이 있음을 안다. •새들이 날아가는 나라들과 그곳의 기후에 대해 이해한다.
누리과정 관련요소	•의사소통 > 말하기 > 느낌, 생각, 경험 말하기 > 자신의 느낌, 생각, 경험을 적절한 단어와 문장으로 말한다. •자연탐구 > 과학적 탐구하기 > 생명체와 지구환경 알아보기 > 생명체의 소중함을 알고, 생명체가 살아 가기에 좋은 환경에 대해 알아본다.

활동 자료

철새들의 이동 사진, 지구본, 세계지도

활동 방법

1. 철새사진을 보며 이야기 나눈다.
   - 철새라는 말을 들어 본 적이 있나요?
   - 어떤 새를 철새라고 할까요? (어느 한 철에만 볼 수 있는 새들을 철새라고 함)
   - 철새를 본 적이 있나요?
2. 철새의 이동경로에 대해서 이야기 나눈다.
   - 철새는 언제 이동하나요?
   - 여름철에 우리나라에 날아오는 새들은 무엇이라 부를까요? (여름새)
   - 겨울철에 우리나라에 날아오는 새들은 무엇이라 할까요? (겨울새)
   - 왜 철새는 여름철(겨울철)에 이동할까요? (여름새들은 태풍이 오거나 더워지면 새끼를 낳거나 먹이를 찾으려고, 겨울새는 날씨가 너무 추워서 우리나라에 옴)
3. 철새들이 이동하는 나라에 대해서 알아본다.
   - 여름에는 어느 나라의 새들이 우리나라로 날아올까요? (대만, 베트남, 미얀마, 중국)
   - 겨울에는 어느 나라 새들이 우리나라로 날아올까요? (시베리아, 몽골, 알래스카)
   - 왜 우리나라로 날아올까요?
4. 우리나라 기후와 비교하여 철새들의 이동에 대해서 이야기 나눈 후 새의 종류와 특징에 대해서 알아본다.

새의 유형	특징	새의 종류
텃새	우리나라 땅에서 알을 낳고 살아가는 새	꿩, 말똥가리, 참새, 괭이갈매기, 딱다구리
철새	특정 계절에 찾아 오는 새	여름철새 - 백로, 뜸북이, 소쩍새 겨울철새 - 청둥오리, 쇠오리, 두루미
나그네새	목적지까지 가는 동안 먹이를 구하고, 휴식을 취하기 위해 우리나라에 잠시 들리는 새	도요새, 물새

활동의 유의점

- 여름과 겨울의 이동시기를 이해하는 것은 유아들에게 혼동을 줄 수 있으므로, 겨울에 날씨가 추워서 더 따뜻한 곳으로 이동한다는 것을 유의하도록 한다.

확장 활동

- 세계지도에 철새를 붙여 본다.
- 여름철새와 겨울철새를 분류해 본다.
- 겨울철새를 그려 본다.

12월

겨울과 놀이

겨울철 놀이

12월 겨울과 놀이	3주 겨울철 건강과 안전
대·소집단활동	실외

목표	•겨울에만 할 수 있는 놀이에 대해서 알아본다. •눈 위에서 놀 수 있는 놀이가 다양함을 알고 안전하게 놀아본다.
누리과정 관련요소	•의사소통 > 말하기 > 느낌, 생각, 경험 말하기 > 자신의 느낌, 생각, 경험을 적절한 단어와 문장으로 말한다. •자연탐구 > 과학적 탐구하기 > 생명체와 지구환경 알아보기 > 생명체의 소중함을 알고, 생명체가 살아 가기에 좋은 환경에 대해 알아본다.

활동 자료

눈썰매, 스키복, 스키, 봅슬레이 놀이교구, 아이스 하키 교구

활동 방법

1. 겨울에 할 수 있는 놀이나 운동에 해서 이야기 나눈다.
   - 겨울에 할 수 있는 놀이는 어떤 것이 있을까요?(스키, 썰매, 아이스하키, 봅슬레이, 스케이트 피겨 스케이트, 쇼트트랙, 보드)
   - 왜 이 놀이는 겨울에만 할 수 있을까요?
2. 눈 위에서 할 수 있는 놀이에 대해서 알아본다.
   - 눈 위에서 할 수 있는 놀이는 어떤 놀이가 있나요?
   - 어떤 놀이를 해 보았나요?
3. 눈 위에서 안전한 겨울 놀이를 하는 방법에 대해서 이야기 나눈다.
   - 어떻게 하면 안전할까요?
   - 어떤 옷을 입어야 할까요?
   - 또 무엇이 필요할까요?
4. 좋아하는 겨울철 눈썰매를 타 본다.

활동이 유의점

•체온이 떨어져 저체온증에 걸리기 쉬우므로 옷을 따뜻하게 입도록 한다.

•안전수칙에 대해서 유의하여 준비운동을 한 후 놀이를 하도록 한다.

확장 활동

- 부모님이랑 스키를 타본다.
- 봅슬레이놀이와 아이스하키 놀이를 해본다.
- 장갑을 끼고 눈싸움을 해본다.

겨울철 옷차림

12월 겨울과 놀이	3주 겨울철 건강과 안전
자유선택활동	과학

목표	•겨울을 따뜻하게 보내는 방법에 대해서 알아본다. •여러 가지 겨울용품에 관심을 갖는다.
누리과정 관련요소	•의사소통 > 말하기 > 느낌, 생각, 경험 말하기 > 자신의 느낌, 생각, 경험을 적절한 단어와 문장으로 말한다. •자연탐구 > 과학적 탐구하기 > 생명체와 지구환경 알아보기 > 생명체의 소중함을 알고, 생명체가 살아 가기에 좋은 환경에 대해 알아본다.

활동 자료

여러 나라의 겨울생활 모습이 담긴 사진

활동 방법

1. 오늘 날씨에 대해서 이야기 나눈다.
   - 어떤 옷을 입고 왔나요?
   - 왜 그런 옷을 입고 왔나요?
2. 겨울에 입는 옷에 대해서 이야기 나눈다.
   - 겨울철에는 어떤 옷을 입을까요?
   - 또 어떤 것들이 필요할까요? (귀마개, 모자, 목도리, 장갑, 외투…)
3. 겨울이 춥지 않은 나라에 대해서 이야기 나눈다.
   - 겨울이 춥지 않는 나라도 있을까요?
   - 춥지 않은 나라에서는 어떤 옷을 입고 다닐까요?
   - 여러 나라의 겨울철 옷차림은 어떨까요?
4. 여름과 겨울에 찍은 사진을 보며 이야기 나눈다.
   - 이것은 언제 찍은 사진인가요?
   - 어떤 옷을 입고 있나요?
5. 옷차림이 서로 다름을 이야기 나눈다.
   - 옷차림이 서로 어떻게 다를까요?
   - 겨울옷은 어떤 느낌이 들까요?
6. 겨울을 따뜻하게 보내기 위해 어떤 옷차림을 해야 하는지에 대해 이야기 나눈다.
   - (여름옷 사진을 보여 주며) 어떤 느낌이 들까요?
   - (겨울옷 사진을 보여 주며) 어떤 느낌이 들까요?

7. 준비된 여러 가지 옷들을 만지며 촉감을 느껴 본다.

활동의 유의점

- 옷은 기후와 계절에 따라 다르게 입는다는 것을 인식하도록 한다.
- 옷감의 종류에 따라 옷의 기능이 달라짐을 이해하도록 한다.

확장 활동

- 겨울옷 아바타 놀이를 해본다.
- 겨울옷, 여름옷 분류해 본다.
- 겨울철 소품을 찾아 NIE로 구성해 본다.

사랑을 나누어요

12월 겨울과 놀이	4주 이웃과 함께하는 겨울
자유선택활동	언어

목표	•서로 더불어 살아 가야 함을 안다. •어렵고 힘든 친구들에게 관심을 가지고 도와주는 마음과 태도를 기른다.
누리과정 관련요소	•의사소통 > 말하기 > 느낌, 생각, 경험 말하기 > 자신의 느낌, 생각, 경험을 적절한 단어와 문장으로 말한다. •사회관계 > 공동체에서 화목하게 지내기 > 다른 사람과 도움을 주고받고 서로 협력한다.

활동 자료

활동지, 신문지, 가위, 풀, 필기도구

활동 방법

1. 친구를 도와준 경험에 대해서 이야기 나눈다.
   - 친구를 도와준 적이 있나요?
   - 언제 도와주었나요?
   - 친구를 도와주니 기분이 어떠했나요?
2. 불우한 친구를 위해 내가 도와줄 수 있는 방법에 대해서 이야기 나눈다.
   - 불우한 친구들을 내가 어떻게 도와줄 수 있을까요?
   - 용돈을 모아서 도와줄 수 있는 방법은 어떤 방법이 있을까요?
   - 다른 나라에도 어려운 친구들이 있을까요?
   - 어떻게 도와주면 좋을까요?
3. 다른 나라 친구들에게 주고 싶은 선물에 대해서 이야기 나눈다.
   - 다른 나라 친구들에게 어떤 선물을 주고 싶나요?
   - 왜 그 선물을 주고 싶나요?
   - 선물을 주기 위해선 어떻게 해야 할까요?
   - 선물을 주고 나면 어떤 기분이 들까요?
4. 선물을 주고 난 후 기분에 대해서 이야기 나눈다.
   - 서로 나누면 왜 행복해질까요?
   - 힘들고 어려울 때 서로 도와주면 어떤 마음이 들까요?
   - 도움을 받는 사람들은 어떤 마음일까요?
5. 불우한 이웃을 위해 어떤 일을 할 수 있는지 알아보고, 주고 싶은 선물을 스크랩해 본다.

활동의 유의점

- 가난에 대한 편견을 가지지 않도록 한다.
- 불우한 이웃도 서로 도우며 더불어 살아 가야 한다는 것을 인식하도록 한다.

확장 활동

- 굿네이버스의 '사랑의 저금통' 전달식을 해본다.
- 사회복지공동모금회의 '사랑의 열매' 저금통을 모아 본다.
- 저금통에 모은 성금을 이웃돕기로 전달해 본다.

메리 크리스마스

12월 겨울과 놀이	4주 이웃과 함께하는 겨울
대·소집단활동	음률

목표	•성탄절의 유래를 알아본다. •크리스마스 인사말이 나라마다 다름을 안다.
누리과정 관련요소	•의사소통 > 말하기 > 느낌, 생각, 경험 말하기 > 자신의 느낌, 생각, 경험을 적절한 단어와 문장으로 말한다. •사회관계 > 사회에 관심 갖기 > 세계와 여러 문화에 관심 가지기 > 다양한 인종과 문화를 알아보고 존중한다.

활동 자료

산타클로스와 아기 예수 탄생 장면 그림 자료, 포인세티아와 크리스마스 트리 사진 자료

활동 방법

1. 성탄절에 대해 이야기 나눈다.
   - 성탄절(크리스마스)에 대해서 들어 본 적이 있나요?
   - 성탄절이 어떤 날일까요?
   - 성탄절에는 무슨 일을 했었나요?
   - 성탄절에는 어떤 말을 하나요?
2. 예수가 탄생하는 장면 그림 자료를 보며 성탄절의 유래에 대해서 이야기 나눈다.
   - 크리마스의 유래는 무엇일까요?
   - 크리스마스에는 어떤 인사말을 할까요?
3. 크리스마스 인사말에 대해서 이야기 나눈다.
   - 우리나라에서는 크리스마스에 어떻게 인사할까요?
   - ○○나라에서는 크리스마스에 어떻게 인사할까요?
4. 크리마스 캐롤에 대해서 이야기 나눈다.
   - 크리스마스에는 어떤 노래를 부를까요?
   - 노래에 담긴 뜻은 무엇일까요?
5. 여러 나라 말로 크리스마스를 축하하는 말을 알아보고 인사를 해본다.

크리스마스의 유래

성탄절은 매년 12월 25일로서 아기 예수 그리스도의 탄생을 기념하는 날이다.

나라	크리스마스 인사말
 한국	성탄을 축하합니다.

나라	크리스마스 인사말
일본	メリークリスマス(메리 크리스마스)
중국	圣诞快乐(셩단 콰이러)
미국	Merry christmas(메리 크리스마스)
러시아	С Рождеством(스 라즈디스트봄)

활동의 유의점

- 크리스마스를 기념하는 행사가 나라마다 있음을 인식하도록 한다.
- 크리스마스 인사는 다르지만 같은 의미를 가지고 있음을 알려 준다.

확장 활동

- 경로당과 자매결연을 맺어 산타행사를 해본다.
- 반 친구들과 산타행사를 해본다.

만두를 빚어요

12월 겨울과 놀이	5주 새해맞이와 놀이
대·소집단활동	요리

목표	•나라마다 즐겨먹는 만두가 있음을 안다. •함께 만든 음식을 나누며 가족의 소중함을 안다.
누리과정 관련요소	•자연탐구 > 탐구하는 태도 기르기 > 탐구과정 즐기기 > 궁금한 점을 알아보는 탐구과정에 참여하고 즐긴다. •의사소통 > 말하기 > 낱말과 문장으로 말하기 > 자신의 느낌, 생각, 경험을 적절한 낱말과 문장으로 말한다.

활동 자료

만두 만들기 레시피, 밀가루, 만두소, 찜기, 쟁반

활동 방법

1. 가족들이 즐겨먹는 만두에 대해서 이야기 나눈다.
   - 만두는 언제부터 먹게 되었을까요?
   - 누가 처음 만두를 만들었을까요?

   (만두의 역사적인 기원으로는 삼국시대 제갈량이 만들었다.)
2. 우리나라 만두의 유래를 알아본 후 다른 나라의 만두에 대해서도 이야기 나눈다.
   - 우리나라와 비슷한 만두가 다른 나라에도 있을까요?
   - 다른 나라에서는 만두를 어떻게 무엇이라고 부를까요?
3. 조사한 다른 나라 만두 이야기를 나눈 후 중국의 만두를 만들어 본다.

활동의 유의점

•나라마다 즐겨 먹는 음식은 다양하지만 우리 가족이 음식을 먹으며 느끼는 기분은 같음을 인식하도록 한다.

확장 활동

•중국의 만두를 만들어 우리 만두와 비교해 본다.

•가정에서 부모님과 함께 만들었던 요리활동을 친구들에게 소개해 본다.

나라	종류	재료 및 먹는 방법
 독일	 마울타쉔	넓적한 베가 같은 모양이며, 소는 고기와 시금치 등을 쓴다.
 이탈리아	 라비올리	만두의 천국이라고 잘 알려진 라비올리 외에 작은 만두인 토르텔리니 등 모양도 크기도 소도 다양하다.
 터키	 만티	고기를 갈아서 넣고 만들어서 삶은 다음 마늘요거트 소스를 뿌린다.
 네팔	 모모	우리의 만두와 거의 똑같으며 모양도 예쁘고 이름도 예쁜 모모
 대한민국	 왕만두	소는 고기와 두부, 각종 채소이며 보통 국에 넣거나 쪄 먹는다.
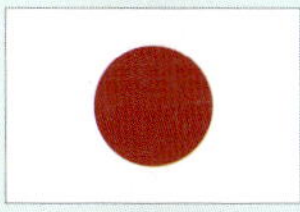 일본	 교자	돼지고기와 채소를 넣은 만두를 한쪽 면은 기름에 지지고 다른 면은 증기로 쪄서 초간장에 찍어 먹는다.
 중국	 딤섬	식사 동안에 소량의 음식을 먹는 것으로, 과자나 간식과 경식의 종류는 모두 딤섬으로 불린다.
 베트남	 차조	우리가 흔히 춘권이라 부르는 것으로 바삭바삭하게 튀겨 당근 소스에 찍어 먹는다.

출처 : http://image.search.naver.com/search.naver?sm=tab_hty.top&where=image&ie=utf8&query=%EB%94%A4%EC%84%AC

설날 민속 한마당

12월 겨울과 놀이	5주 새해맞이와 놀이
대·소집단활동	신체

목표	•다양한 전래놀이에 대해 관심을 갖는다. •나라마다 전통놀이가 있음을 이해한다.
누리과정 관련요소	•자연탐구 > 탐구하는 태도 기르기 > 탐구과정 즐기기 > 궁금한 점을 알아보는 탐구과정에 참여하고 즐긴다. •신체운동·건강 > 신체 조절과 기본 운동하기 > 신체 조절하기 > 도구를 활용하여 여러 가지 조작 운동을 한다.

활동 자료

하네츠키 놀잇감 세트

활동 방법

1. 새해에 할 수 있는 놀이에 대하여 이야기 나눈다.
   - 새해에는 어떤 놀이를 할까요?
   - 이런 놀이는 언제 했을까요?
   -○○이 할머니(할아버지)는 어떤 놀이를 좋아했을까요?
   - 할머니(할아버지)와 이런 놀이를 해본 적이 있나요?
2. 할머니(할아버지)가 즐겨하는 새해놀이에 대해서 이야기 나눈다.
   - 할아버지, 할머니들도 새해에 이런 놀이를 했을까요?
   - 어떤 놀이를 많이 했을까요?
   - ○○(이)엄마(아빠)는 어릴 때 어떤 놀이를 즐겨 했을까요?
   - ○○(이)도 해본 적이 있나요?
3. 전통놀이 용품을 보여 주며 어떻게 하는 놀이인지 이야기 나눈다.
   - 이 놀잇감은 어떻게 가지고 노는 놀잇감일까요?
   - 이 놀이를 한 번 해볼까요?
4. 전통놀이를 해본다.
   - 먼저 일본의 하네츠키는 어떻게 하는 것일까요?
   - 베트남의 네이샵은 어떤 놀이일까요?
   - 우리나라에도 이런 놀이가 있을까요?
   - 놀이방법이 우리가 하는것과 비슷한가요?
   - 누가 나와서 한 번 해볼까요?
   - ○○와 △△가 잘할 수 있을까요?

5. 유아들이 다양한 전통놀이를 해본다.

활동의 유의점

- 다른 친구와 부딪치지 않게 넓은 공간에서 놀이할 수 있도록 한다.
- 두 명이 서로 협력하여 놀이를 할 수 있도록 지도한다.

확장 활동

- 배드민턴과 하네츠키 놀잇감의 비슷한 점을 알아본다.
- 다양한 전통놀이를 보고 체험할 수 있도록 박물관을 견학한다.
- 여러 나라의 전통놀이를 해본다.
- 경로당을 방문하여 '민속 한마당 잔치'로 전통놀이와 음식을 체험해 본다.

1월 기계와 생활

실시기간 : 1월(총 4주)

현대사회는 다양한 도구의 개발과 기계의 발전이 가속화되고 있으며, 유아의 경우도 일상생활 속에서 자연스럽게 도구와 기계를 접하며 살아가고 있다. 본 주제는 유아에게 일상생활 속에서 자연스럽게 도구와 기계를 탐색하고 활용할 수 있는 기회를 다양하게 제공함으로써 과학적·창의적 탐구 능력을 길러 줌과 동시에 올바르고 안전하게 활용할 수 있도록 안내하며, 미래의 변화에 대해 적절히 적응할 수 있는 능력을 키워 주고자 선정하였다.

'기계와 생활' 주제에서는 유아들이 일상생활에서 자주 이용하는 도구와 기계의 종류 및 용도에 대해서 알고 직접 다루어 보는 과정에서 편리함에 대해 인식하도록 한다. 다양한 도구와 기계를 창안해 보는 기회를 통해 창의적인 사고를 확장시킬 수 있도록 하며, 편리함이라는 이로운 측면뿐만 아니라 해가 되는 측면 또한 고민하는 기회를 가짐으로써 건강하고 올바른 도구와 기계사용의 주체로 성장할 수 있도록 돕고자 한다.

본 주제를 진행할 때는 유아들이 생활 속에서 쉽게 접하는 다양한 도구와 기계에 대한 탐색 및 실제적인 활용에 대한 접근으로 시작하여, 특히 유아들에게 많이 노출된 다양한 정보통신 매체의 올바른 사용에 대해서 강조한다. 더 나아가 유아들의 창의적인 사고 과정을 통해 현재 개발된 도구와 기계에 보완하고 싶은 부분, 새롭게 만들고 싶은 부분 등에 대해 아이디어를 나누고 창의적인 사고의 기회를 충분히 갖도록 한다.

다가올 미래사회에서 첨단기술의 발달로 인한 편리함을 예측하고 누리면서 동반되는 역기능적인 측면에 대한 경각심 및 바람직한 태도와 인식을 갖도록 한다.

주	누리 소주제	다문화활동	활동유형	다문화활동 내용
1	편리한 생활 도구	•양팔저울로 무게 재기 •아씨방의 일곱 동무	•과학 •동화	양팔저울의 사용방법과 무게의 단위에 대해 알아보고 편리한 도구에 관심을 갖는다.
2	우리 주변의 기계	•시계 소리가 달라요 •마트 놀이	•동시 •역할	시계와 우리가 생활하는 주변의 기계의 관심을 갖고 편리성을 알아본다.
3	우리는 발명가	•나는 발명왕 •거울 자동차 발명	•과학 •수, 조작	여러 나라의 발명품과 발명가 대해 관심을 갖고 우리가 사용하는 거울의 특성을 알아본다.
4	미래의 생활	•로봇이 필요해요 •타임머신이 뭐예요?	•쌓기 •이야기 나누기	로봇의 필요성과 역할을 알아보고 타임머신과 미래의 생활을 상상해 본다.

다문화교육의 강조점

★ 다양성

우리나라와 다른 나라의 발명가와 발명품에 관심을 갖는다.
거울의 종류가 다양함을 안다.
나라마다 무게를 재는 단위가 다름을 안다.
다양한 로봇의 종류와 필요성을 안다.

★ 편 견

우리나라와 다른 나라의 발명품에 관심을 갖는다.

★ 문 화

타임머신에 대해서 안다.
시간을 나타내는 도구가 있음을 안다.
우리 주변의 기계 사용의 편리성을 알고 바코드에 관심을 갖는다.
옷을 만드는 데 필요한 도구가 있음을 안다.
양팔저울로 무게를 재는 방법에 관심을 갖는다.
골무의 종류는 다양하지만 사용의 목적은 같음을 이해한다.

양팔저울로 무게 재기

1월 기계와 생활	1주 편리한 생활도구
자유선택활동	과학

목표	•양팔저울로 무게를 다는 방법에 관심을 갖는다. •나라마다 무게를 다는 단위가 다름을 안다.
누리과정 관련요소	•자연탐구 > 탐구하는 태도 기르기 > 탐구과정 즐기기 > 궁금한 점을 알아보는 탐구과정에 참여하고 즐긴다. •자연탐구 > 수학적 탐구하기 > 수와 연산의 기초개념 형성하기 > 생활 속에서 사용되는 수의 여러 가지 의미를 안다.

활동 자료

양팔저울, 작은 생활도구 실물 자료(손톱깎이, 볼트, 너트, 지우개, 가위, 빗 등)

활동 방법

1. 우리 반에 있는 물건에 대해 이야기 나눈다.
   - 우리 반에는 어떤 물건이 있나요?
   - 무거운 물건, 가벼운 물건을 어떻게 구분할 수 있을까요?
2. 무게를 달 때 사용하는 기구에 대해서 이야기 나눈다.
   - 물건의 무게를 달 때 어떤 기구를 사용할까요?
   - 어떤 도구를 사용하면 쉽게 무게를 잴 수 있을까요?
3. 양팔저울을 보며 이야기 나눈다.
   - 이것은 무엇일까요?
   - 무엇을 할 때 사용하는 것일까요?
   - 무게는 어떻게 나타낼 수 있을까요?
4. 무게를 나타내는 단위에 대해서 이야기한다.
   - 무게를 어떻게 나타낼까요?
   - 또 다른 단위는 어떻게 부를까요?
5. 다양한 단위를 알아보고 양팔 저울로 무게 재기 활동을 해본다.

•한국, 일본 – g(그램), kg(킬로그램)
•미국 – 온스(ounce), 파운드(pound), 톤(ton)
•중국 – 근(斤), 량(两)

활동의 유의점

- 무게를 나타내는 단위는 다르지만 같은 양임을 인식하도록 한다.
- 무게를 다는 방법도 다양하게 있다는 것을 인식하도록 한다.

확장 활동

- 양팔저울을 만들어 본다.
- 무거운 물건과 가벼운 물건을 분류한다.

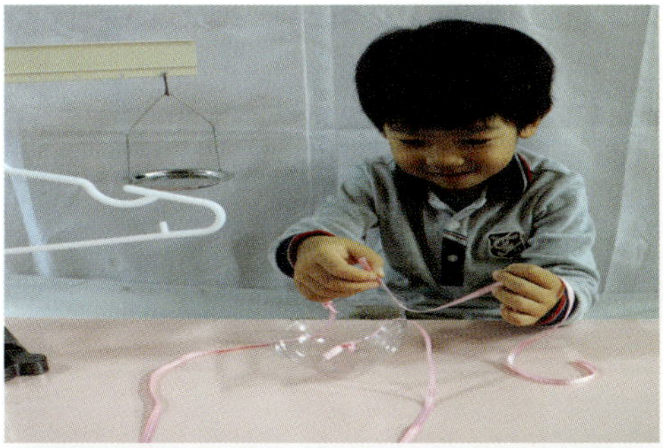
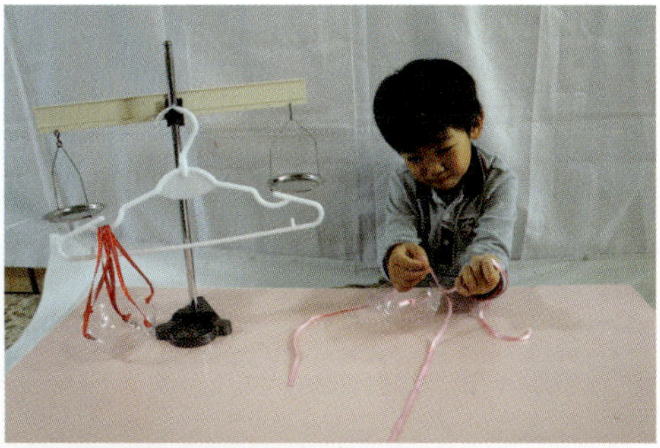
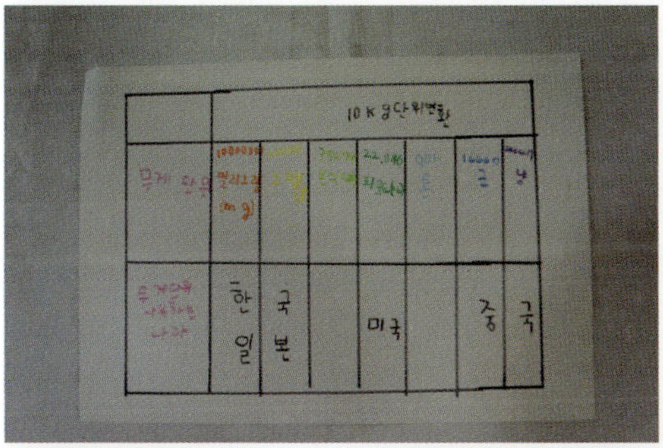
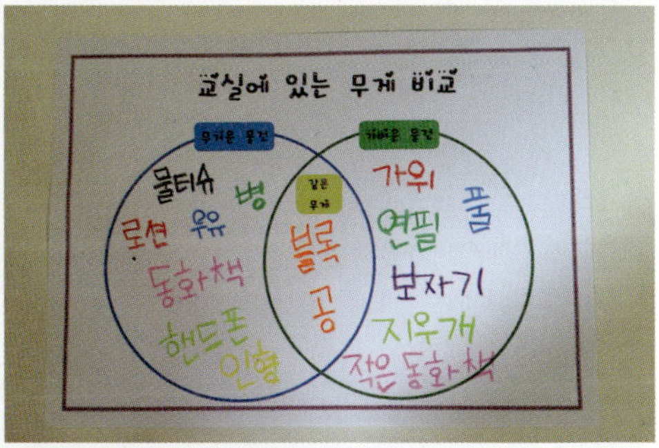

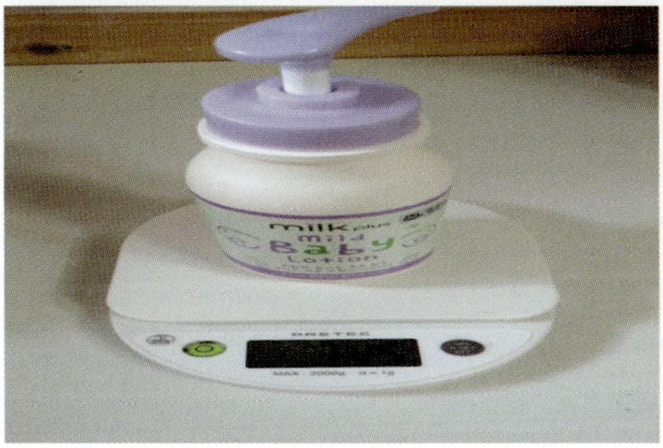

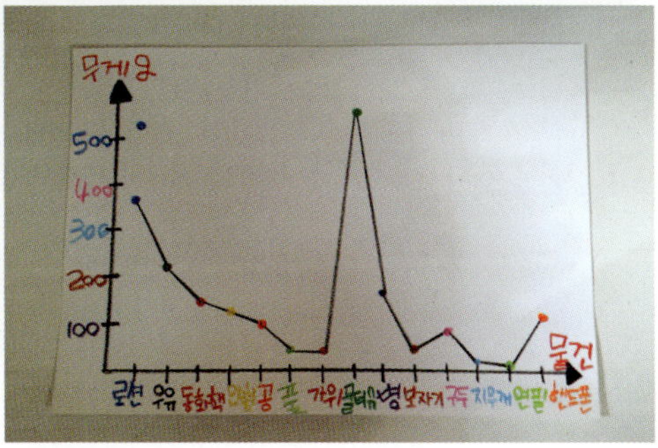

아씨방의 일곱 동무

1월 기계와 생활	1주 편리한 생활도구
대·소집단활동	동화

목표	•옷을 만드는 데 필요한 도구가 있음을 안다. •골무의 종류는 다양하지만 사용의 목적은 같음을 이해한다.
누리과정 관련요소	•자연탐구 > 탐구하는 태도 기르기 > 탐구과정 즐기기 > 궁금한 점을 알아보는 탐구과정에 참여하고 즐긴다. •자연탐구 > 탐구하는 태도 기르기 > 호기심을 유지하고 확장하기 > 주변 사물과 자연세계에 대해 지속적으로 관심을 갖고 궁금해한다.

활동 자료

동화 『아씨방 일곱 동무』(이영경 글·그림, 비룡소, 2009)

활동 방법

1. 옷을 만드는 데 필요한 도구에 대해서 이야기 나눈다.
   - 옷을 만드는 데 어떤 도구가 필요할까요? (바늘, 실, 천, 골무…)
   - 이것은 무엇일까요?
   - 골무를 본 적이 있나요?
   - 골무는 왜 필요할까요?
2. '아씨방 일곱 동무' 동화를 듣고 동화에 나온 골무에 대해서 이야기 나눈다.
   - 동화 속 골무는 어떤 일을 하였나요?
   - 골무가 없으면 어떨까요?
   - 다른 나라에도 골무를 사용할까요?
   - 어떤 골무를 사용할까요?
3. 여러 나라의 다양한 골무에 대해 이야기를 나눈다.
   - 골무의 종류에는 어떤 것이 있을까요?
   - 다른 나라에서는 어떤 종류의 골무를 사용할까요?

골무의 종류

- 금석 골무 : 독일에서 발견되었으며 길이가 길고 얇으며 골무의 아래쪽으로 내려올수록 넓어지는 형태이다. 표면에는 구멍이 많고, 아래쪽에 곡선과 도형의 문양이 새겨져 있다.
- 보석 골무 : 영국에서 만들어졌으며 진주나 다이아몬드, 루비, 자수정 등 다양한 종류의 보석을 사용하여 만들었다.
- 상아 골무 : 영국이나 프랑스에서 만들어졌으며 실용성보다는 장식용으로 사용되었다.
- 도자기 골무 : 독일에서 선물용으로 만들어졌다.

4. '아씨방 일곱 동무' 동화를 듣고 느낀 점을 발표해 본다.

활동의 유의점

• 동화 속에 등장하는 일곱 개의 도구를 유아가 찾을 수 있도록 동화를 천천히 들려 준다.

• 골무의 종류가 다양하게 있음을 인식하도록 한다.

확장 활동

• 바늘에 실을 꿰어 바느질놀이를 해본다.

• 펠트지로 골무를 만들어 본다.

1월

기계와 생활

시계 소리가 달라요

1월 기계와 생활	2주 우리 주변의 기계
대·소집단활동	동시

목표	•시간을 나타내는 도구가 있음을 안다. •시계의 움직임을 악기로 다양하게 표현해 본다.
누리과정 관련요소	•예술경험 > 예술 감상하기 > 다양한 예술 감상하기 > 다양한 음악, 춤, 미술작품, 극놀이 등을 듣거나 보고 즐긴다. •사회관계 > 사회에 관심 갖기 > 세계와 여러 문화에 관심 가지기 > 세계 여러 나라에 대해 관심을 갖고 존중한다.

활동 자료

여러 나라의 다양한 시계 그림, 실물 시계, '시계 교향곡' 음악 CD, CD 플레이어

활동 방법

1. 시계에 대해서 이야기 나눈다.
   - 시계는 어떤 도구일까요?
   - 시계를 볼 수 있나요?
   - 시계는 언제 필요할까요?
2. 시계가 필요한 이유에 대해서 이야기 나눈다.
   - 시계는 왜 필요할까요?
   - 시계는 우리에게 어떤 도움을 줄까요?
   - 만약 시계가 없다면 어떻게 될까요?
3. 시간에 대해서 이야기 나눈다.
   - 시계를 보면서 시간을 알 수 있을까요?
   - 시간은 어떻게 알 수 있을까요?
   - 긴(짧은) 바늘은 무엇을 나타낼까요?
   - 시계에서 어떤 소리가 날까요?
4. 시계 소리에 대해서 이야기 나눈다.
   - 시계에는 어떤 소리가 날까요?
   - 또 다른 소리도 들어 본 적이 있나요?
   - 시계마다 소리가 다를 수도 있을까요?
   - 다른 나라의 시계 소리는 어떨까요?

5. 여러가지 시계 소리를 듣고 이야기 나눈다.

- 이 소리는 어떻게 다를까요?
- 어떤 소리일까요?
- 중국(일본, 필리핀)의 시계 소리는 어떨까요?

6. 여러 가지 시계 소리를 알아보고 '세계의 시계' 동시를 감상한다.

활동의 유의점

• 시계가 필요한 이유를 알도록 지도하며, 시계 소리 또한 다양하게 있음을 알도록 한다.
• 시계의 소리도 다르지만 나라마다 시간의 차이도 있음을 이해하도록 한다.

확장 활동

• 시계를 그려서 시간을 표시해 본다.
• 교구를 통해서 나라별 시차를 알아본다.
• 1회용 접시를 이용해 벽시계를 만들어 본다.

나라	시간	나라	시간
한국(서울)	PM 06 : 30	일본(도쿄)	PM 06 : 30
중국(베이징)	PM 05 : 30	아랍에미리트(두바이)	PM 01 : 30
호주 (시드니)	PM 07 : 30	인도네시아(자카르타)	PM 04 : 30
러시아(모스크바)	PM 12 : 30	프랑스(파리)	AM 11 : 30
영국(런던)	AM 10 : 30	캐나다(벤쿠버)	AM 02 : 30
남아프리카공화국(케이프타운)	AM 11 : 30	미국(뉴욕)	AM 05 : 30
멕시코(멕시코시티)	AM 04 : 30	미국(로스엔젤레스)	AM 02 : 30

1월 기계와 생활	2주 우리 주변의 기계
자유선택활동	역할

마트 놀이

목표	•우리 주변의 기계 사용의 편리성을 안다. •마트에서 사용되는 바코드에 관심을 갖는다.
누리과정 관련요소	•자연탐구 > 탐구하는 태도 기르기 > 탐구과정 즐기기 > 궁금한 점을 알기 위해 비교하기, 예측하기 등 다양한 방법을 활용한다. •사회관계 > 사회에 관심 갖기 > 지역사회에 관심 갖고 이해하기 > 우리 동네에 대해서 알아본다.

활동 자료

바코드가 찍힌 다양한 물건, 바코드 기계, 카트, 시장 바구니, 돈

활동 방법

1. 마트에 가 본 경험에 대해서 이야기 나눈다.
   - 마트에 가 본 적이 있나요?
   - 마트에는 어떤 물건들이 있었나요?
   - 사고 싶은 물건들을 어떻게 사가지고 올 수 있나요?
2. 마트 카운터의 역할에 대해서 이야기 나눈다.
   - 물건을 사서 어디에서 계산해야 할까요?
   - 카운터에서는 어떻게 물건값을 다 알 수 있나요?
   - 물건에는 무엇이 붙어 있나요?
   - 왜 붙여 놓았을까요?
3. 물건에 붙여진 바코트를 보고 이야기 나눈다.
   - 이것의 이름은 무엇일까요?
   - 무엇을 알 수 있을까요?
4. 여러 가지 바코드를 보며 같거나 다른 바코드에 대해서 이야기 나눈다.
   - 이 상품의 바코드와 저 상품의 바코드는 같을(다를)까요?
   - 바코드는 무엇을 의미할까요?
   - 이 숫자들은 왜 있을까요?
   - 물건마다 숫자가 왜 다를까요?
5. 물건마다 코드 번호가 다름을 이야기 나눈다.
   - 이 물건의 코드 번호는 무엇일까요?

- 이 물건은 어느 나라에서 만든 걸까요?
- 무엇을 보고 알 수 있을까요?

6. 바코드를 찍어보는 마트 놀이를 해본다.

활동의 유의점

- 코드 번호가 물건마다 나라마다 다름을 인식하도록 한다.
- 유아가 활동을 시작하기 전에 충분히 바코드를 탐색할 수 있도록 한다.

확장 활동

- 마트를 견학한다.
- 과자봉지 바코드를 잘라서 붙여 본다.
- 바코드 같은 것끼리 분류해 본다.

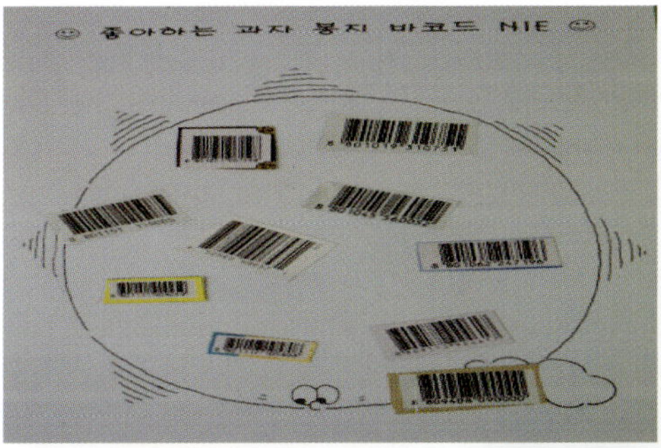

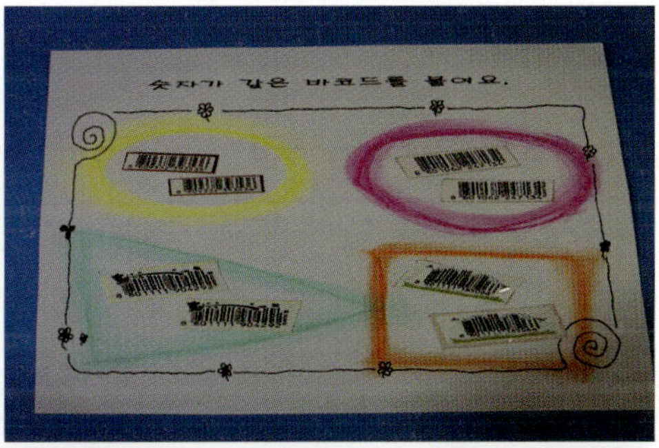

나는 발명왕

1월 기계와 생활	3주 우리는 발명가
자유선택활동	과학

목표	•발명가와 발명품에 대해 알아본다. •다양한 발명품과 발명가가 있음을 안다.
누리과정 관련요소	•자연탐구 > 탐구하는 태도 기르기 > 탐구과정 즐기기 > 궁금한 점을 알기 위해 비교하기, 예측하기 등 다양한 방법을 활용한다. •의사소통 > 말하기 > 낱말과 문장으로 말하기 > 자신의 느낌, 생각, 경험을 적절한 낱말과 문장으로 말한다.

활동 자료

박물관 사진, 컴퓨터, 발명가 관련 도서, 필기도구, 종이, 발명을 하는 사람에 대한 동영상

활동 방법

1. 발명품에 대해서 이야기 나눈다.
   - 이것은 어떤 발명품일까요?
   - 지금 이 발명품이 발명되지 않았다면 어떻게 되었을까요?
2. 유명한 발명가에 대해서 이야기 나눈다.
   - 어떤 발명가가 있을까요?
   - 어떤 발명품이 있을까요? (스티브 잡스 : 컴퓨터, 에디슨 : 전기, 장영실 : 측우기)
   - 또 어떤 것들이 발명되었을까요?
   - 발명품이 나오기까지 어떤 노력이 필요할까요?
3. 여러가지 발명품을 관찰해본다.

활동의 유의점

•생활 속에서 쉽게 발견할 수 있는 유용한 도구나 기계에 접근하여 불편함이 발명의 시작점임을 강조하고 많은 아이디어를 유도해 보도록 한다.

확장 활동

•발명가 앨범을 만들어 본다.

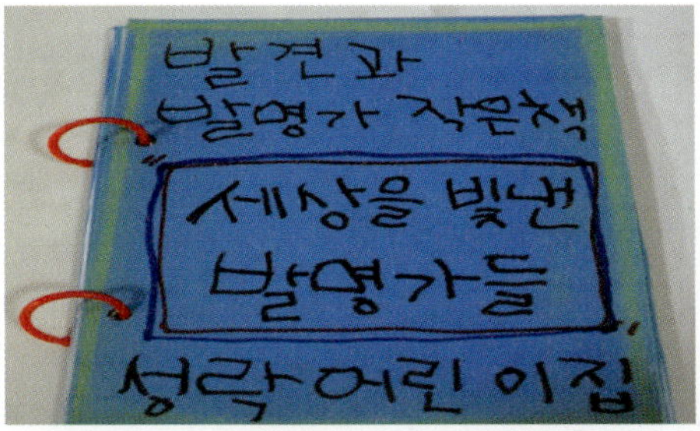

나라	발명가	발명품	발명가	발명품	발명가	발명품
한국	이순신	거북선	정약용	거중기	장영실	측우기
미국	벨	전화기	에디슨	전구	라이트 형제	비행기
독일	뢴트겐	X선	브라운	브라운관	레비스트라우스	데님
영국	스티븐 호킹	블랙홀	플레밍	페니실린	뉴턴	만유인력의 법칙
프랑스	몽골피에 형제	열기구	니콜라 아페르	통조림	앙드레자크 가르느랭	낙하산

출처 : http://image.search.naver.com/search.naver?sm=tab_hty.top&where=image&ie=utf8&query=%EB%A2%B4%ED%8A%B8%EA%B2%90

거울 자동차 발명

1월 기계와 생활	3주 우리는 발명가
자유선택활동	수, 조작

목표	•거울의 특성에 대해서 안다. •거울의 종류가 다양함을 이해한다.
누리과정 관련요소	•사회관계 > 사회에 관심 갖기 > 우리나라에 관심 갖고 이해하기 > 우리나라의 전통, 역사, 문화에 관심을 갖는다. •자연탐구 > 수학적 탐구하기 > 기초적인 자료 수집과 결과 나타내기 > 필요한 자료나 정보를 수집한다.

활동 자료

거울 자동차 교구, 폼포드, 시트지, 본드, 바퀴, 세계 의상 인형, 국화 모형, 오목거울, 볼록거울, 반사거울, 날씬거울, 대칭거울

활동 방법

1. 거울의 다양한 종류에 대해서 이야기 나눈다.
   - 거울에는 어떤 종류가 있을까요?
   - 어떤 거울에 내 모습을 비춰 볼까요?
   - 왜 그 거울에 비춰 보고 싶어요?
2. 거울에 비춰진 모습을 보고 이야기 나눈다.
   - 다른 거울과 비친 모습이 어떻게 달라요?
   - 오목(볼록, 반사, 대칭, 날씬) 거울은 어떻게 비칠까요?
3. 다양한 거울의 종류가 필요한 곳에 대해서 이야기 나눈다.
   - 다양한 거울은 어디에 필요할까요?
   - 자동차에 왜 이런 거울이 필요할까요?
4. 거울의 다양한 역할을 알아보고, 자동차에 달려 있는 거울의 중요성에 대해 이야기 나눈다.
   - 자동차의 거울이 왜 중요할까요?
   - 만약 이런 거울이 없다면 어떻게 될까요?
5. 다양한 거울을 자동차에 붙여 거울 자동차를 발명해 본다.
   - 어떤 자동차를 발명해 볼까요?
   - 어느 나라에서 탈 수 있는 자동차를 만들어 볼까요?
   - 자동차 외장은 무엇으로 구성하면 좋을까요?
   - 자동차 내장은 어떻게 구성하면 좋을까요?

활동의 유의점

•거울의 종류가 다양하게 있음을 알도록 한다.

•거울의 종류에 따라 다양하게 비칠 수 있음을 인식하도록 한다.

확장 활동

•거울 자동차 놀이를 해본다.

•거울 자동차로 모습을 비춰 본다.

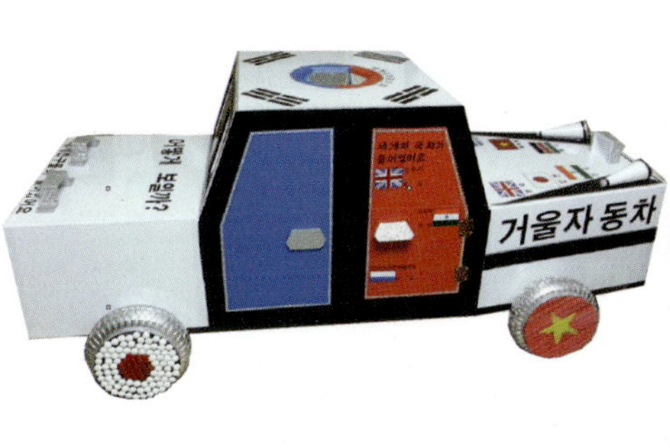

로봇이 필요해요

1월 기계와 생활	4주 미래의 생활
자유선택활동	쌓기

목표	•로봇의 필요성과 역할을 안다. •친구와 협력하여 로봇을 다양한 방법으로 표현해 본다.
누리과정 관련요소	•의사소통>말하기>낱말과 문장으로 말하기>자신의 느낌, 생각, 경험을 적절한 낱말과 문장으로 말한다. •예술경험>예술적 표현하기>미술활동으로 표현하기>다양한 미술활동으로 자신의 생각과 느낌을 표현한다.

활동 자료

국기 사진, 국기 도안, 재활용품, 락카, 물감, 붓, 폼보드, 색종이, 풀, 가위, 글루건, 글루건 심, 친구들 사진, 우주인 도안, 반짝이 펄, 수수깡, 모루, 뿅뿅이, 눈알, 펄 구김지, 구슬, 펠트지, 색연필, 한지, 반구(大), 야광 별 스티커, 이쑤시개

활동 방법

1. 로봇에 대한 사전 경험에 대해서 이야기 나눈다.
   - 로봇을 본 적이 있나요?
   - 로봇은 어떤 특징이 있을까요?
   - 로봇은 어떤 모습일까요?
2. 로봇의 종류에 대해서 이야기 나눈다.
   - 로봇은 어떤 종류가 있을까요?
   - 사람과 어떤 점이 비슷한가요?
3. 사람과 로봇의 공통점과 차이점에 대해서 이야기 나눈다.
   - 사람들은 즐거울 때 어떻게 표현을 할까요?
   - 사람들은 슬픈 일이 있을 때 어떻게 표현할까요?
   - 로봇들도 감정을 표현할 수가 있을까요?
   - 사람들은 할 수 있지만 로봇들은 할 수 없는 일에는 무엇이 있을까요?
   - 사람들이 할 수 없지만 로봇들은 할 수 있는 일에는 무엇이 있을까요?
   - 로봇이 꼭 필요한 이유는 무엇일까요?
4. 로봇의 필요성에 대해서 이야기 나눈다.
   - 로봇은 왜 필요할까요?

- 로봇은 어떤 역할을 할까요?
- 로봇이 있다면 어떤 점이 좋을까요?

5. 준비된 자료로 필요한 로봇을 다양하게 만들어 본다.

활동의 유의점

- 필요한 미술재료를 다양하게 구비하여 유아들이 원하는 것을 자유롭고 창의적으로 표현할 수 있도록 허용한다.

확장 활동

- 로봇놀이를 해본다.
- 다양한 재료를 이용하여 로봇을 꾸며 본다.

타임머신이 뭐예요?

1월 기계와 생활	4주 미래의 생활
대·소집단활동	이야기 나누기

목표	•타임머신에 대해서 관심을 갖는다. •타임머신을 타고 미래의 생활을 상상해 본다.
누리과정 관련요소	•의사소통 > 말하기 > 낱말과 문장으로 말하기 > 자신의 느낌, 생각, 경험을 적절한 낱말과 문장으로 말한다. •자연탐구 > 수학적 탐구하기 > 기초적인 자료 수집과 결과 나타내기 > 필요한 자료나 정보를 수집한다.

활동 자료

로봇 그림이나 동영상, 로봇 장난감, 로봇 이름 카드, 인형, CD, 카세트

활동 방법

1. 타임머신 사진을 보며 이야기 나눈다.
   - 이 사진은 무엇일까요?
   - 타임머신이라는 말을 들어 본 적이 있나요?
   - 타임머신은 무엇일까요?
   - 타임머신은 어떤 일을 할까요?
2. 타임머신을 타고 가고 싶은 곳에 대해 이야기 나눈다.
   - 만약 타임머신이 있다면 어느 시간으로 여행을 가고 싶나요?
   - 과거로 간다면 언제로 돌아가고 싶나요?
   - 미래로 간다면 몇 살이 되었을 때로 가고 싶어요?
   - 왜 거기로 가고 싶나요?
3. 타임머신을 타고 미래로의 여행을 상상하고 이야기 나눈다.
   - 타임머신을 타고 미래로의 여행을 상상해 볼까요?
   - 미래의 모습은 어떨까요?
   - 지금과 무엇이 다를 수 있을까요?
   - 미래의 세계에 살고 있는 내 모습을 이야기 해 볼까요?
4. 미래의 세계에서 살고 있는 내 모습을 친구들에게 발표해 본다.

활동의 유의점

•미래의 생활을 상상하며 과거가 있었기에 현재가 있고, 현재가 있기에 미래가 올 것이라는 시간 개념을 가질 수 있도록 한다.

확장 활동

- 과거와 미래의 친구에게 편지를 써 본다.
- 타임캡슐을 다양한 재료로 만들어 본다.

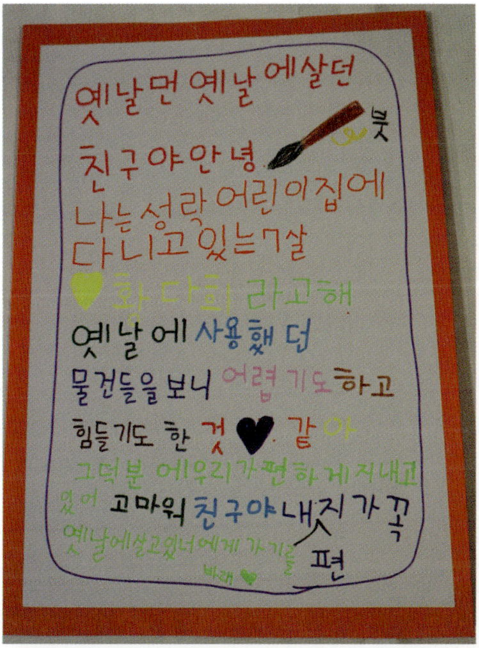

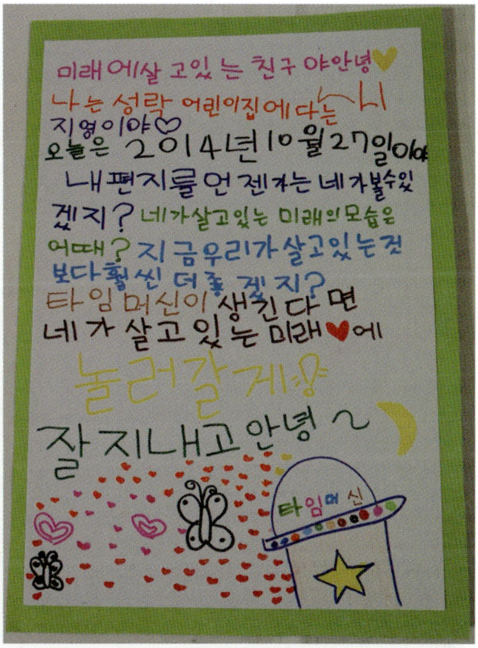

1월

기계와 생활

2월 초등학교에 가요

실시기간 : 2월(총 4주)

2월은 선생님, 친구들과 헤어져 서로의 꿈과 포부를 나누는 즐겁고 희망찬 졸업과 함께 초등학교 생활 적응을 위한 전이 경험이 필요하다. 원 졸업과 초등학교 입학은 흥분되는 사건이기도 하지만 두렵고 걱정되는 일이기도 하다. 초등학교 생활에 성공적으로 적응하고 안착하는 것은 이후에 경험하는 학교 교육과 학습에 대한 긍정적인 태도를 결정하는 데 영향을 주므로, 초등학교 입학에 대해 유아들이 도전과 기대감을 갖도록 선정하였다.

'초등학교에 가요' 주제는 초등학교에 대한 기대와 호기심을 토대로 초등학교에 대한 궁금증을 주체적으로 풀어가면서 초등학교에 대해 보다 구체적이고 정확한 정보를 수집하고, 이를 바탕으로 초등학교에 대한 긍정적 이미지와 1학년생으로서의 출발에 대한 자신감을 가질 수 있도록 하는 것을 목표로 한다. 이를 위하여 초등학교의 물리적·인적 환경 및 필요한 생활기술을 스스로 탐구하고 적극적으로 조사하는 기회를 제공하여 문제해결력을 기르도록 한다.

초등학교 입학 후 1학년 생활의 적응에 필요한 지식, 기술, 태도의 습득을 위한 통합적이고 다양한 활동을 다룬다. 즉, 학급 규칙에 대한 개념, 기본적 학습능력 수준, 공동체의 구성원으로서의 인식, 학교생활에 대한 긍정적 태도와 자립심이 향상될 수 있는 실내·외 활동과 가정 연계 활동을 실시한다. 즐겁게 지냈던 원에서의 생활을 회상하고 자신과 미래의 성장에 대해 긍정적인 자아감을 가질 수 있도록 익숙한 경험으로 출발하여 원에 다니는 동안 수고하신 분들과 친구들에게 고마움을 전하도록 안내한다. 나아가 졸업의 의미를 이해하고 졸업식을 준비하기 위해 구체적인 기술과 태도를 다룬다. 졸업과 입학이라는 새로운 출발을 하는 또래들과 함께 서로의 희망과 꿈을 나누도록 한다.

주	누리 소주제	다문화활동	활동유형	다문화활동 내용
1	궁금한 초등학교	•궁금한 초등학교 •나와 다른 내 짝꿍	•쌓기 •동시	초등학교에 대해 알아보고 새로 만날 나와 다른 짝꿍에 대해 관심을 갖고 기대해 본다.
2	1학년이 되면	•사전이 필요해요 •실내화를 신어요	•언어 •게임	글자에 관심으로 여러 종류의 사전을 보며 서로 다른 글자에 대해 알아본다.
3	즐거웠던 우리 원 1	•초등학교와 우리 원 벤다이어그램 •초등학교 교과서	•수, 조작 •언어	우리 원과 초등학교의 다른 점과 공통점을 알아본 후 초등학교 교과서에 관심을 갖는다.
4	즐거웠던 우리 원 2	•책거리 놀이 •졸업식	•이야기 나누기 •음률	고마운 분들께 감사하는 마음을 갖고 책거리의 의미와 유래, 졸업의 의미를 알아본다.

다문화교육의 강조점

★ 다양성 사전의 종류가 다양함을 안다.
교과서의 종류가 다양함을 안다.
책거리 놀이문화가 다양함을 안다.

★ 편 견 나와 다른 외모에 대한 편견을 갖지 않는다.
과목에 대한 편견을 갖지 않는다.

★ 문 화 졸업문화가 다를 수도 있다는 것을 안다.

★ 협 력 물건을 사고파는 과정을 통해 더불어 살아간다는 것을 안다.
고마운 분들께 감사하는 마음을 갖는다.

★ 정체성 모습이 달라도 사람은 모두 평등하다는 것을 안다.

궁금한 초등학교

2월 초등학교에 가요	1주 궁금한 초등학교
자유선택활동	쌓기

목표	•형님이 될 자신의 모습을 상상해 본다. •새로운 시작에 대해서 긍정적인 기대감을 가진다.
누리과정 관련요소	•의사소통 > 말하기 > 상황에 맞게 바른 태도로 말하기 > 때와 장소 대상에 알맞게 말한다. •사회관계 > 다른 사람과 더불어 생활하기 > 친구와 사이좋게 지내기 > 친구와 협동하여 놀이한다.

활동 자료

초등학교 건물 사진, 여러 가지 블록, 그림 카드, 단어 카드

활동 방법

1. 초등학교에 대해 이야기 나눈다.
   - 초등학교를 가 본 적이 있나요?
   - 언제 가 보았나요?
2. 초등학교 사진 자료를 보며 이야기 나눈다.
   - 이곳은 어디일까요?
   - 초등학교는 어떤 모습인가요?
   - 어떤 것들이 보이나요?
   - 이 사진 속에 아이들은 어떤 모습일까요?
3. 입학할 초등학교에 대해서 이야기 나눈다.
   - 내가 입학할 초등학교는 어느 학교일까요?
   - ○○(이)가 입학할 초등학교는 어느 학교일까요?
4. 초등학교에서 일하시는 분들에 대해서 이야기 나눈다.
   - 초등학교에서는 어떤 선생님들이 계실까요?
   - 외국에서 오신 분도 계실까요?
   - 외국인 선생님은 왜 우리나라로 오셨을까요?
5. 부모님의 초등학교 사진을 보며 이야기 나눈다.
   - 부모님들은 어느 초등학교에 다니셨을까요?
   - 부모님의 어릴 적 다닌 초등학교 모습은 어떠셨을까요?
   - ○○부모님은 어떤 학교를 다니셨을까요?
   - 또 ○○부모님은 어떤 학교를 다니셨을까요?

6. 내가 입학할 초등학교와 부모님이 다닌 초등학교를 비교하여 이야기 나눈다.

- 무엇이 다를까요?
- 부모님들은 무엇을 배우셨을까요?
- 부모님들은 어떤 놀이를 하고 노셨을까요?

7. 여러 가지 블록으로 친구들과 함께 초등학교를 구성해 본다.

활동의 유의점

- 초등학교가 모두 획일적인 모습은 아니라는 것을 유의하여 지도한다.
- 초등학교의 전체 모습보다 내부의 교실을 위주로 소개하여 안정적인 마음을 갖도록 한다.

확장 활동

- 초등학교를 견학해 본다.
- 내가 입학할 초등학교를 그려 본다.
- 부모님 어릴 적 이름표를 만들어 본다.

나와 다른 내 짝꿍

2월 초등학교에 가요	1주 궁금한 초등학교
대·소집단활동	동시

목표	•우리 반 친구들의 모습에 관심을 가진다. •모습이 달라도 좋은 점이 많다는 것을 이해하도록 한다.
누리과정 관련요소	•의사소통 > 듣기 > 동요, 동시, 동화 듣고 이해하기 > 동요, 동시, 동화를 다양한 방법으로 듣고 즐긴다. •사회관계 > 다른 사람과 더불어 생활하기 > 공동체에서 화목하게 지내기 > 교사 및 주변 사람과 화목하게 지낸다.

활동 자료

동시판, 초등학생 사진 자료, 수채화, 연필, 크레파스

활동 방법

1. 내 친구들 모습에 대해서 이야기 나눈다.
   - 내 친구의 모습은 어떤가요?
   - 내 친구는 나와 어떤 모습이 닮았나요?
   - 어떤 모습이 다를까요?
2. 입학해서 만날 친구에 대해서 이야기 나눈다.
   - 초등학교에 가면 어떤 친구를 만나고 싶어요?
   - 왜 그런 친구를 만나고 싶어요?
   - 어떤 친구랑 짝꿍이 되면 좋을까요?
3. 만나고 싶은 짝꿍을 상상하며 이야기 나눈다.
   - 짝꿍이란 어떤 친구일까요?
   - 짝꿍의 모습은 어떨까요?
   - 남자(여자)일까요?
   - 키가 클(작을)까요?
   - 몸이 뚱뚱(날씬)할까요?
4. 모습은 다르지만 모두 사랑해야 된다는 이야기를 나누며 동시를 감상한다.

모두 사랑해요

키가 큰 친구
키가 작은 친구
모두모두 사랑해요

뚱뚱한 친구
날씬한 친구
모두모두 사랑해요

외모는 달라도 사이좋은 친구
우리는
모두모두 사랑해요

5. 동시를 감상한 후 이야기 나눈다.

- 우리 반에서 키가 가장 큰(작은) 친구는 누구일까요?
- 우리 반에서 몸이 뚱뚱(날씬)한 친구는 누구일까요?
- 키가 커서(작아서) 어떤 점이 좋을까요?
- 몸이 뚱뚱(날씬)해서 어떤 점이 좋을까요?

6. 모습은 다르지만 달라서 좋은 점이 더 많다는 것을 이해하도록 한다.

활동의 유의점

- 나와 다른 사람에 대해서 존중할 수 있는 태도를 갖도록 한다.
- 사람마다 외모의 다름을 이해할 수 있도록 하며 다름에 대해 편견을 갖지 않도록 한다.

확장 활동

- 사포에 자화상 그려 본다.
- 모래 위에 친구 얼굴을 그려 본다.
- 뻥튀기로 얼굴을 꾸며 본다.

사전이 필요해요

2월 초등학교에 가요	2주 1학년이 되면
자유선택활동	언어

목표	•글자에 관심을 가지고 사전을 탐색한다. •여러 종류의 사전을 보며 글자가 다름을 이해한다.
누리과정 관련요소	•의사소통>읽기>읽기에 흥미 가지기>주변의 다양한 글자에 관심을 갖고 읽어본다. •사회관계>다른 사람과 더불어 생활하기>공동체에서 화목하게 지내기>교사 및 주변 사람과 화목하게 지낸다.

활동 자료

각 나라 국어사전(한국, 일본, 베트남, 중국, 영어 등)

활동 방법

1. 사전에 대해서 이야기 나눈다.
   - 사전은 무엇일까요?
   - 사전이 왜 필요할까요?
   - 어떨 때 사전을 활용할까요?
   - 사전을 본 적이 있나요?
2. 국어사전을 보여 주며 이야기 나눈다.
   - 이 책은 무슨 책일까요?
   - 이 책에는 무엇이 적혀 있을까요?
   - 이 책으로 무엇을 알 수 있을까요?
3. 사전의 종류에 대해서 이야기 나눈다.
   - 사전에는 어떤 종류가 있을까요? (영어사전, 국어사전, 옥편, 한영 사전…)
   - 집에는 어떤 사전이 있나요?
   - 부모님들은 어떤 사전을 많이 활용했을까요?
4. 부모님들이 활용했던 사전을 보여 주며 이야기 나눈다.
   - ○○부모님은 어떤 사전을 활용했을까요?
   - 또 ○○부모님은 어떤 사전을 활용했을까요?
5. 여러 가지 사전을 소개하고 어떤 사전들이 있는지 이야기 나눈다.
   - 이 사전은 어떤 글자로 되어 있나요?
   - 영어사전은 어떨 때 필요할까요?

- 또 다른 글자로 되어 있는 사전이 있을까요?
- 어떤 사전이 있을까요? (중국어사전, 일본어사전, 베트남어사전…)

6. 집에 있는 사전을 가지고 와서 사전의 종류에 대해서 이야기 나눠 본다.

활동의 유의점

- 사전의 종류와 언어도 다양함을 이해하도록 한다.
- 사전의 활용방법을 이야기하고 초등학교에 가서 자신이 모르는 단어를 찾아 볼 수 있도록 찾는 방법을 알려 준다.

확장 활동

- 사전 찾기 놀이를 해본다.
- 신문에서 여러 나라 말을 오려 붙여 NIE 활동을 해본다.
- 집에 있는 사전을 조사해 본다.

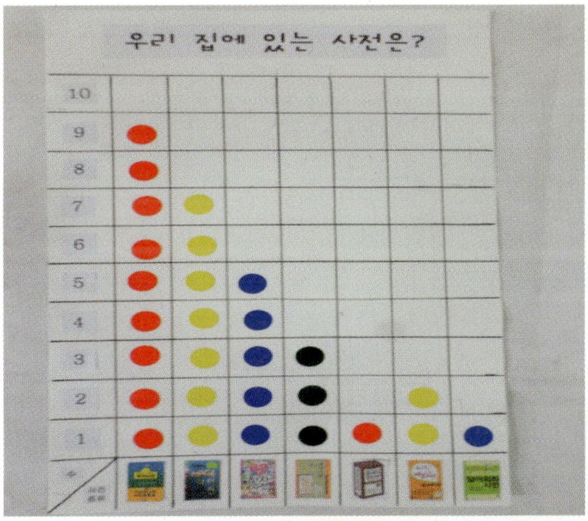

실내화를 신어요

2월 초등학교에 가요	2주 일학년이 되면
대·소집단활동	게임

목표	•실내화를 신는 환경에 관심을 갖는다. •실내화란 문화에 대해서 이해한다.
누리과정 관련요소	•신체·운동·건강 > 신체 조절과 기본운동하기 > 신체 각 부분을 협응하여 움직임을 조절한다. •사회관계 > 사회에 관심 갖기 > 세계 여러 문화에 관심 가지기 > 세계 여러 나라에 대해 관심을 갖는다.

활동 자료

실내화, 실내화 주머니, 여러 나라 초등학교 교실 모습, 사진 자료, 훌라후프

활동 방법

1. 초등학교 교실 환경에 대해서 이야기 나눈다.
   - 초등학교에 가면 실내화가 필요할까요?
   - 왜 필요할까요?
   - 실내화는 어디에 보관할까요?
2. 교실에서 실내화를 신은 사진 자료를 보며 이야기 나눈다.
   - 실내화를 신으면 어떤 점이 좋을까요?
   - 실내화를 신어 본 적이 있나요?
   - 어떤 실내화를 신어 보았나요?
   - 어디서 신어 보았나요?
3. 교실에서 실내화를 신지 않은 사진 자료를 보며 이야기 나눈다.
   - 왜 실내화를 신지 않고 신발을 신고 있을까요?
   - 이 사진은 왜 신발을 벗고 양말만 신고 있을까요? (온돌 문화가 있는 나라는 실내화가 필요 없음)
   - 온돌 문화가 있는 나라는 어느 나라일까요?
   - 실내화를 신지 않아도 불편한 점이 없을까요?
4. 실내화를 신을 수 있는 곳과 신지 않아도 되는 곳을 알아본 후 게임한다.

게임방법

① 발 크기에 맞는 실내화를 신은 채 신호 소리를 듣고 훌라후프 안에 들어간다.
② 훌라후프 안에 실내화 주머니 속에 실내화를 재빨리 벗어서 넣는다.
③ 실내화 주머니를 들고 출발선으로 먼저 돌아오는 사람이 이긴다.

5. 게임을 한 후 느낀 점에 대해서 이야기 나눈다.

활동의 유의점

- 실내화는 신고 벗기 편한 것으로 준비해 두고, 실내화 문화의 차이를 존중하도록 한다.

확장 활동

- 실내화를 만들어 본다.
- 실내화를 짝에 맞게 찾아 본다.

초등학교와 우리 원 벤다이어그램

2월 초등학교에 가요	3주 즐거웠던 우리 원
자유선택활동	수, 조작

목표	•우리 원과 초등학교 생활이 다양하지만 서로 다름을 이해한다. •벤다이어그램 활동을 통해 공통점과 차이점을 알아본다.
누리과정 관련요소	•의사소통 > 말하기 > 상황에 맞게 바른 태도로 말하기 > 때와 장소 대상에 알맞게 말한다. •자연탐구 > 탐구하는 태도 기르기 > 탐구기술 활용하기 > 나타난 결과에 기초하여 예측하고 적용한다.

활동 자료

전지, 매직, 포스트잇, 사인펜

활동 방법

1. 즐거웠던 우리 원의 생활에 대해서 이야기 나눈다.
   - 우리 원에서 어떻게 생활 했을까요?
   - 어떤 일이 제일 기억에 남아요?
2. 여러 가지 활동사진을 보며 이야기 나눈다.
   - (신체검사하는 사진을 보며) 어떤 사진인가요? 이날 무엇을 했었나요?
   - (소방서 견학 사진을 보며) 사진 속의 장소는 어디일까요? 그곳에 가서 무엇을 했나요?
   - 자유선택활동시간과 점심시간에는 무엇을 했을까요?
   - 어떤 점이 즐거웠나요?
3. 이와 같은 방법으로 1년 동안의 일을 이야기 나눈 후 가장 즐거웠던 일을 그래프로 작성하고 가장 즐거웠던 활동에 대해서 이야기 나눈다.
   - 우리 반 친구들이 가장 재미있다고 한 활동은 무엇인가요?
   - 몇 명의 친구들이 가장 재미있다고 했나요?
   - 그 이유는 무엇일까요?
4. 우리가 앞으로 입학할 초등학교의 생활에 대해서 이야기 나눈다.
   - 초등학교에서는 어떤 생활을 할까요?
   - 어떤 분들이 계실까요?
   - 무엇을 배울까요?
   - 어떤 공부를 할까요?

5. 우리 원과 초등학교 생활을 비교해 보며 이야기 나눈다.

- 우리 원과 초등학교 생활이 비슷한(다른) 점은 무엇일까요?
- 우리 원과 초등학교 모습이 다른 점은 무엇일까요?

6. 우리 원과 초등학교 생활이 서로 다른 점도 있지만 비슷한 점도 있다는 것을 이해하고, 벤다이어그램을 그려 비슷한 점과 다른 점을 비교해 본다.

활동의 유의점

- 초등학교의 생활도 다양함을 이해하도록 한다.
- 초등학교에서 만나는 친구들이 달라도 서로 협력하여 사이좋게 생활해야 한다는 것을 지도한다.

확장 활동

- 즐거웠던 우리 원 앨범을 만들어 본다.
- 어린이집 신문을 만들어 본다.

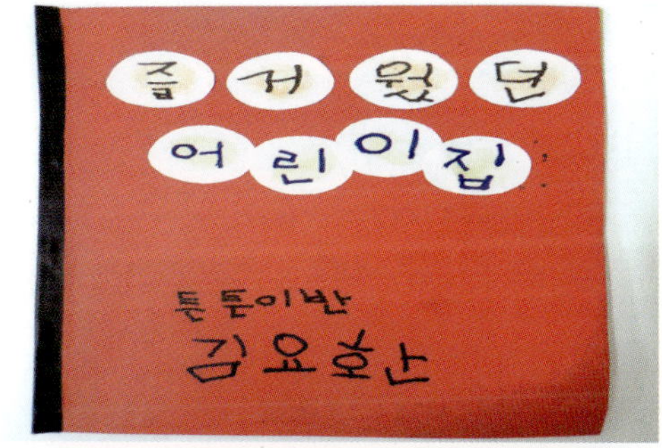

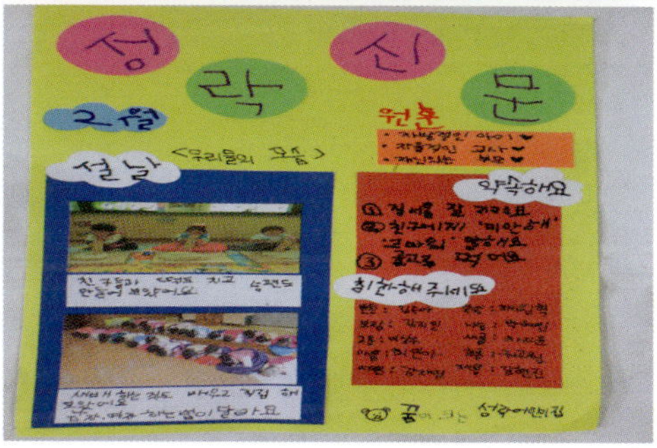

초등학교 교과서

2월 초등학교에 가요	3주 즐거웠던 우리 원
자유선택활동	언어

목표	•초등학교 교과서에 관심을 갖는다. •교과서의 종류가 다양함을 이해한다.
누리과정 관련요소	•의사소통 > 말하기 > 상황에 맞게 바른 태도로 말하기 > 때와 장소 대상에 알맞게 말한다. •자연탐구 > 탐구하는 태도 기르기 > 탐구과정 즐기기 > 호기심을 갖고 탐구학습을 즐긴다.

활동 자료

초등학교 1학년 교과서(국어, 수학, 바른생활, 슬기로운 생활, 즐거운 생활, 우리들은 1학년)

활동 방법

1. 초등학교의 수업시간에 대해서 이야기 나눈다.
   - 초등학교에도 대·소집단활동이나 자유선택활동 시간이 있을까요?
   - 초등학교 수업시간은 무엇을 말하는 것일까요?
2. 초등학교에서 배우는 것에 대해서 이야기 나눈다.
   - 초등학교에서는 무엇을 배울까요?
   - 수업시간에 무엇을 자료로 하여 공부를 하는 걸까요?
   - 우리 원에서의 활동과 무엇이 다를까요?
3. 초등학교 교과서를 보면서 수업에 대해서 이야기 나눈다.
   - 이 책들을 본 적이 있나요?
   - 이 책으로 무엇을 배울까요?
   - '국어' 책에서는 무엇을 배울까요?
   - '우리들은 1학년' 책에는 어떤 내용들이 담겨 있을까요? (초등학교 1학년 입학 초기의 학교 적응 활동과정에 대한 내용을 담고 있다.)
4. 과목별 교과서를 보며 이야기 나눈다.
   - 국어 교과서는 어떤 내용들이 들어 있을까요? (우리글과 말에 대해 배우는 국어는 말하기, 듣기, 쓰기, 읽기로 나누어져 있다.)
   - 수학 교과서는 어떤 내용들이 들어 있을까요? (수학은 수학과 수학 익힘책으로 나누어져 있다.)
   - 바른 생활, 슬기로운 생활, 즐거운 생활 교과서는 어떻게 이루어져 있을까요? (바른 생활은 국어와 도덕을, 슬기로운 생활은 사회와 과학을, 즐거운 생활은 음악과 미술을 통합한 교과서이다.)

5. 여러 가지 교과서 중에서 가장 흥미로운 교과서에 대해서 이야기 나눈다.

- 여러 가지 교과서 중에서 어떤 과목이 흥미로운가요?
- 왜 그런가요?

6. 교과서로 배우는 수업시간 이외에 또 무엇에 대해 배우는지 알아본다.

- 교과서 공부 이외에 또 무엇에 대해 배우고 활동할까요?
- 왜 초등학교에는 특별활동이나 재량활동이 있는 것일까요?
- 여러 가지 재량활동 중에서 어떤 활동을 하고 싶을까요?

7. 다양한 교과목에 대해 이야기 나눈 후 교과서를 살펴 본다.

활동의 유의점

- 초등학교의 여러 과목의 교과서가 있음을 알도록 한다.
- 과목마다 특징이 있음을 알고 과목에 대한 편견을 갖지 않도록 한다.

확장 활동

- 초등학교 시간표를 만들어 본다.
- 교과서를 구해서 살펴 본다.
- 교과서 헌책을 수거하여 본다.

2월

초등학교에 가요

책거리 놀이

2월 초등학교에 가요	4주 즐거웠던 우리 원
대·소집단활동	이야기 나누기

목표	•1년 동안 도와주신 분들께 감사하는 마음을 갖는다. •책거리의 의미와 유래에 관심을 가진다.
누리과정 관련요소	•의사소통 > 말하기 > 상황에 맞게 바른 태도로 말하기 > 때와 장소 대상에 알맞게 말한다. •사회관계 > 사회에 관심갖기 > 세계 여러 문화에 관심 가지기 > 세계 여러 나라에 대해 관심을 갖고 존중한다.

활동 자료

인절미 외 여러 가지 음식들

활동 방법

1. 1년 동안 우리 원에서 고마웠던 분들에 대해 이야기 나눈다.
   - 우리가 ○○원에서 잘 생활 할 수 있도록 도와주신 분들은 누가 계실까요?
   - 원장 선생님은 어떤 일을 하셨나요?
   - 우리 반 선생님 이외에 또 누가 계실까요?
   - 조리사 선생님은 무엇을 도와 주셨나요?
   - 기사님은 어떤 도움을 주셨나요?
2. 고마운 분들이 많음을 알고 고마운 마음을 표현하는 방법에 대해 이야기 나눈다.
   - 어떻게 고마운 마음을 표현해야 할까요?
   - 왜 고마운 마음을 표현해야 하는 걸까요?
   - 또 다른 방법에는 무엇이 있을까요?
3. 책거리에 대해서 이야기 나눈다.
   - 책거리라는 말을 들어 본 적이 있나요?
   - 책거리는 어떻게 하는 것일까요?
   - 책거리를 할 때 먹었던 음식은 무엇일까요?
   - 옛날 우리 조상들은 왜 책거리를 했을까요?

책거리의 유래

책거리란 옛날 글방이나 서당에서 학생이 책 한 권을 다 읽어 떼거나 다 배껴 쓰고 난 뒤 선생님과 동료들에게 고맙다는 의미로 한턱 내는 일, 세책례(洗冊禮)·책거리·책례라고도 한다. 『천자문(千字文)』, 『동몽선습(東蒙先習)』, 『소학(小學)』 등의 초급과정에서 행하며, 스승의 노고에 답례하고 학동을 격려하기 위한 것이다. 이때 음식으로 반드시 송편을 준비하는데 송편은 팥이나 콩·깨 따위의 소를 넣는 떡으로 학동의 문리(文理)가 그렇게 뚫리라는 뜻이었다.

4. 준비한 음식을 차려 놓고 감사한 마음으로 책거리를 해본다.

활동의 유의점

- 책거리 문화와 책거리에 사용되는 음식의 종류가 다양함을 알도록 하며, 또한 감사한 마음을 잊지 않도록 한다.

확장 활동

- 고마운 분들께 편지를 써 본다.
- 하트 모양으로 편지지를 만들어 본다.
- 고마운 분들께 선물을 한다.
- 책거리 떡을 만들어 본다.

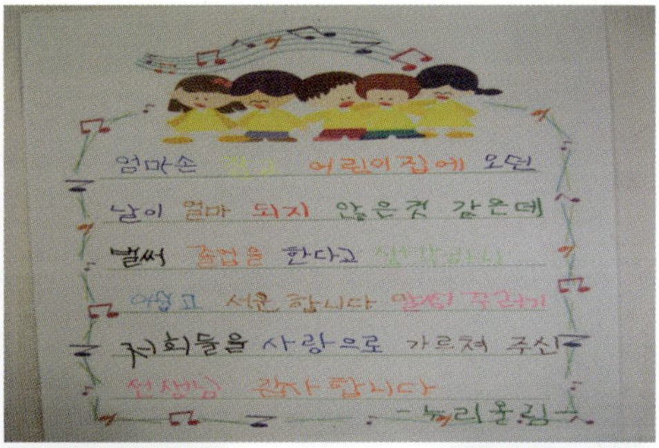

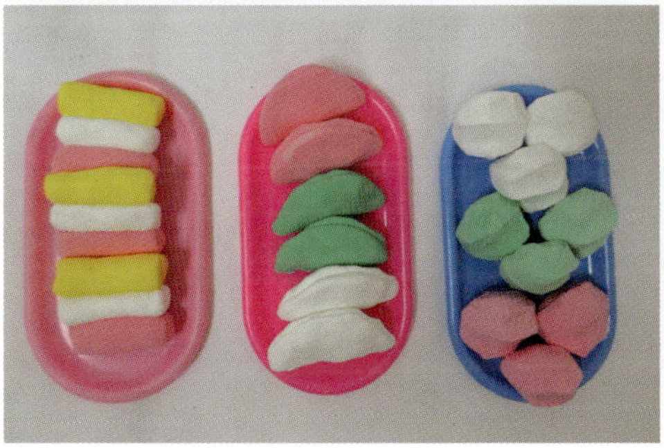

2월

초등학교에 가요

졸업식

2월 초등학교에 가요	4주 즐거웠던 우리 원
대·소집단활동	음률

목표	•졸업을 기념하며 졸업의 의미를 안다. •졸업의 의미를 이해하고 졸업 노래도 다양하게 있음을 안다.
누리과정 관련요소	•의사소통 > 말하기 > 상황에 맞게 바른 태도로 말하기 > 때와 장소 대상에 알맞게 말한다. •사회관계 > 다른 사람과 더불어 생활하기 > 친구와 사이좋게 지내기 > 친구와 협동하여 놀이한다.

활동 자료

졸업식 그림(사진) 자료, 동영상, 여러 가지 졸업식 노래

활동 방법

1. 졸업식에 대해서 이야기 나눈다.
   - 내일은 무슨 날일까요?
   - 졸업식은 무엇을 기념하기 위해서 하는 걸까요?
   - 졸업식은 왜 하는 것일까요?
   - 졸업식의 주인공은 누구일까요?
2. 졸업식 동영상을 본 후 졸업식 모습에 대해 이야기 나눈다.
   - 졸업식 하는 모습을 본 적이 있나요?
   - 졸업식에는 어떤 옷을 입을까요?
   - 졸업식을 하기 위해서는 무엇이 필요할까요?
   - 졸업식 모습이 다를 수도 있나요?
   - 어떻게 다를까요?
   - 또 다르게 하는 졸업식도 있을까요?
3. 서로 다른 졸업식에 대해 이야기 나눈다.
   - 무엇이 다를까요?
   - 졸업식에는 어떤 노래를 부를까요?
4. 졸업식에 부르는 노래에 대해서 이야기 나눈다.
   - 졸업식 노래를 들어 본 적이 있나요?
   - 어디서 들어 보았나요?
   - 어떤 느낌이 들었나요?
   - 졸업식에는 어떤 말을 할까요?

5. 졸업식 노래와 졸업을 축하한다는 말도 다양하게 할 수 있음을 알아본다.

6. 여러 나라의 졸업식 노래를 듣고 불러 본다.

활동의 유의점

- 졸업의 의미를 생각하면서 졸업가를 부르도록 지도한다.
- 나라마다 졸업식의 풍경은 달라도 학업을 마치는 의미는 같음을 인식하도록 한다.

확장 활동

- 학사모를 만들어 본다.
- 졸업사진을 찍어 본다.

졸업을 축하합니다.

Chúc mừng tốt nghiệp.
(쭉 믕 똣 응이엡)

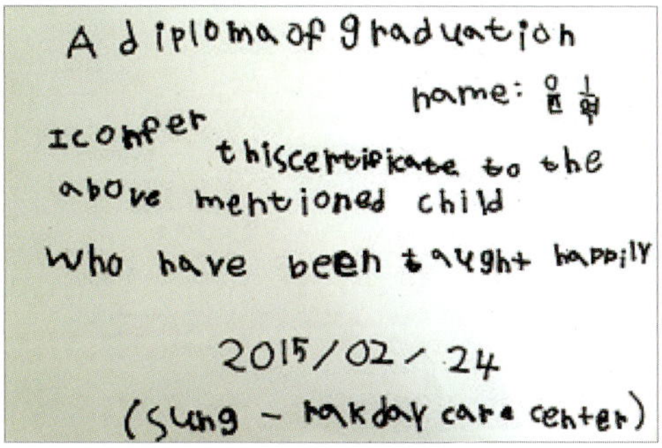

참고문헌

국내문헌

고용노동부(2014). www.moel.go.kr.

교육인적자원부(2006). **다문화가정 자녀 교육 지원 대책**. 서울: 교육인적자원부. http://www.moe.go.kr.

교육인적자원부(2007). **2007년도 다문화가정 자녀 교육지원 계획**. 서울: 교육인적자원부.

교육인적자원부(2007). **유아를 위한 세계이해 및 다문화활동자료**. 서울: 교육인적자원부.

교육인적자원부(2015).다문화가정자녀 교육지원 계획. 서울: 교육인적자원부

권숙인(1998). 소비사회와 세계체제 확산 속에서의 한국문화론. **비교문화연구**, 4, 181-213.

건강가정시민연대(2006). **결혼이주여성의 삶**. http://www. koreafamily.net

김범수(2009). **다문화시회이해 및 개론**. 다문화전문상담원 양성과정 자료집, 평택대학교 다문화가족센터.

김유경 외(2008). **다문화시대를 대비한 복지정책방안 연구-다문화가족을 중심으로**. 한국보건사회연구원.

김혜숙(2011). 생활주제와 통합된 유아다문화교육의 이론과 실제. 양서원.

김혜숙(2013). 교재교구를 통한 유아다문화교육의 통합적 적용. 공동체.

김혜숙(2015). 누리과정과 연계된 다문화교육 프로그램. 창지사.

김영옥(2002). 유아 다문화교육 프로그램 모델 개발 연구. **유아교육학논집**, 6(2), 121-144.

김이선외(2010). **다문화가족의 해체문제와 정책과제**. 여성가족부.

김영옥(2008). **유아다문화교육의 통합적 적용**. 서울: 학지사.

김영옥(2002). 유아 다문화교육 프로그램 모델 개발 연구. **유아교육학논집**, 6(2), 121-144.

김혜순(2008). 결혼이주여성과 한국의 다문화 사회 실험. **한국사회학**, 42(2), 36-71.

문순영(2007). **현행법(안)을 통해 본 국제결혼 여성이주민을 위한 사회적 지원체계에 대한 탐색적 연구**. 여성연구.

박주현·최덕경(2011) **다문화사회의 이해와 실천**. 창지사.

박진옥 외(2012). **경상북도 다문화가족지원센터 기능 활성화 방안(I)**. 경북여성정책개발원.

백승대 외(2014). **한국사회의 다문화현상 이해**. 정림사.

법무부(2017). 출입국·외국인정책 통계월보.

보건복지가족부(2009). 다문화가정 영유아문제행동 경감 교육 프로그램과 일반 유아 문화적 역량 강화 프로그램 지침서, 133-139.

보건복지가족부(2015). 5세누리과정에 기초한 어린이집 프로그램.

다문화보육 직무교육과정(2013). 한국보육진흥원.

서현(2003). 문학적 접근을 통한 반편견 교육활동이 유아의 편견 감소에 미치는 영향. 전남대학교 대학원 석사학위논문.

서혁(2006). 다문화가정에 대한 한국어교육 지원 방안. **가톨릭대학교 인간학연구소**, 2(1), 10-40

설규주(2004). 세계시민사회의 대두와 다문화주의적 시민교육의 방향. **사회과교육**, 3(4), 12-34.

안전행정부(2015). 시도별 다문화가정 자녀 수 실태조사연구.

여성가족부(2014). **2013년 전국 다문화가족 실태조사 연구**.

여성가족부(2015). 2015년 전국 다문화가족 실태조사 연구.

오경석 외(2007). **한국에서의 다문화주의 현실과 쟁점**. 한울아카데미.

유혜령(1999). 소수민족 유아의 유치원 생활경험: 현상학적 이해. **교육인류학연구**, 2(2), 139-169.

이성미(2012). **다문화정책론**. 박영사.

이종복 외(2012). **다문화사회의 이해와 복지**. 양서원.

장인실 외(2012). **다문화교육의 이해와 실천**. 학지사.

이현숙(2000). 유아교육에서의 반편견교육의 적용. **경북논총**, 4, 299-321

장영희(1997). 유아를 위한 다문화 교육의 개념 및 교수방법에 대한 이론적 고찰. **성신연구논문집**, 35, 295-314.

조원탁 외(2012). **다문화사회의 이해와 실천**. 양서원.

조영달(2009). **다문화가정 학생 DB 현황 및 유형별 교육 요구 분석**. 교육과학기술부.

조영아·전우택(2005). 탈북여성들의 남한사회 적응 문제: 결혼경험자를 중심으로. **한국심리학회지**, 10(1), 17-35.

정정희(2006). **결혼이주여성 자녀의 기초학습 능력증진과 정체성 강화를 위한 교육방안**. 대구: 대구경북연구원.

채정란(1999). **다문화 교육의 관점에서 본 '우리나라'와 '다른 나라' 생활주제 분석**. 서울 : 창지사.

최현정외(2012). **영유아 다문화 교육의 이론과 실제**. 공동체.

통계청(2016). 국적별 외국인과의 혼인통계.

통계청(2017). 인구동향조사.

통일부(2017). 북한이탈주민 입국인원 현황.

육아정책연구소(2012). **3~5세 연령별 누리과정 운영을 위한 교사연수 자료집**. 한국보육진흥원.

외국문헌

Bennett,C.I.(1995). *Comprehensive Multicultural Education : Theory and Practive*. MA : Allyn & Bacon.

Banks, J. A.(1999). Multicultural education for young children : Racial and ethnic attitudes and their modification. In B. Spodda(Ed.), *Handbook of research on the education of young chilren*(pp.236-250). New York: Macmillan.

Bruner, J.(1996). *The culture of education Cambridge*. MA: Harvard University Press.

Derman-Sparks, L.(1992). Reaching potentials through anti-bias, multicultual curriculum. In S. Bredekamp, & T. Rosegrant(Eds.), *Reaching potentials : Appropriate curriculum and assessment for young children*(pp. 114-128). Washington, DC : National Association for the Education of Young Children.

Derman-Sparks, L.(1998). *Anti-bias curriculum : Tools for empowering young children*. Washington, DC : National Association for the Education of Young Children.

Hall, N. S., & Rhomberg, V.(1995). *The affective curriculum: Teaching the anti-bias approach to young children*. Toronto: Nelson Canada.

Seefeldt, C. (2005). *Social studies for the preschool primary child. Upper Saddle River.* NJ: Pearson Merrill Prentice Hall.

Melendez. W. V., & Beck, V. (2007). *Teaching young children in muticultual classrooms: Issues, concepts, strategies* (2nd ed.). New York: Delmar Publishers.

Nieto, S, & Bode, P. (2007). *Affirming diversity: The sociopolitical context of multicultural cducation.* Boston: Pearson.

Wardle, F. (1996). An anti-bias and ecological mode for multicultural education. *Early Childhood Education*, 72(3), 152–156.

저자 소개

김 혜 숙

학력 계명대학교 학사, 석사, 박사 졸업(교육학박사)

현재 계명대학교 교육대학원 겸임교수
사회복지법인 예천성혜원 대표이사
사회복지법인 성락어린이집 원장
다누리교육 연구소 소장

수상 여성가족부 장관 표창(2007)
보건복지부 장관 표창(2010 전국우수보육 프로그램 공모전 최우수상)
대통령 표창(2011)
보건복지부 장관 표창(2013 전국우수보육 프로그램 공모전 최우수상)
※ 전국 다문화교육 시범 어린이집 제1호 지정

논문 2006. 유아의 창의성 발달의 위한 전통놀이의 교육적 가치. 아동교육, 16(1), 173-184
2007. 다문화교육이 농촌지역경제에 미치는 영향. 재정정책논집, 9(2), 193-215.
2008. 어린이집 다문화교육 프로그램 개발을 위한 요구 분석. 아동교육, 17(4), 129-142.
2009. 어린이집 생활주제와 통합된 다문화교육 프로그램 개발 및 효과검증(박사학위논문)
2010. 생활주제와 통합된 다문화교육 프로그램의 효과, 교육학연구, 26(1)59-82
2011. 다문화가정자녀들을 위한 통합교육과 지원 방향, 이민다문화교육연구, 1(20), 18-20

저서 2011. 유아다문화교육의 이론과 실제(양서원)
2013. 교재·교구를 통한 유아다문화교육의 통합적 적용(공동체)
2015. 누리교육과정과 연계된 유아 다문화교육 프로그램(창지사)
2016. 인도네시아 반동국제학교 만3~5세 유아교육프로그램 10권(영문판)

공저
2011. 다문화보육의 이해와 적용(한국보육진흥원)
2012. 취약보육 프로그램(한국보육진흥원)
2014. 다문화보육 직무교육과정(한국보육진흥원)
2014. 다문화 보육프로그램(보건복지부)

잡지 유아전문잡지 「폴라리스」 다문화교육 프로그램 2009~2012까지 연재
「월간유아」 다문화교육 프로그램 2015~현재까지 연재

개정판

누리과정과 연계된 **유아 다문화교육 프로그램**

초　판 1쇄 인쇄 2015년 8월 31일
초　판 1쇄 발행 2015년 9월 3일
개정판 1쇄 발행 2017년 7월 17일

지 은 이 | 김혜숙
펴 낸 이 | 김기섭
책임편집 | 이초롱
펴 낸 곳 | 창지사 www.changjisa.com
153-802 서울시 금천구 가산디지털1로 83 파트너스타워 1차 9층
전화 (02) 719-2211~3
팩스 (02) 701-9386
등　록 | 1977년 4월 28일 · 제1-421호

ISBN 978-89-426-0947-5 (93370)

값 23,000원

이 도서의 국립중앙도서관 출판예정도서목록(CIP)은 서지정보유통지원시스템 홈페이지(http://seoji.nl.go.kr)와 국가자료공동목록시스템(http://www.nl.go.kr/kolisnet)에서 이용하실 수 있습니다.(CIP제어번호: CIP2017017371)